전 세계 1위 온라인 쇼핑몰 쇼피파이
소상공인 스토어 솔루션의
강력한 파워를 경험하라!

생초보 쇼피파이 하루만에 끝장내기

생초보 쇼피파이
하루만에 끝장내기

초판 1쇄 인쇄 2024년 8월 23일
초판 1쇄 발행 2024년 9월 10일

지은이 이동준

발행인 백유미 조영석
발행처 (주)라온아시아
주소 서울특별시 서초구 방배로 180, 스파크플러스 3F

등록 2016년 7월 5일 제 2016-000141호
전화 070-7600-8230 **팩스** 070-4754-2473

값 25,500원
ISBN 979-11-6958-122-6 (13320)

※ 라온북은 (주)라온아시아의 퍼스널 브랜드입니다.

Shopify For Beginners

전 세계 1위 온라인 쇼핑몰 쇼피파이
소상공인 스토어 솔루션의
강력한 파워를 경험하라!

생초보 쇼피파이 하루만에 끝장내기

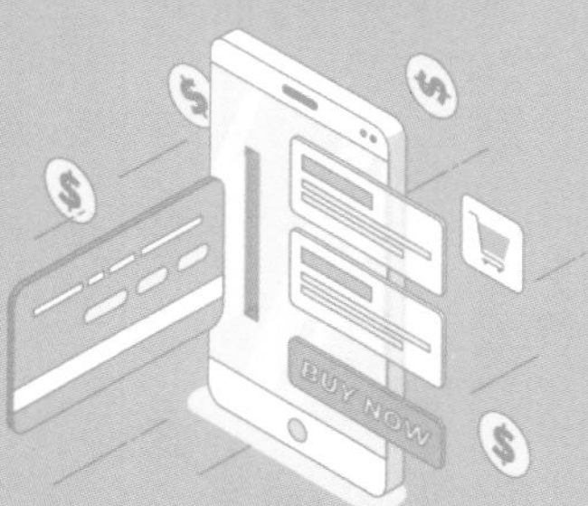

쇼피파이터 이동준 지음

블로그만큼 쉬운 쇼피파이 개설 가이드

하루만에 끝장내는 쇼피파이 키포인트

차별화된 아이템 선정 팁 대방출

월 1,000만 원 수익 내는 쇼피파이 핵심 팁 대방출!

매출 200% 증가, 쇼피파이가 당신의 진짜 고객을 만든다!

RAON BOOK

추 천 사 1

성공적인 글로벌 시장 진출의 동반자, 쇼피파이

이동준 대표와의 인연은 2009년부터 시작되었다. 당시 그는 자동차 부품 무역회사의 해외영업 직원이었고, 나는 PDA를 활용한 데이터 입출력 솔루션을 판매하고 있었다. 자동차부품 수출 시 컨테이너에 3,000개 이상의 부품 종류가 선적되기에 바코드를 통한 입력 소프트웨어가 필요했었고, 자동차 부품과 수출 업무에 관해 잘 몰랐던 나로서는 프로그램 커스터마이징에 그와 협의를 많이 했었어야 했다.

당시 우리는 MSSQL을 사용하고 있었는데, 그는 Database에 관련된 이해도가 높아서 소통이 수월하기도 했다. 그는 우리의 솔루션을 전담해서 사용하고 관리했으며, 직원들에게 직접 PDA 사용법을 교육하기도 했다.

그 이후에도 이동준 대표는 나에게 꾸준히 연락을 하고 찾아와 주었다. 그는 여전히 수출을 하고 있었고, 나는 국내 유통에만 전념하고 있었기에 사업과 관련된 부분이 없었음에도 그의 노력 덕분에 15년이 지난 지금까지 좋은 관계를 유지하고 있으며, 더 친밀해지고 돈독해졌다. 그는 사람과의 관계를 그 무엇보다 우선시하는 사람이다.

나는 아내와 함께 기업 특판 및 폐쇄몰을 운영하는 등 국내 유통을 전문으로 하고 있다. 회원 6만여 명의 네이버카페 온라인유통센터(온유)의 업무도 10여년 이상 함께 병행하고 있다. 온라인유통센터는 20여년 된 국내 최대의 제조/유통인의 모임이다. 대한민국 중소상공인이 주 회원들이며, 회원들간의 교류와 네트워킹을 통한 상호협력은 물론 회원들의 이익을 위해서 다양한 프로그램을 운영하고 있다. 지역별, 산업별, 취미별 오프라인 모임이 활성화되어 있으며, 특히 회원들 간의 교류와 네트워크가 끈끈하기로 유명하다. 올해 온라인유통센터는 중소벤처기업부로부터 사단법인 허가를 받게 되었고 나는 이사장으로 취임하게 되었다.

온라인유통센터에는 유통채널을 확대하고 매출 상승을 원하는 중소상공인은 물론 유통채널을 운영하는 온라인 마켓플레이스, 홈쇼핑, 백화점, 대형마트 등 다양한 분야의 유통채널 관계자들도 참여해 있다. 하지만 구매상담회, 품평회 등 온라인유통센터의 인프라와 교류 네트워킹을 통해서 회원들의 매출 향상을 위해 노력하지만, 경쟁이 치열하고 포화된 한국의 유통 채널 내에서 괄목할 만한 성과를 내기 힘든 상황이다. 더욱이 근래 티몬, 위메프와 같은 온라인쇼핑몰 사태에 온라인유통센터 회원들이 직접적인 피해를 입었고, 회원들 상당수가 소상공인이기에 대한민국의 유통 상황은 더욱 열악해지고 있으며, 알리익스프레스 등의 진입으로 국내 유통시장에서 소상공인 유통인의 파이는 더욱 작아질 것으로 예상된다.

대한민국 소상공인들의 98%는 국내 판매에만 집중하고 있다. 이제는 소상공인도 해외시장을 개척하고 수출에 도전해야 할 때라고 생각한다. 포화된 국내시장과 비교하여 해외시장에서 대한민국 제품은 아직 경쟁력이 있고, 우리 소상공인들도 해외시장을 개척할 역량이 충분하다고 생각한다. 그래서 온라인유통센터도 수출의 중요성을 인지하고 정기적으로 회원들에게 수출 교육을 진행하고 있지만, 현실적으로 소상공인 입장에서 수출의 벽은 높기만 하다. 영세한 소상공인의 입장에서 수출의 과정은 막막하기만 하고 무엇보다 영어에 자신감이 없어서 계속 포기하고 있는 상태이다.

현재 대한민국은 고금리, 인플레이션, 경기침체 등으로 어려운 환경에 직면해 있다. 국내의 유통 채널에만 집중하고 있던 영세한 소상공인들은 더욱 힘든 상황이다.

또한 국내건 해외건 SNS, 앱, 웹 등 온라인이 세일즈의 핵심 채널인 것도 우리가 무시할 수 없는 사실이다.

이 책에서는 10년 이상 중소기업들의 실제 수출 활동으로 실력을 쌓아온 디지털 무역전문가 이동준 대표가 쇼피파이 스토어 성공 경험을 통해 이렇게 말하고 있다.

- 대한민국의 소상공인도 대기업 플랫폼에 의존하지 않고 해외 판매에 성공할 수 있다.

- 소상공인의 해외 판매 전략은 대기업과 달라야 한다.
- 아이템 선정, 마케팅 방법, 대량수출 방법들을 쉬운 가이드로 설명하고 있어 초보자도 가능하다.

해외 판매 및 수출을 고려 중인 한국의 중소상공인이라면, 이 책에서 소개하고 있는 쇼피파이를 활용한 해외 판매 핵심 팁들을 참조하여 성공적인 글로벌 시장 진출에 큰 도움을 받을 수 있을 것이라 생각한다.

사단법인 온라인유통센터 이사장

예성우

추 천 사 2

바이어와 지속적인 소통과 관계로 신뢰를 형성하는 파트너십!

나는 2004년, 39살에 200만 원으로 무역을 시작했다. 사업 시작 후 3년 동안 매출이 없었고, 손실을 계속 보아서 빚만 늘어 갔었다. 첫 수출을 성공했을 때도 납기일을 맞추지 못해 영국까지 항공물류로 직송하면서 물류비가 4배로 늘어나 막대한 손실로 첫 수출을 시작했었다.

하지만 지금은 한국 중소기업 제품 1000여 개가 넘는 아이템을 전 세계로 수출하고 있다. 주요 국가 현지에 법인이 있기도 하고 합작법인, 현지 협력사 등을 통해 전 세계 수출 네트워크를 구축하게 되었다. 한국의 우수한 중소기업 제품을 발굴하여 해외로 수출하고 있으며, 해외 시장개척단, 무역사절단, 수출컨소시엄, 바이어 초청상담회 등 중소기업의 해외 진출을 돕는 국책 지원사업도 함께하고 있다.

돌이켜 보면 바이어와의 관계, 즉 상호간 신뢰의 구축이 지금의 성공한 나를 만들었다. 바이어와 지속적인 소통과 관계를 통해서 신뢰가 형성되고 파트너십이 구축되며, 마침내 수출자와 수입자의 관계가 아닌, 오랜 친구로서 함께 수익을 만들어가는 관계로 발전하게 된다.

현재 글로벌 시장의 상황은 점점 어려워지고 있다. 전쟁 중인 나라들로 인해서 언제든 물류 체인이 끊길 수 있는 위험이 있으며, 전 세계 국가들이 인플레이션과 고금리 정책을 시행함에 따라 글로벌 경기침체의 국면으로 접어들고 있는 추세이다. 현지 국가의 수입자가 저렴한 가격에 수입해도 현지에서 잘 팔리지 않으니 수입량을 줄이고 있는 것이 현실이다.

한편 무역의 트렌드가 빠르게 변화하고 있다. 코로나 이후 비대면이 일상화되면서 전자상거래 시장이 성장한 것처럼, 무역 트렌드도 빠르게 온라인으로 옮겨가고 있다. 수입자도 온라인을 통하여 아이템을 발견하고, 수출자도 온라인을 통해서 바이어를 발굴한다. 왓츠앱, 위챗을 통한 바이어와 빠른 소통이 기본이고, B2B 시장에서도 라이브커머스와 SNS 마케팅이 대세이기도 하다.

최근 한국의 무역수지가 개선되고 수출 물량이 증가하고 있다고 한다. 하지만 이러한 개선된 수치는 대부분 대기업의 수출에 기인한 데이터라고 생각해야 한다. 오히려 대외 무역시장 상황이 악화되어 중소기업들의 수출 상황은 점점 더 어려워지고 있다.

이에 대응할 수 있는 한국 중소기업의 수출은 전략적이어야 한다. 해외 시장에서 경쟁할 수 있는 품질과 가격은 기본이고, 해외의 고객들과 직접 소통하고 판매를 하는 D2C(Direct to Customer) 채널을 통해 기업 스스로 자사제품의 브랜드 인지도를 높이기 위한 노력을 병행해야 한다. 또한 전 세계의 다양한 바이어 Pool을 확보하기 위해 바이어가 우리 기업들을 쉽게 찾을 수 있도록 언제나 온라인에 노출되어 있어야 하는 전략도 필요하다.

이 책의 저자이신 이동준 대표와 인연은 10여년 전 중소벤처기업부의 글로벌 시장개척 전문기업 사업을 통해서 연결되어 지금까지 서로 존중하고 신뢰하는 관계로 이어져왔다. 이동준 대표와의 첫 만남을 돌이켜보면, 30대 후반의 그의 첫 인상은 참 저돌적이고 무모하기까지 한 도전정신으로 기억된다. 또한 온라인 마케팅만으로 해외 바이어를 발굴하고 1,000억 수출을 하겠다는 그의 이야기를 들었을 때, 당시에는 이해하기 힘든 부분도 있었다.

하지만 세상이 빠르게 변화하고, 4년 이상 코로나 팬데믹을 겪으면서 비대면 상황에 직면해 무역 환경과 사회적인 환경 및 소비자의 소비 행태까지 빠르게 온라인 플랫폼으로 변화할 것을 미리 준비하셨던 선견지명이 있는 분이라는 생각에 지금은 무한한 존경의 마음마저 든다.

또한 그는 온라인 플랫폼을 통한 해외 바이어 발굴과 중소기업의 수출 확대에 역량을 집중하고 있다. 현재에도 중소기업 해외 진출을 돕는 사업들을 함께 추진하고 있으며, 국내의 아이템과 수출 전략에 대해서도 함께 논의하고 있는 파트너이기도 하다.

1960~90년대 후반 IMF 전후까지 제조수출과 무역의 대표격인 대우그룹 등 대다수 대한민국 수출회사들이 샘플을 들고 50년 이상 발로 뛰었던 세상에서, 2007년 “세상을 소비자의 손에”라는 아이폰의 등장으로 모든 정치, 사회, K-Culture, K-Pop, K-Food 및 기타 상업적 정보까지 실시간으로 전 세계에 연결되었고, 무역의 기본질서도 오프라인에서 온라인으로 이동되었다.

마하의 속도로 세상도 변화하고 무역환경도 M2C(manufacture to customer)로 빠르게 변해가는 현시점에서, 이 책은 맨손과 소액으로 글로벌 마켓에 도전해보고 싶은 젊은 청년부터 은퇴가 빠르게 다가오는 베이비부

머 세대에게까지 꼭 필요한 실전 전략서라고 생각한다.

마지막으로, 저자이신 이동준 대표는 전통적인 B2B 무역으로 시작해서 M2C 온라인 플랫폼 마케팅까지 무역 전반을 아우르는 실전 경험까지 갖춘, 모든 면에서 초연결시대에 준비된 실전무역 트레이더라고 생각한다.

이 책에서는 해외 전시회 참가를 통한 해외 바이어 발굴 방법, 바이어 상담 방법, 사후 관리 방법, 협상 전략 등 전통적인 국제통상 관련 지식뿐만 아니라 온라인을 통한 자사제품 홍보마케팅 및 B2C 온라인 플랫폼 수출판매, B2B 바이어 발굴 전략 등 그 어떤 책에서도 보지 못한 무역 실무 내용이 포함되어 있다. 수출에 관심이 있지만 도전하지 못한 중소상공인, 또는 바이어는 많이 만나지만 수출 실적이 부족한 중소기업이라면 이 책에서 소개하고 있는 쇼피파이와 무역 핵심 팁을 활용해서 해외 판매와 수출에 도움을 받기를 바란다.

㈱ 더오션 대표이사

박태준

프롤로그

판이 바뀌는 이커머스 시장, 당신은 어떤 준비를 하고 있나?

2024년 7월 티몬과 위메프가 입점업체들에게 정산을 못 해주는 사건이 발생했다. 대기업 입점형 마켓플레이스만 철석같이 믿고 있었던 영세한 셀러들에게는 청천벽력과 같은 일이다. 일반 소비자에게는 환불을 해주고 있지만 입점업체들의 정산대금은 지급불능 상태이다.

사실 대기업 마켓플레이스와 입점한 영세 셀러들의 관계는 출발부터 설정이 잘못되어 있었다. 고객들을 많이 모아 놓은 쿠팡과 네이버 같은 대기업 플랫폼은 영세 셀러가 입점해서 빠른 매출을 발생하기에 좋은 마켓플레이스처럼 보였다. 하지만 최저가 판매 강요, 늦은 정산, 높은 수수료, 제약과 규제, 소비자 위주의 정책 등 마켓플레이스는 셀러들과 상생이 아닌 자신들의 배만 불려나갔다. 급기야 셀러들은 '많이 팔수록 손실'이라는 믿기지 않는 현실을 대면해야 했고, 구매 고객이 나의 고객이 아니라 플랫폼의 고객이라는 사실을 뒤늦게 깨닫게 되었다. 지각 있는 셀러들은 벌써부터 입점형 마켓플레이스를 떠나 별도의 판매채널을 구축해 오고 있었다.

또한 해외 플랫폼들의 한국 내 시장 진입이 가속화되고 있다. 알리익스프레스, 테무, 쉬인 등의 성장이 무섭고, 국내에도 곧 침투하여 국내 이커머스 시장을 뒤흔들 것으로 예상된다. 또한 아마존도 '45달러 이상 구매 시 한국 무료배송' 정책을 진행 중이다. 그들이 전 세계 전자상거래 규모 5위인 한국 시장을 그냥 놔 둘 리가 만무하다.

이처럼 국내 이커머스 시장에서 쿠팡과 같은 대기업 플랫폼의 전횡으로 인해 국내 셀러들은 점점 더 가난해지고 있으며, 거대한 해외 플랫폼들의 한국시장 침투로 한국의 셀러들은 방향성을 상실한 채 위기감을 느끼고 있는 것이 현실이다.

온라인 사업을 하고 있는 한국의 모든 셀러들에게 이미 위기가 닥쳐왔고, 우리는 변화의 기로에 서있다. 그러한 변화의 니즈를 반영해서 위기를 기회로 바꿀 수 있는 최적의 솔루션으로 떠오르고 있는 것이 바로 쇼피파이이다.

쇼피파이는 캐나다 1등 기업으로, 뉴욕증권거래소에 상장되어 있으며, 시총은 170조 원으로 네이버의 4배 크기의 대기업이다. 쇼피파이 스토어의 매출은 미국 내 아마존 다음으로 2등이다. 전 세계에서 가장 많이 사용되는 이머커스 솔루션이고, 전 세계 170개국에서 120만 개의 쇼피파이 스토어가 운영되고 있다.

쇼피파이는 '아마존의 대항마'라고 일컬어진다. 입점형 마켓플레이스와 달리 셀러들에게 개별적인 스토어 구축은 물론 판매, 결제, 배송, 고객 관리, 마케팅 등 세일즈에 필요한 모든 기능을 원스톱으로 제공한다. 이것은 흡사 기획과 제작, 상영, 배급, 홍보의 과정 등 영화제작에 관련된 모든 퀄리티 높은 기능들을 시스템화 하고 원스톱으로 지원함으로써 독립영화사들이 메이저 영화 배급사와 대적할 수 있도록 힘을 실어주는 솔루션과 유사하다. 한국의 경우를 따져보면 이런 콘셉트는 실패하기 딱 좋은 아이디어일 수 있다. 하지만 쇼피파이는 성공했고 전 세계 셀러들의 극찬을 받고 있으며, 쇼피파이 스토어들의 연합은 강력하고 쇼피파이가 제공하고 있는 지원은 파워풀하다.

해외의 사례를 보면 쇼피파이 스토어로 400~500억 원 이상의 매출을 달성하고 있는 스토어들이 많으며, 1조 원 이상의 매출을 달성하고 있는 기업들도 있다. 아모레퍼시픽 등 국내의 기업들도 쇼피파이의 진가를 알아보고 쇼피파이로 갈아타고 있는 추세이다.

쇼피파이는 쉽다. 개발자, 웹디자이너가 필요 없고 블로그 포스팅하는 정도로 만들기 쉽다. 쇼피파이는 가성비가 갑이다. 월 사용료 25달러로 무제한 제품등록, 무제한 호스팅은 물론 쇼피파의 모든 서비스와 지원을 받을 수 있다.

쇼피파이는 뭐든 팔 수 있고 뭐든 할 수 있다. 활성화된 쇼피파이 앱스토어에는 8,000개 이상의 앱이 출시되어 있어 온라인 스토어에서 필요한 모든 기능의 구현이 가능하다. 전자책, 구독, 강의 등 가상의 제품도 판매가 가능하다.

쇼피파이는 1인기업과 같은 소상공인의 성장과 함께한다. 소상공인 스토어가 많아지고 매출이 올라감에 따라 쇼피파이도 함께 성장하고 발전한다. 이렇게 성장한 쇼피파이는 다시 소상공인의 판매를 지원한다.

쇼피파이 스토어는 유행에 따라 옮겨 다녀야 하는 대기업 마켓플레이스가 아니다. 나만의 글로벌 스토어로서 우리 기업과 브랜드의 '온라인 본점'이다. 우리 회사의 '이커머스 온라인 거점'으로서 브랜드를 성장시키고, 매출을 촉진하며 타 플랫폼과의 연계를 통해 지속 가능한 성장을 할 수 있도록 거대기업이 지원하는 솔루션이다.

거대한 변화의 파도가 거세게 소용돌이 치는 전세계 이커머스 바다에서 쇼피파이는 견인선이 되어 우리와 같은 소상공인의 스토어가 안정적으로 성장하고 발전할 수 있도록 이끌고 지원한다.

나는 몇 년 전 우연한 기회에 쇼피파이를 테스트로 만들었다가 돈을 벌게 되었다. 우리나라의 셀러들은 나보다 훨씬 뛰어난 이커머스 능력을 가지고 있다. 쇼피파이를 접하게 되면 나보다 훨씬 큰 성공을 이뤄낼 셀러들이 많을 것이라고 나는 확신한다. 그래서 나의 이커머스 경험과 실전 무역 경험을 토대로 쇼피파이 스토어를 활용하여 수익을 창출할 수 있도록 모든 핵심 노하우들을 모두 방출했다. 따라서 이 책은 매뉴얼이 아니며 형식적인 개념 설명보다 실무적인 방법과 팁을 직설적으로 표현한다.

또한 간단한 해외시장조사 방법과 차별화된 아이템 선정 방법, 쇼피파이의 성공사례, 스토어 콘셉트와 성공적인 브랜딩을 위한 과정, 충성고객 확보를 위한 마케팅 방법, 해외 판매 초보를 위해 수익창출 방법 등을 상세히 설명했다.

- 1인 기업가
- 부가적인 수입을 원하는 2040 N잡러
- 새롭게 온라인 사업을 시작하고자 하는 초보셀러

- 온라인 비즈니스에 관심있는 셀러
- 국내 입점형 마켓플레이스에 지친 기존 셀러
- 해외 입점형 마켓플레이스에 휘둘렸던 경험이 있는 셀러
- 해외 판매에 도전해 보고 싶은 셀러
- 해외 글로벌 스토어에 관심이 있는 초보 셀러
- 글로벌 브랜드로 성장시키고 싶은 기업
- 해외 시장에서 브랜드 인지도를 높이고 싶은 기업

이런 기업들이라면 이 책을 통해 쇼피파이 스토어의 실전 판매 스킬 등, 해외 판매에 성공하는 노하우는 물론 자신감까지 얻게 될 것이라 확신한다.

특히 5장의 B2B 대량수출 핵심 팁은 한국의 어디에도 찾아볼 수 없는 수출 실무의 핵심 내용이다. 교과서에 나오는 뻔한 내용이 아닌 실무 경험과 최신 트렌트를 바탕으로 쇼피파이 스토어를 활용한 차별화 전략 등, 수출 성공 방법을 자세히 설명한다.

- 수출에 관심있는 수출 초보기업
- 수출하기 위해 노력하지만 방법을 모르고 있는 기업
- 바이어를 만나지만 수출 실적이 안 나오는 기업
- 괄목할 만한 수출액 신장을 원하는 기업
- Long Term 비즈니스로 지속적인 수출을 하고 싶은 기업

이런 기업이라면, 이 책에서 제공하는 수출 마인드셋, 바이어 발굴

및 관리방법 등 실제 수출에 성공하기 위한 다양한 핵심 팁들을 참조해 지속적이고 안정적인 수출을 이룰 것으로 확신한다.

이 책을 통해서 독자들은 쇼피파이로 글로벌 스토어를 구축해서 안정적인 수익을 만들 수 있음은 물론이고, 더 나아가 쇼피파이의 다양한 기능들을 활용하여 향후 쇼피파이 전문가, 수출 전문가가 나올 것이라 믿어 의심치 않는다.

자, 거대한 변화가 시작된 이커머스 시장에서, 쇼피파이와 함께 세계 시장을 개척하기 위한 항해를 시작할 준비가 되었는가?

2024년 7월 29일

쇼피파이터 이동준

차 례

Chapter 2

하루 30분, 쇼피파이가 바꾼 내 비즈니스

Chapter 3 이것만 해도 매출 2배 오른다
: 하루 30분 쇼피파이 Start!

Chapter 4 하루 만에 끝장내는 쇼피파이의 키포인트
: 이것만 기억해라

Chapter 5 생초보 B2B 수출로 매출 극대화하기 (고급)

부록 ❶ 쇼피파이 회원가입과 쇼핑몰 개설 ❷ 스토어 관리자 화면 둘러보기

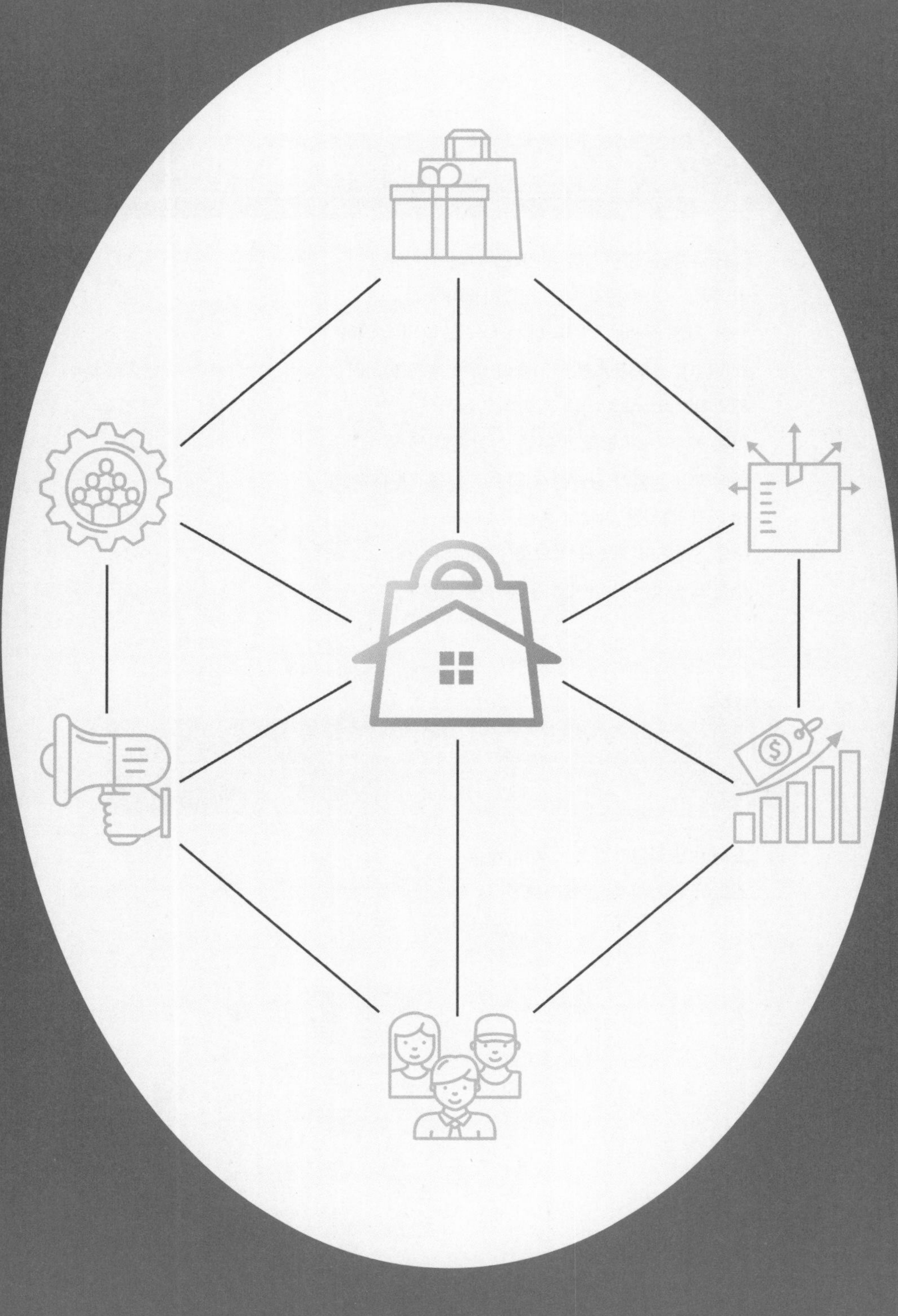

Chapter.1

쇼피파이, 하루 30분만 투자하라
: 월 1000만원 수익의 비밀

쇼피파이는 캐나다 IT 1등 기업이고 직원은 약 8,000명이다. 뉴욕거래소에 상장이 되어 있고 시가총액은 약 170조 원이다. 네이버의 시총이 약 34조 원인 것과 비교하면 네이버보다도 4배 이상 큰 대기업이다. 쇼피파이는 온라인 쇼핑몰 구축과 판매에 관계된 솔루션을 제공한다. 그리고 무엇보다 구축과 사용이 쉽다. 쇼피파이로 만들어진 스토어는 전 세계 약 120만 개 정도로서 매출액은 물론 스토어 개수도 전 세계 1등이다. 그런데 우리는 쇼피파이에 대해서 들어본 적이 없다. 그나마 조금 알고 있는 사람들은 동남아시아 마켓플레이스 '쇼피'와 혼동하거나 먹는 파이인 줄 알고 있는 사람도 있다. 쇼피파이의 장점을 설명하자면 내용이 방대하고 솔루션이 계속 업데이트 되어 명확히 설명하기 힘들 정도이다. 1장에서는 쇼피파이의 핵심 특징들을 살펴보고 쇼피파이가 왜 기회의 솔루션이고 돈이 되는 아이템인지 알아보자.

나는 쿠팡과 네이버에서 이렇게 실패했다

경쟁자가 없는 블루오션

나는 현재 네이버 스마트스토어와 쿠팡에 입점해서 제품을 팔고 있다. 몇 년 전 OEM으로 브랜드를 만들어서 국내 판매를 도전했었던 경험도 있다. 판매를 위해서 국내외 이커머스 플랫폼, 입점형 플랫폼, 대기업 마켓플레이스(이하 입점형 마켓플레이스라고 칭함. 쿠팡, 스마트스토어, 아마존과 같이 플랫폼 회사가 판매자를 입점시켜 제품을 판매하는 방식)를 공부하기 시작했고 유튜브 탐색은 물론 도서관을 방문해서 플랫폼 관련 책들을 많이 읽었으며 유료강의도 여러 번 수강한 경험이 있다. 폐쇄몰을 비롯한 국내의 전체 유통시장에 대해서도 분석을 하고, 내 제품을 비싸게 많이 팔 수 있는 플랫폼을 선정했었고, 그것이 스마트스토어와 쿠팡이었다. 당시 지마켓과 옥션에 대항해서 위메프, 티몬 등이 성장하는 추세였고, 스마트스토어를 성장시키려고 네이버가 노력하는 시기였으며, 무엇보다 쿠팡의 성장세가 괄목할 만큼 두드러지던 시기였다.

나는 당시에 자사몰 구축과 입점형 마켓플레이스 중 어떤 것을 선택할지 고민이 많았는데, 결국 독립몰도 함께 구축하기로 결정하고 약 6개월 동안 자사몰을 구축하고 마켓플레이스에 나의 제품 등록을 완료했다. 하지만 그 후로도 네이버 키워드 상위노출 방법, 네이버스토어 제품 상위노출 방법, 블로그 상위노출 방법, 쿠팡 상위노출 방법 등을 계속 공부해서 적용시켰고 네이버와 쿠팡에 광고도 진행했으나 판매는 늘어나지 않았다. 당시 고도몰을 이용해서 구축했던 독립몰도 매출

저조로 1년 만에 폐쇄를 결정했다.

이러한 실패경험은 비단 나뿐만이 아닐 것으로 생각한다. 나는 당시에도 무역을 하고 있었고 해외 온라인마케팅과 이커머스에도 경험이 있던 상태였다. 당시 나는 국내에서도 타 경쟁자(판매자)들보다 온라인 스토어에 강점을 지니고 있다고 생각했었다. 그럼에도 국내 입점형 마켓플레이스에서의 도전은 쉽지 않았다.

온라인을 통해서 제품 또는 서비스를 판매하고자 할 때 공부를 했건 하지 않았건 대부분의 사람들은 나처럼 쿠팡과 같은 마켓플레이스 입점을 우선적으로 생각한다. 일부 독립몰을 만들거나 도매꾹, 도매매 등을 통해서 무자본 위탁매매로 스토어를 시작하는 사람들도 있긴 하지만, 대부분 입점형 마켓플레이스를 우선적으로 선택한다. 초보 셀러들은 호기롭게 도전을 외치고 시작하지만, 온라인 판매에 성공해서 지속적으로 수익을 내고 있는 셀러들은 정말 극소수에 불과하다. 성공한 극소수의 셀러가 아이템을 확장하거나 조직을 활용하여 플랫폼을 확장해서 성공하는 사례가 많다. 이러한 사례들은 유튜브와 유료강의에 넘쳐난다.

하지만 나를 비롯해 대다수가 국내 입점형 마켓플레이스에서 실패하는 근본적인 이유는 무엇일까? 우선 판매가 잘되는 마켓플레이스에서는 시간이 지나면 어김없이 유사 경쟁자들이 출현하고 셀러들 간에 경쟁이 심화한다. 경쟁자들은 끊임없이 나타나고, 쿠팡과 같은 곳은 심지어 쿠팡 본사가 나의 제품과 유사한 제품을 출시해서 나의 경쟁자가 되기도 한다. 나는 입점형 마켓플레이스에서의 실패 원인은 제품 판매능력과 같은 상대적인 요인 이외에 나의 제품에 대한 판매 채널과 판매계획에 대해서 고민이 부족했음이 근본적인 이유라고 생각한다.

어디에서, 어떻게, 누구에게, 언제까지, 어떤 목적으로 판매하느냐가 핵심이다

우선 나의 제품을 어떤 고객에게 판매할 것인지부터 결정해야 한다. 일반 입점형 마켓플레이스에서 나의 제품을 구매하는 고객들은 플랫폼 내에서 검색을 통해 구매가 이루어지거나 광고에 노출되어 구매한 고객일 가능성이 크다. 내 제품과 브랜드에 대한 관여도가 작고, 내 제품과 브랜드에 대한 충성고객이 아니라 마켓플레이스의 충성고객일 가능성이 높다.

두 번째는 어떤 목적으로 언제까지 판매하느냐를 고민해야 한다. 내 제품의 라인업을 늘리고 브랜드를 성장시키기 위한 목적을 가진 판매는 지속적인 홍보와 마케팅, 시간이 필요하다. 입점형 마켓플레이스에 군집해 있는 플랫폼 충성고객들에게는 내 제품과 브랜드를 지속적으로 마케팅하기 정말 어렵다. 결국, 사업 초기 일시적인 매출 신장만이 목적이 아니라 내 제품과 브랜드를 성장시키기 위해서 중장기적이고 지속적인 판매를 고려한다면 현재 유행하는 대기업 입점형 마켓플레이스에만 집중해서 판매하는 것은 옳지 못한 선택이다. 왜냐면 잘 나가는 입점형 마켓플레이스는 계속 바뀌기 때문이다. 우리도 마켓플레이스 안에서 다른 셀러들과 경쟁하지만, 마켓플레이스끼리의 경쟁은 더욱 치열하기 때문이다. 오래전 인터파크, 지마켓, 옥션, 티몬, 위메프 등이 그랬고, 지금 한국에서 큰 점유율을 보유하고 있는 쿠팡과 스마트스토어도 큰 변화를 겪게 될 것이 분명하다.

다음으로 어디에서 어떻게 판매를 해야 할지도 검토해 보아야 한다. 대부분 판매를 고려하는 우리나라의 사람들은 고민하지 않고 아직도 쿠팡과 스마트스토어를 떠올린다. '어디에서 판매할까'라는 고민에는 수많은 답변이 존재한다. 국내 판매가 아니라 해외판매를 결정할 수도 있고, 경쟁이 심하지 않은 플랫폼이나 신규로 떠오르고 있는 플랫폼만을 집중적으로 타깃팅해서 마케팅을 진행할 수도 있다. 또 자사몰을 만들어서 직접 운영을 하는 방법도 있다. 어떻게 판매를 하느냐의 고민에서는 온라인에서 판매할 수도 있고 오프라인에서 판매할 수도 있다. 무조건 마켓플레이스 입점만이 정답이 아니고, 나의 제품과 브랜드 성격을 분석하고 어떤 목적을 가지고 어떠한 고객에게 판매하고 마케팅을 진행할 것인가에 따라 판매 채널이 달라진다. 일부 도전정신이 강한 판매자들은 사업 초기부터 국내시장이 아니라 해외판매를 목적으로 브랜드를 만들거나 해외시장을 타깃으로 제품을 생산하기도 한다.

내 제품 또는 서비스를 판매할 계획이 있다면 어떤 목적으로 언제까지, 어떤 고객에게, 어떠한 방법으로, 어디에서 판매할 것인지 진지하게 고민하는 것을 강력히 추천한다. 나의 경험상 스마트스토어에 입점을 하고, 제품을 등록하고, 네이버의 가이드를 숙지하고, 노출될 수 있도록 광고 설정을 하고, 노출될 수 있도록 공부를 하는 등의 일련의 노력과 학습 정도라면 해외판매도 충분히 가능하다. 그렇다면 내가 설명하고 있는 쇼피파이는 과연 어떤 것이고 어떤 특징이 있는지 국내외 마켓플레이스와 이커머스 플랫폼들과 비교해보자.

쇼피파이의 국내 셀러는 희귀하다. 지금 시작하면 나도 전문가!

쇼피파이의 가장 큰 장점은 무엇일까? 대기업 이커머스 솔루션임에도 불구하고 '국내의 셀러는 거의 없다'라는 것이다. 네이버와 구글, 유튜브를 아무리 검색해도 쇼피파이로 수익을 내고 성공하는 스토리는 찾아보기 힘들다. 스토어를 구축하는 방법과 관련된 매뉴얼 내용들만 일부 있을 뿐이고, 심지어 쇼피파이를 시작하지 말라고 경고하는 사람들도 있다.

쇼피파이는 아직 한국에 정식으로 들어오지 않았다. 하지만 일본만 해도 쇼피파이를 활용한 스토어가 폭발적으로 증가하고 있다. 2023년 기준 쇼피파이는 미국 내 전자상거래 점유율 10%를 차지했다. 아마존이 매출 1등, 쇼피파이가 2등인 것이다. 전 세계 1등 스토어 솔루션인 쇼피파이를 통해 해외 판매든 국내 판매든 도전해 볼 만한 가치가 있다고 생각한다. 앞으로 한국에도 나처럼 쇼피파이를 통해서 성공한 사례들이 많이 생길 것으로 예상한다. 왜냐면 쇼피파이는 중소상인과 셀러들에게 엄청난 기능을 지원하는 검증된 플랫폼이고 한국에도 널리 보급될 것이 눈에 보이듯 뻔하기 때문이다. 온라인으로 사업을 시작하고자 하는 초보 셀러와 기존 온라인 셀러, 또 다른 판매 채널을 고민하고 있는 셀러, 자사몰, 브랜드 몰을 기획하고 있는 셀러가 있다면 쇼피파이를 주목하고 도전해 보자.

쇼피파이 스토어는 부의 추월차선이다

쇼피파이는 추마의 기중기이다

쇼피파이를 일반적인 대기업 입점형 마켓플레이스와 비교해 보면《부의 추월차선》에 나오는 '추마'와 '아주르'가 생각난다. 혼자서 피라미드를 완성해야 하는 추마와 아주르는 처음 계획부터 피라미드를 만드는 방법이 달랐다. 아주르는 당장 눈에 보이는 매출을 위해 입점형 마켓플레이스에 입점한 것과 비슷하게도 아무 생각 없이 당연하게 무거운 돌들을 몸으로 나르기 시작했다. 그리고 2층으로 돌을 올리기에 너무 무겁다고 느끼자 근육을 키우고 힘을 늘리기 위해서 체력단련 자문료를 냈고 건강식품을 구하는 데 돈을 써야 했다. 이것은 입점형 마켓플레이스에서 경쟁이 심해져 더는 매출이 전과 같지 않자 광고비로 겨우겨우 매출을 발생시키고 있는 것과 비슷하다.

하지만 추마는 당장 눈앞에 보이는 돌을 옮기는 대신 목적과 결과를 우선 생각했다. 생각 없이 행동이 앞서는 아주르와 달리 무거운 돌들을 꼭대기까지 들어 올릴 수 있는 기중기를 설계하고 만드는 데 꼬박 1년을 소비했다. 이건 마치 당장의 매출보다 장기적인 목적을 가지고 충성고객을 육성하면서 확장하고 브랜드를 점진적으로 키우고 쇼피파이 독립몰을 성장시키는 것과 유사하다. 당장 눈앞의 매출만 생각한다면 아주르처럼 시간이 흐를수록 더 많은 체력이 필요하게 될 것이고 더 많은 광고비가 필요하게 될 것이다. 최악의 경우 피라미드가 무너져 다른 입점형 마켓플레이스로 옮겨 가야 할 수도 있다. 쇼피파이로 스토어를 구축하고 키워나가는 과정은 흡사 추마가 기중기를 설계하는 것과 유사하게 어려울 수도 있다. 하지만 결국 추마가 피라미드를 완성했듯이 잘 키워진 쇼피파이 스토어가 결국 셀러에게 큰 수익을 안겨 주는 것은 당연한 결과라고 생각한다. 쇼피파이가 입점형 마켓플레이스와 어떻게 다른지, 유사 솔루션과 어떤 차이점이 있는지 살펴보자.

팔수록 힘들어지는 국내 입점형 마켓플레이스의 셀러들

한국에서도 고정고객이나 충성고객을 보유한 기업들은 독립몰을 만들어서 입점형 마켓플레이스에서의 판매를 배제하고 독립몰을 통한 판매를 독려하고 마케팅하고 있다. 하지만 한국에서 제품을 온라인으로 판매하고자 하는 대부분의 셀러들은 쿠팡, 네이버 스마트스토어, 옥션 등과 같은 입점형 마켓플레이스에서 판매를 하고 있다. 즉 고객들에게 브랜드 인지도가 있는 기업들은 독립몰을 운영하지만, 그렇지 못한 중소기업들은 대부분 대기업 마켓플레이스에 입점을 해서 세일즈하고 있는 실정이다. 불과 3~4년 전만 해도 옥션, 지마켓보다 쿠팡과 네이버 스마트스토어에서 판매를 해야 돈을 벌 수 있다며 광고하는 책들이 넘쳐났다.

하지만 지금은 어떤가? 비싼 판매 수수료는 물론이고 플랫폼 내 광고를 하지 않으면 노출과 판매가 쉽지 않은 한계까지 봉착했다. 또한 알리익스프레스, 테무 등 해외 크로스보더 쇼핑몰의 시장진입으로 국내 이커머스 시장의 파이 자체도 줄어들고 있다. 시장은 얼어 있고 경쟁은 너무 과열되어서 탁월하지 않으면 플랫폼 내에서 살아남기 힘든 상황이 되었다. 우리와 같은 소규모 영세 셀러들은 대기업 마켓플레이스에 판매수수료와 광고비 등 큰 비용을 내면서 판매해야 한다. 그럼에도 우리는 그들이 정해놓은 규정을 엄격하게 준수해야 하고, 때때로 계정 정지처럼 청천벽력과 같은 제재를 당하기도 한다.

과연 쉬운 초기 판매와 매출 증대의 장점 이외에 입점형 마켓플레이스가 어떤 장점이 있는가? 쿠팡 로켓배송의 경우 대금의 정산이 늦기 때문에 셀러 입장에서는 많이 판매될수록 돈이 묶이게 된다. 또 거래를 많이, 오래 하면 할수록 공급 단가를 낮춰서 마진을 포기해야 한다. 납품 물량이 늘어서 창고를 넓히고 직원을 증원해서 사업을 중단할 수도 없다. 어느 날 나와 유사한 제품이 등록되고 타 판매자가 아이템 위너가 되면 내가 그동안 모았던 소비자 리뷰를 모두 가져가고 나의 제품은 노출이 안 되는 절망적인 상황이 발생하기도 한다. 대기업 마켓플레이스는 트렌드를 따라 변화한다. 과거 옥션과 지마켓이 그랬고, 카카오스토리가 그랬고, 쿠팡과 스마트 스토어가 그러하고, 앞으로는 알리익스프레스와 테무가 우리나라 온라인 시장을 주도할 수도 있다. 언제까지 입점형 마켓플레이스를 옮겨 다니기만 할 것인가.

나는 대기업 플랫폼 입점을 하지 말라고 하는 것이 아니다. 입점형 마켓플레이스는 내 브랜드를 마케팅하기 위한 수단으로 나쁘지 않다. 하지만 온라인 판매의 구심점이 대기업 마켓플레이스에 있으면 안 된다는 것을 말하는 것이다. 대기업 마켓플레이스에 리뷰를 엄청나게 모아 놓고, 고객들로부터 별점이 아무리 많아도, 마켓플레이스가 없어지거나 내가 그동안 노력해서 만들어 놓은 리뷰와 고객들이 함께 사라질 수 있다. 그렇다면 대기업 마켓플레이스 입점도 나쁘지 않지만, 온라인 판매의 구심점은 우리 회사가 직접 관리해야 한다. 이때 온라인 판매의 구심점을 만드는 부분에서는 저렴한 수수료로 나의 제품과 브랜드를 성장시키고, 충성고객을 유치하고, 경쟁이 심하지 않은 해외판매에 특화된 쇼피파이가 최적의 솔루션이라고 생각한다.

셀러는 안중에도 없는 해외 입점형 마켓플레이스에 올인?

해외의 입점형 마켓플레이스도 국내와 유사하다. 해외의 대표적인 입점형 마켓플레이스는 아마존과 이베이, 쇼피, 라자다, 큐텐, 알리익스프레스 등이 있다.

해외 마켓플레이스도 국내와 비슷하게 플랫폼의 규제와 통제에 따라야 한다. 판매자 간 경쟁이 심하고 광고비가 많이 소요되며 충성고객 확보가 어렵다. 국내와 차이점이 있다면 국내에서 해외로 발송한다는 것인데, 아마존처럼 아마존 창고(FBA)로 미리 보낸 뒤 판매를 하는 방식과 주문이 들어온 뒤 한국에서 제품을 발송하는 쇼피와 같은 방식이 있다. 또 구매 고객이 한국 사람이 아닌 해외 고객이라는 점이 국내와 다르다. 또는 일반 소매 판매보다는 해외 바이어 발굴을 목적으로 입점형 마켓플레이스에서 세일즈를 하는 경우도 있다.

주변에 보면 아마존이나 이베이, 쇼피의 경우 성공한 한국 셀러들이 꽤나 있다. 나는 해외 마켓플레이스에 입점해서 판매하는 것에 대해서는 반대하지 않는다. 국내보다는 경쟁의 강도가 약하고 해외로 수출해 보는 경험이 나쁘지 않기 때문이다. 하지만 해외 마켓플레이스에서 성공한 셀러들은 같은 셀러들과 비교하여 탁월한 능력을 발휘한 사람들이다. 이는 네이버나 쿠팡에서 아직도 돈을 잘 벌고 있는 사람들과 비슷한 것이다. 경쟁에 이기고 돈을 벌고 있는 사람들이다.

해외 마켓플레이스 입점 판매의 단점은 플랫폼 정책과 제재라고 볼 수 있다. 연 매출이 몇백억씩 하던 계정이 하루아침에 정지당하는 경우도 발생한다. 셀러가 정책을 위반해서 제재를 당하기도 하고, 이해가 되지 않는 사례로 계정이 막히는 때도 있다. 입점형 마켓플레이스는 셀러가 아니라 고객 위주의 정책으로 운영될 수밖에 없기 때문에 구매 고객은 아무런 잘못이 없고 과실은 오직 셀러에게만 존재한다.

이와 비교하여 쇼피파이는 셀러 입장에서 해외 판매를 위한 글로벌 스토어에 특화된 솔루션이다. 대기업 쇼피파이가 중소상인인 셀러들의 판매를 지원하기 위해서 다양한 지원을 하고 있다. 입점형 플랫폼의 제재가 없는 것은 물론이고 셀러들의 매출 성장을 위해서 노력한다. 이것이 입점형 마켓플레이스와 쇼피파이의 가장 큰 차이점이다.

무제한 제품 등록, 이게 바로 가성비 갑 쇼피파이 스토어이다

쇼피파이는 제품 등록 개수에 제한이 없다. 전 세계 마켓플레이스와 온라인스토어 플랫폼을 통틀어서 무제한 제품 등록을 허용하는 플랫폼은 쇼피파이가 유일하다. 네이버 스마트스토어, 쿠팡도 업로드할 수 있는 상품 개수가 제한이 있고 카페24에서 무료로 제공하고 있는 글로벌 스토어도 개수 제한이 있다. 이러한 제한은 서비스 공급자의 측면에서 지극히 당연하다. 무제한으로 제공하면 서버 비용도 충당하기 어렵기 때문이다. 이 부분에서 나는 쇼피파이를 이용한 스토어 구축 자체가 타 플랫폼과 비교하여 비용을 아끼는 동시에 돈을 벌고 있는 것으로 생각한다.

쇼피파이 스토어를 활용하면 다양한 제품을 제한 없이 등록해서 전문몰 또는 종합몰로 구축이 가능하다. 또한 쿠팡처럼 셀러들을 나의 쇼피파이 스토어에 입점시켜서 셀러가 제품을 직접 등록하게 할 수도 있다. 이 모든 것이 쇼피파이 기본 플랜으로 모두 가능하다. 더불어 이커머스와 관련해서 자체 쇼핑몰이나 플랫폼을 개발자를 고용해서 시도해 본 사람들은 누구나 공감할 내용은, 이커머스 플랫폼을 직접 개발하는 작업은 성공할 확률이 매우 낮고 비용도 엄청나다는 것이다. 3억, 5억씩 투자해서 PHP나 자바(Java) 등의 언어를 사용해서 이커머스 자체 스토어를 개발할 경우 성공 확률이 높지 않으며, 개발 기간이 오래 걸리고 개발 후 오랜 기간 각종 에러와 예기치 못한 치명적인 결함에 사후관리를 해야 함이 당연한 과정이다. 실제로 마젠타나 빅커머스를 커스터마이징하는 과정에서 다양한 에러와 버그로 개발을 포기하는 사례도 꽤 많은 것으로 알려져 있다.

나는 한 달에 19달러 플랜을 사용하고 있지만 쇼피파이와 유사한 플랫폼을 만든다고 가정했을 때 10억을 투자해도 못 만들 것을 잘 알고 있다. 그만큼 쇼피파이는 완성도 있고 검증된 솔루션이다. 이것이 내가 쇼피파이를 쇼핑몰을 찍어내는 플랫폼이라 말하지 않고 문제를 해결하는 솔루션이라고 말하는 이유이다. 쇼피파이 스토어를 구축하고 있다면 전 세계에서 가장 가성비 있는 쇼핑몰 솔루션을 만난 것이다.

쇼피파이로 전 세계에 무엇이든 팔아라

쇼피파이를 활용해서 수익을 창출하는 방법 중에 다양한 제품을 판매할 수 있다는 것은 핵심 중의 핵심 장점이다. 입점형 마켓플레이스에서 판매할 수 없거나 제약이 있는 제품을 쇼피파이 스토어에서는 판매가 가능하다. 아마존, 이베이 등 대기업 입점형 마켓플레이스에서는 판매가 금지된 제품들이 많다. 특히 쇼피의 경우는 국가마다 제품 등록이 불가한 품목들이 많다. 알리바바의 경우도 브랜드 인증서를 보유한 기업만 해당 브랜드 제품을 등록할 수 있는 등 브랜드에 대한 제재도 점점 강해지는 추세이다. 물론 쇼피파이도 총기류, 주류, 의약품 등 판매가 금지된 품목들이 있기는 하다. 하지만 그 제약은 입점형 마켓플레이스와 비교하면 제한이 정말 작은 편이다. 다양한 종류의 제품을 소싱해서 내 마음대로, 계획대로 판매할 수 있다. 또 물리적인 제품은 물론 전자책, 강의 등 가상의 제품까지도 판매할 수 있으며, 구독서비스도 판매가 가능하다. 가상의 제품과 서비스를 판매하는 기능적인 측면에서 국내의 카페24와 고도몰은 쇼피파이 만큼 다양한 기능과 확장성을 제공하지 못하는 것이 사실이다. 하루에 15만 명의 방문자가 있는 폰트 판매 사이트 마이폰트닷컴(https://myfonts.com)도 쇼피파이로 구축되어 폰트를 판매 중이고, 윈도우 등 소프트웨어를 판매하는 소프트웨어킵(https://softwarekeep.com) 스토어도 쇼피파이로 소프트웨어를 판매하고 있다. 쇼피파이 스토어로 전 세계를 상대로 전자책을 팔아보거나 구독서비스, 강의를 판매해 보자.

결제 및 배송은 쇼피파이에서 원스톱으로 지원한다

쇼피파이는 전 세계 170개국의 국가에서 운영되고 있으며 전 세계 대다수의 결제서비스 공급업체와 연계되어 있다. 이것은 우리가 전 세계 170개 국가 중 어떤 국가를 타깃하여 판매를 시도하더라도 쇼피파이가 현지에서 자주 사용되는 대부분 결제서비스를 제공함으로 현지 고객이 쉽게 결제할 수 있다는 것을 의미한다. 즉 어떤 국가에서든 결제가 가능하다는 말이다. 또 쇼피파이는 '쇼피파이 페이먼츠'라는 자체 결제시스템을 구축해서 셀러들에게 저렴한 수수료로 결제서비스를 제공하고 있다. 그리고 '쇼피파이 풀필먼트'라는 배송 서비스도 제공한다. 아쉽게도 쇼피파이 페이먼츠와 쇼피파이 풀필먼트는 한국에서는 아직 서비스가 제공되고 있지 않다. 연매출 1조 원에 가까운 카일리 코스메틱도 쇼피파이 페이먼츠와 풀필먼트를 이용하고 있다. 조만간 쇼피파이가 정식으로 한국에 들어오면 가장 기대되는 것이 쇼피파이 페이먼츠와 쇼피파이 풀필먼트이다.

쇼피파이의 특징 중 원스톱 결제시스템과 배송 서비스 지원을 꼽는 이유는 경쟁 이커머스 플랫폼에서는 지원하고 있지 않은 서비스이기 때문이다. 이런 페이먼츠와 풀필먼트는 쇼피파이처럼 대기업만이 가능한 서비스이기도 하다.

알려진 모든 마케팅 채널은 쇼피파이로 연계하여 통합한다

쇼피파이의 가장 큰 특징 중 하나는 판매자를 위해 노력한다는 것이다. 네이버와 쿠팡은 서로 경쟁자이고 연계하지 않는다. 쿠팡과 알리익스프레스는 크로스보더 경쟁자이므로 서로 협력하거나 공유하지 않는다. 아마존과 이베이는, 그리고 쇼피와 라자다는 서로 경쟁 관계이므로 상생하거나 돕지 않는다. 모든 마켓플레이스는 충성고객의 모집이 매출과 직결되기 때문에 생존을 위해 경쟁한다.

하지만 쇼피파이는 다른 플랫폼과 경쟁하지 않는다. 오히려 쇼피파이는 판매자들의 매출 신장을 위해서 타 플랫폼들과 제품을 등록과 정보를 공유하고 마케팅 채널을 다변화하기 위해서 노력한다. 실제 예로 쇼피파이의 제품들은 구글 쇼핑과 연계되어 구글에 노출되고 유튜브 쇼핑과도 연계되며 페이스북 샵과도 연계되어 노출된다. 아마존에 계정이 있다면 쇼피파이에서 동시에 제품의 관리가 가능하다. 구글에서 쇼피파이를 검색하면 제일 먼저 검색되는 기사는 '아마존의 대항마, 쇼피파이'이다. 정확히 말하면 쇼피파이는 아마존의 대항마가 아니라 아마존, 구글, 메타와 언제든지 협력할 수 있는 쇼피파이 셀러들의 열혈 서포터이다. 쇼피파이는 이러한 엄청난 마케팅 기능을 셀러들에게 무상으로 지원해주고 있으며, 요청하지 않아도 새로운 플랫폼과 연계를 계속 시도한다. 최근에는 틱톡과 연계하여 틱톡의 소비자에게도 노출될 수 있는 마케팅 채널을 지원하기 시작했다.

국내 스토어의 대세도 곧 쇼피파이다

현재까지 한국에서 쇼피파이 스토어를 활용하고 있는 예들은 주로 글로벌쇼핑몰이 대부분인 것은 사실이다. 하지만 쇼피파이 스토어를 활용해서 국내에서도 충분히 사업이 가능하다. 쇼피파이는 관리자메뉴를 포함해서 도움말까지 한글화가 되어 있어서 한국 고객들을 위한 스토어 구축에도 문제가 없다. 결제서비스 공급업체를 국내와 해외 모두 사용하면 국내에서도 결제가 가능하고 다국어페이지를 활용하면 한국어, 영어 등으로 구축해서 해외 글로벌스토어와 동시에 운영이 가능하다. 국내 업체들의 경우 국내 전용 스토어를 운영하고 해외는 별도로 운영하는 경우가 많다. 국내 스토어와 해외 글로벌 스토어를 하나의 스토어로 운영할 수 있는 것은 정말 큰 장점이다. 또 한국에서 유튜브 채널을 운영 중이라면 유튜브 쇼핑도 쇼피파이와 간단히 연결할 수 있다. 페이스북 샵, 인스타그램 샵과도 연동이 가능하다. 한국 고객을 상대로 운영을 하더라도 활용할 수 있는 마케팅과 판매채널은 해외의 경우와 마찬가지로 그대로 사용 가능하다.

쇼피파이에서 제공되는 기능들을 한국 고객들을 위한 스토어에도 모두 적용 가능하다. 쇼피파이 스토어는 글로벌 기준에 맞춰져 있으며 개인정보를 중요시하기에 이메일 주소 입력과 비밀번호 설정으로 회원가입을 간단히 대체한다. 한국의 쇼핑몰들처럼 핸드폰 인증과 주소 등의 개인정보를 처음부터 받지 않는다. 다만 결제 시 배송 정보를 입력할 때에는 배송 주소와 연락처를 필수로 기입하는 것이 일반적이다. 물론 쇼피파이를 사용해서도 핸드폰 인증과 지메일 로그인, 카카오톡 로그인 기능을 추가할 수 있다. 즉, 쇼피파이로 한국 고객을 위한 스토어를 운영해도 충분히 가능하다는 것이다. 쇼피파이 스토어 설정에서 국가와 마켓을 추가할 수 있고 그에 맞는 언어도 변환이 가능하다.

나는 한국 스토어만 단독으로 만들지 말고 여유가 있다면 영문으로 글로벌 스토어를 개설하고 다국어 버전으로 한국 마켓을 추가해서 운영하는 것을 추천한다. 앞으로 쇼피파이 스토어를 활용한 다양한 수익 창출 방법에 대해서 다룰 것이다. 대부분 글로벌 스토어 운영을 통한 해외 수출 방법을 기술하겠지만, 국내에서의 활용도 측면에서 고려해 보더라도 쇼피파이는 카페24, 고도몰과 비교해도 기능적인 면이나 가성비 면에서 훨씬 장점이 많다.

쇼피파이에서 기회를 잡아라

하루 30분 투자로 안정되고 검증된 쇼피파이에서 성공하라

쇼피파이는 전 세계 그 어떤 이커머스 솔루션과 비교해도 무엇 하나 뒤지지 않는 솔루션이다. 솔루션들과 항목별로 비교하여도 단점을 찾아내기가 쉽지 않을 정도이다. 특히나 브랜드 스토어를 계획 중이거나 글로벌스토어를 만들어서 수출을 준비 중이라면, 스토어 개발 인력이 없는 소상공인이라면, 쇼피파이에 반드시 도전해 보라고 추천한다. 쇼피파이는 안정되고 검증된 기회의 솔루션이다.

나 또한 쇼피파이를 우연히 접하게 되었다. 비싼 호스팅 비용을 절감하기 위해 어쩔 수 없이 선택한 플랫폼이 쇼피파이였다. 상품을 등록하고 레이아웃을 정리할 때까지만 해도 쇼피파이가 어떤 기능이 있고 얼마나 확장이 가능한지 알지 못했었다. 쇼피파이로 스토어를 만들어 본 경험이 있는 분들도 쇼피파이가 어떤 회사이고 어떤 기능을 어디까지 제공하는지 잘 알지 못하는 사람들이 많다. 제품 몇 개만 업로드 하고 가만히 있다면 다른 쇼핑몰과 차이점을 알 수가 없고, 카페24나 고도몰의 해외 확장판 정도로만 인식할 수도 있다.

하지만 쇼피파이 매출의 80% 이상이 크로스보더 마켓(해외 간 거래)에서 발생하고 있고, 한국은 전자상거래 규모가 전 세계 5위의 나라이기에 쇼피파이가 이런 시장을 놓칠 리가 없다. 더불어 한국 시장에 진출하게 된다면 구글과 유튜브가 한국 내 점유율을 점점 높여가듯이 쇼피파이 또한 카페24의 점유율을 뺏어오는 것은 물론, 한국에서 제법 덩

치가 큰 마켓플레이스가 될 가능성도 있다고 생각한다. 쇼피파이가 미국에서 아마존 다음으로 두 번째로 큰 플랫폼이 된 것처럼, 한국에서도 자사몰, 독립몰의 매출이 증가하고 쇼피파이 스토어가 늘어나면서 쿠팡에 이은 두 번째로 큰 이커머스 플랫폼이 될 가능성도 있다. 그렇기에 쇼피파이에 대해서 지금부터 관심을 가지고 지켜보는 것은 또 다른 사업기회를 만들 수 있는 좋은 아이템이 될 수 있다.

또한 쇼피파이의 드랍쉬핑의 기능만 사용하더라도 중국이 본사인 알리익스프레스가 한국과 인접해 있어서 샘플 구매, 상품 확인 등의 강점이 있으므로 글로벌스토어를 통한 해외 판매도 타 국가의 드랍쉬핑보다 성공할 확률이 더 높다고 할 수 있다.

서비스 또는 상품의 판매 측면에서도 쇼피파이를 이용하는 것은 기회를 잡는 것이다. 다양한 마케팅 채널과 연계하여 노출의 기회가 넓어지는 것은 추가 보너스이다. 이 기회는 소상공인일수록, 해외로 판매를 기획 중일수록 더 크다고 볼 수 있다. 국내 판매와 해외 판매를 동시에 원하는 경우라도 쇼피파이 스토어가 가장 훌륭한 대안임은 분명하다.

네이버 블로그만큼 쉬운 쇼피파이 스토어 만들기

쇼피파이 스토어를 만들기는 정말 어렵지 않다. 회원가입부터 기본 스토어를 생성하는 것까지 별도로 설명이 필요 없을 정도이다. 이는 구글 지메일을 만드는 방법과 네이버 블로그를 개설하는 프로세스만큼 쉽게 구성되어 있다. 그리고 쇼피파이의 도움말은 대부분 한글화되어 있고 구글만큼 상세하고 구체적으로 구성되어 있다. 그래서 오히려 쇼피파이 스토어를 만드는 방법과 노하우를 구글과 유튜브에 검색해도 콘텐츠가 별로 없다. 이미 쇼피파이 도움말로도 충분히 만들 수 있기 때문이다.

솔루션별 구축 기간 및 난이도 : 쇼피파이 스토어 구축의 기간은 타 솔루션과 비교하여 짧고 만들기 쉽다. 스토어를 이용하는 판매자들이 대부분 중소상인으로 구성되어 있기 때문에 간결한 인테페이스는 물론 손쉬운 구축 환경을 제공하는 것이다. 실제로 쇼피파이는 베이직플랜(월25달러) 선택 시 오프라인 매장과 연계하여 사용할 수 있는 POS 시스템도 함께 제공한다. 소상공인들이 직접 만들고 사용해야 하기에 구축과 관리가 쉽게 구성되어 있는 것이다. 회사 정보와 등록할 상품정보, 포스팅 콘텐츠, 스토어 구축 계획 등이 준비되어 있다면 하루 만에도 스토어 구축이 가능하다. 카페24와 고도몰은 쇼피파이와 비교하여 복잡하고 만들기 어렵다.

쇼피파이는 블로그 기반의 플랫폼인 워드프레스보다도 만들기 쉽다고 볼 수 있다. 우선 서버 및 호스팅 신경을 쓸 필요가 없다. 호스팅 회사를 알아봐서 결제해야 하고, 직접 서버에 워드프레스를 설치하고 플러그인들을 하나씩 설치하고 설정하면서 접속 속도까지 관리해야 하는 반면, 쇼피파이는 회원가입 후 스토어 생성만 해도 기본 쇼핑몰이 자동으로 만들어진다. 물론 기본 페이지들과 블로그 포스팅 페이지 등 필요한 페이지들까지 자동으로 생성된다. 워드프레스는 오픈소스로 무료로 이용할 수 있는 플랫폼이다. 건축으로 비유하면, 워드프레스는 토목공사와 철골공사의 프레임까지만 무료로 제공하는 것이다. 나머지 공사는 직접 만들어 가야 하는 플랫폼이다. 이에 반해 쇼피파이는 집 내부에 필요한 기능까지 한 번에 만들어 준다. 거실, 화장실, 안방,

마당까지 생성되며, 사용자가 원하는 대로 인테리어만 변경하면 완성될 수 있는 원스톱 솔루션을 제공하는 것이다.

간결한 관리자 페이지와 정리된 스토어 세팅 : 쇼피파이 관리자 페이지는 그 어떤 솔루션의 페이지보다 직관적으로 구성되어 있다. 나의 경험상 카페24와 고도몰의 관리자페이지는 너무 복잡해서 필요한 메뉴를 한참 찾아야 하는 경우가 많았다. 메뉴의 구성이 복잡하고 정리되어 있지 않아서 관리자가 사용하기에 편리하지 않다. 그와 비교하여 쇼피파이의 관리자 페이지는 간결하다. 사용자 메뉴, 스토어 운영 메뉴, 스토어 설정 메뉴, 판매채널 메뉴 등이 직관적으로 구성되어 있어 간결하고 깔끔하다.

쉬운 페이지 레이아웃 구성 : 쇼피파이 스토어의 장점은 본사가 기본으로 제공하는 테마 레이아웃이 유료를 사용하지 않아도 꽤나 쓸만하다는 것이다. 워드프레스처럼 쇼피파이에도 유료 레이아웃 테마들이 존재한다. 쇼피파이의 무료테마, 유료테마 모두 설정 방법이 유사하며 마우스 클릭과 드래그로 스토어 페이지 생성, 블로그 페이지 생성, 위젯 추가 등 스토어 레이아웃의 편집이 가능하다.

간단한 상품등록, 페이지 생성, 블로그 포스팅 : 쇼피파이는 스토어 전문 솔루션이다. 그렇기에 상품을 등록하고 변경하는 방법 또한 매우 간단하다. 또 워드프레스와 같이 페이지 생성 및 블로그 게시글을 포스팅하는 기능을 기본으로 제공한다. 이외에 개인정보 정책, 배송 정책, 환불 정책, 쇼핑몰 정책 등의 기본 페이지를 제공한다.

다양한 APP을 통한 쉬운 기능 구현 : 쇼피파이에서는 코딩을 하거나 코드를 변경하는 작업이 필요 없다. 추가로 필요하다고 생각되는 기능이 있다면 APP 검색을 통해 대부분 구현이 가능하다. 쇼피파이 APP은 약

8,000개가 등록되어 있다. 스토어에서 필요한 기능은 대부분 지원 가능하다.

쇼피파이 스토어의 안전성

나는 온라인에 관심이 많기 때문에 PC와 인터넷과 가까운 편이다. 그렇지만 PC와 인터넷을 믿지 않는다. PC에 저장된 자료는 외장하드에, 원드라이브에 3중으로 백업을 해서 저장을 한다. 자료가 한 번에 사라져 버린 경험들이 있기 때문이다. 또한 워드프레스 홈페이지로 이용하던 호스팅 업체가 랜섬웨어에 감염되어 홈페이지가 없어져 버리기도 했으며, 수출 제품 패킹 시 이용하던 서버가 해킹을 당해서 자료가 없어진 것이 2번, 디도스 등 공격을 받아서 서버 접속이 불가능했던 경험도 수십 번에 이른다.

온라인 접속의 안전성은 어떤 곳에 접속 장애가 있느냐에 따라 피해의 정도가 결정된다. 일반 홈페이지의 접속 장애의 피해는 그리 크지 않다. 하지만 상업용 웹페이지, 즉 돈이 결제되는 트랜잭션이 이루어지는 쇼핑몰 등의 접속 장애는 바로 손실 및 비용으로 연결된다. 나의 스토어로 어렵게 유입시킨 고객에게 접속이 느리거나 접속 장애의 어려움을 느끼게 해서는 절대 안 된다. 접속이 느리거나 접속 장애가 발생하고 결제문제가 발생해서 나의 고객들이 피해를 호소했을 때 국내외 호스팅 업체들의 답변은 항상 비슷했었다. "현재 복구 중(작업중)이니 기다려달라"라는 답변이 전부이다. '당신이 합의한 이 가격에 우리 서비스를 이용하고 있으니 정상화 될 때까지 참고 기다려라'라는 말이다. 판매자 입장에서 접속 등의 문제가 발생하면 답답하다. 내가 어떻게 처리할 수 있는 문제가 아니기 때문이다. 이런 문제를 몇 번 경험하게 되면 안정적으로 운영되는 서버를 찾게 된다.

나는 지난 수년간 쇼피파이 스토어를 운영하면서 내가 접속하는 관리자페이지에서 단 한 번의 접속 어려움도 경험해 보지 못했고 랜딩페이지 등 고객이 중요하게 접속하는 페이지의 에러도 경험해 본적이 없으며, 어떤 고객으로부터도 접속 문제 관련하여 피드백을 받아본 경험이 없다. 쇼피파이는 구글클라우드(SaaS)를 이용해서 서비스를 제공한다. 그래서 빠르고 안정적이다. 쇼피파이는 안전한 서버 운영의 측면에서도 그 어떤 솔루션과도 차별화되는 강점을 지니고 있다.

쇼피파이는 서버의 안전성 이외에 '안정성'도 자랑한다. 안정성은 시스템의 완성도 등 에러가 발생하지 않는다는 것을 말한다. 쇼피파이는 전 세계에서 사용되는 솔루션이므로 접속환경이 다양하고 결제 지원 서비스도 다양하며, 모든 결제 환경에서 완벽하게 대응한다. 쇼피파이를 운영해 오는 동안 고객들로부터 결제와 관련되어 문의를 받거나 클레임을 받은 경험이 없을 정도이다. 한국에서도 가끔씩 중복결제의 문제가 발생하거나 결제지연의 시스템 에러를 종종 겪기도 한다. 하지만 쇼피파이는 어떠한 상황에서도 에러 없이 결제된다.

블로그형 홈페이지를 대체할 만한 강력한 기능

쇼피파이는 일반 홈페이지를 대체할 만한 기능을 제공한다. 일반적으로 업체들은 회사의 웹페이지를 운영하고 스토어는 별도로 운영하고 있다. 구체적으로 워드프레스나 아임웹과 같은 플랫폼으로 회사 홈페이지를 만들고 스토어는 스마트스토어나 카페24와 같은 쇼핑몰을 별도로 구축하는 것이 일반적이다. 하지만 쇼피파이를 활용하면 워드프레스의 강점인 SEO 기능도 구현할 수 있으며, 대부분의 워드프레스 퍼포먼스를 쇼피파이에서 만들어 낼 수 있다. 이는 홈페이지 구축 비용과 시간을 절감하는 것이기도 하고, 우리 고객들에게 기업과 제품의 통합된 정보를 제공함으로써 고객의 편의성을 고려하기도 하는 것이다. 물론 별도의 DB를 사용하거나 API, ERP, 임베디드 시스템 등 웹 페이지에 별도의 커스터마이징의 요소가 많을 경우 쇼피파이는 맞지 않을 수 있다. 하지만 일반적인 웹페이지의 기능들만 사용한다면 쇼피파이로도 기존 홈페이지를 대체하기에 충분하다. 기존의 홈페이지에서 블로그 형식으로 회사와 브랜드 장점을 깨알같이 어필하고 정작 취급하는 제품들은 별도의 스토어에서 확인해야 했다면, 쇼피파이에서는 한 곳에서 구현할 수 있다는 의미이다. 구매 고객의 입장에서 이미지와 텍스트 형식으로 소개된 홈페이지보다 다양한 제품군과 카테고리가 정리되어 있고, 실제 판매를 하고 있으며, 제품에 대한 고객들의 피드백을 함께 확인할 수 있도록 구성된 스토어가 고객들의 신뢰도를 높이는 요소로 작용할 수 있다.

B2B 바이어 연계

B2B 해외 바이어 연계는 쇼피파이만의 특별한 장점이 아니다. 국내외 입점형 마켓플레이스에서도 관심 있는 해외 바이어와 매칭이 이루어지거나 바이어로부터 컨택이 오기도 한다. 내가 말하는 것은 타 솔루션 또는 플랫폼과 비교하여 바이어를 연계하기에 쉽고 관련 기능이 많다는 것이다. 쇼피파이를 활용하면 셀러가 고객 생성은 물론 고객의 피드백도 등록할 수 있다. 이 부분에서 '굳이 그렇게까지 할 필요가 있느냐'라며 반대하는 독자가 있을 수도 있다. 나는 회원생성과 피드백 등록은 존재하지 않는 사실을 허구로 말하지 않는 범위 내에서, 소비자를 기만하는 허위, 과장하지 않는 범위 내에서 마케팅의 일부분이라고 생각한다. 대기업 플랫폼에서 긍정 리뷰 하나 등록하기 위해 비용을 부담하면서 가구매를 하고자 노력하면서, 나의 스토어에서 리뷰를 등록하는 데 양심의 가책을 느껴서 꺼려지는 독자가 있다면 본인 제품의 네이버, 쿠팡의 실제 리뷰나 아마존의 리뷰를 번역해서라도 등록해 놓는 것을 추천한다.

쇼피파이를 이용해서 글로벌 스토어를 구축했을 때 해외 바이어와 B2B 연계 가능성이 높은 것은 스토어에 등록되어 있는 제품들의 전문성이 바이어 신뢰도를 높이고 제품마다 등록되어 있는 최종 소비 고객들의 긍정 피드백이 수입 후 현지 고객의 반응을 예상해 볼 수 있는 척도가 되어 수입에 긍정적인 영향을 주기 때문이다. 샘플을 구매하거나 본품을 수입해서 현지의 소비자 반응을 테스트해야 하는데 이미 등록되어 있는 소비자의 긍정피드백이 '지출 → 수입 → 반응체크'의 과정을 생략함으로써 시간과 비용을 단축해 주는 효과가 있는 것이다. 물론 이런 바이어의 반응이 좋다고 하더라도 당장 계약을 하지 않을 수도 있다. 하지만 우리 제품을 즐겨찾기 해놓고 관심상품으로 자주 확인하면서 수입 타당성을 검토할 확률은 높다고 생각한다.

대부분 기업들은 메타, 인스타그램, 유튜브와 같은 마케팅 콘텐츠나 아마존, 쿠팡 등 입점형 마켓플레이스의 상품정보와 고객피드백들을 각 플랫폼에 방치한다. 쇼피파이를 활용하여 이들 마케팅 콘텐츠와 제품과 고객피드백을 한 곳에서 관리한다면 바이어 인콰이어리(inquiry)를 받을 가능성이 훨씬 높은 것은 사실이다.

어필리에이트 및 드랍쉬핑 수익

쇼피파이는 자체 마케팅을 활성화하기 위해서 어필리에이트 프로그램을 운영한다. 쇼피파이를 잘 이해하고 있는 사람이 타인의 스토어를 개발하고 구축을 완료해서 스토어를 인도하면 스토어의 월 구독료의 20%를 개발자에게 지급한다. 구독료 지불자(스토어 주인)의 입장에서 지불하는 구독료는 월 25달러(연간결제는 19달러)로 동일하다. 스토어 주인장이 인정하는 한도 내에서 개발자에게 계속 20%의 수수료가 지급되도록 할 수 있다. 스토어 개발자와의 관계 및 계약설정은 개별적으로 진행하면 된다. 스토어 구독료의 20%라고 무시할 수 있지만, 베이직플랜이 월 25달러이고 어드밴스드 플랜은 월 299 달러, 플러스 플랜은 월 2,300달러이다. 어필리에이트 수익과 별개로 쇼피파이 책을 집필하고 있는 나의 입장에서 이 책을 읽고 있는 모든 독자들이 쇼피파이 전문가가 되어 다른 사람 스토어도 개발해 줄 수 있는 정도의 실력이 되었으면 좋겠다. 쇼피파이 자체가 우리에게 기회의 솔루션이고 누군가에게 스토어를 개발해줄 만한 실력이 되었다는 말은 이미 쇼피파이의 가능성을 보았거나 돈을 벌었다고 생각되기 때문이다. 단, 우리는 쇼피파이를 활용해서 돈을 버는 사람이지 쇼피파이 언어를 마스터한 개발자가 아니다. 스토어 개발만을 위한 코드를 공부하거나 APP을 개발하거나 코드에 몰두하지 않았으면 좋겠다. 이미 쇼피파이 코딩 전문가들이 전 세계에 너무나 넘쳐나고 있다.

쇼피파이의 수익 창출 방법 중 하나는 바로 드랍쉬핑이다. 드랍쉬핑은 국내의 도매꾹과 같은 곳에서 할 수 있는 위탁판매라고 이해하면 쉽다. 재고 없이 제품만 등록하고 주문이 들어오면 제품을 보유하고 있는 셀러가 발송하고 나는 중간의 차익만 챙기는 판매방법이다. 국내 위탁판매와 차이점은 공급처가 도매꾹이 아니라 알리익스프레스 등 전 세계 유명 플랫폼이라는 것이다. 알리익스프레스의 제품을 간단하게 쇼피파이로 옮겨와 업로드를 하고 해당 나라에서 주문만 받으면 되는 시스템이다. 고객이 우리 쇼피파이 스토어에서 주문을 하면 알리익스프레스의 공급자가 현지로 직접 발송한다. 쇼피파이의 드랍쉬핑은 별도의 APP을 사용해야 한다. 그중에서 가장 유명한 APP이 오델로라는 APP이었는데, 쇼피파이가 오델로라는 회사를 인수한 뒤 드랍쉬핑 기능을 무료로 배포하게 되었다. 이 밖에도 다양한 공급자 플랫폼에서 드랍쉬핑을 가능하게 하는 다양한 APP이 많다. 유튜브에서 쇼피파이를 검색해 보면 드랍쉬핑 유료 강의(영어) 홍보 영상이 많이 노출된다. 해외에서 인기 있는 수익화 사업 아이템 중의 하나임은 틀림없다. 국내의 경우 알리익스프레스가 한국으로 직접 마케팅을 하고 있는 상황에서 한국 사람들에게 판매하는 드랍쉬핑 스토어는 메리트가 없지만, 해외로 판매하는 판매방식은 아직도 많은 기회가 남아 있다고 생각한다. 최근 유럽과 미국의 제품들을 드랍쉬핑하는 기회도 열리고 있다. 유럽 또는 미국의 제품을 한국으로 판매하는 드랍쉬핑 또한 아직 많은 기회가 있다고 생각한다.

구글 SEO 등 공짜 마케팅 연계로 월 1000만 원 벌기

쇼피파이 구글 노출은 돈을 버는 메인 채널이다

나는 쇼피파이 스토어를 운영하고 있고 대부분 구글 자연검색으로만 노출되어 고객이 유입된다. 구글 광고는 3년 동안 10만 원 정도 썼던 것이 전부였다. 광고비를 쓰지 않음에도 불구하고 어떻게 나는 한 달에 만 달러 이상의 순수익을 벌고 있을까? 그 비결은 바로 구글 등 공짜 마케팅 연계이다. 홈페이지든 온라인 스토어든 내 제품과 비슷한 제품을 검색했을 때 내 제품이 무조건 함께 노출되어야 하고, 노출되도록 노력해야 한다. 중국 포털사이트인 바이두와 한국의 네이버는 유료 광고를 우선시한다. 주요 수익원이 광고비이기 때문이다. 하지만 구글의 정책은 광고 수익보다 검색하는 사람들에게 유용한 정보를 쉽게 보여주는 것이 우선이다. 그렇기에 구글 SEO 노출은 광고비를 줄여주는 절약방법이고 매출을 늘려주는 돈벌이 수단이다.

구글은 전 세계 사람들이 가장 많이 사용하는 검색 포털이다. 한국의 구글은 'CO.KR'로 끝나고 한글로 표현되지만, 구글의 도메인은 나라별로 구분되어 있고 한글처럼 현지어로 노출된다. 구글은 전 세계 국가별 검색포털 중 단 4개 국가만 제외하고 모두 1등을 하고 있다. 4개의 나라는 러시아의 얀덱스, 중국의 바이두, 일본의 야후, 한국의 네이버이다. 한국에서도 네이버의 점유율을 구글이 점차 가져오고 있는 추세이다. 구글이 전 세계 검색포털 1등이라는 의미는 구글에만 노출되면 전 세계 어떤 나라에도 제품을 팔 수 있다는 말로 바꿀 수 있다. 앞서 말한 바와 같이 구글은 네이버의 노출 순위 정책과 다르다. 콘텐츠가 유익하거나 하는 이유로 사이트 방문자가 머무르는 시간이 오래되고 공신력 있는 타 사이트에서 많이 언급되는 등 신뢰받는 사이트라고 판단되면 구글은 대부분 첫 페이지에 노출시킨다. 반면 네이버는 블로그 등 최신 포스팅을 최상단에 노출시켜주는 것이 대부분이므로 포스팅을 지속적으로 하는 등 노출 순위를 유지하기 위해서 꾸준한 노력이 필요하다. 구글 노출은 비단 쇼피파이로 만들어진 스토어뿐만 아니라 워드프레스 등으로 만들어진 일반 홈페이지도 반드시 고려해야 하는 핵심 요소이다.

구글 노출은 크게 범주를 나누자면 구글 사이트 등록, 마이비즈니스 등록, 구글 쇼핑 등록과 같은 사이트 등록과 구글에 스토어와 스토어 제품이 노출될 수 있도록 메타태그 설정 등 SEO(검색최적화) 노력, 그리고 신뢰 있는 스토어로 인정될 수 있도록 외부링크 작업 등으로 나누어 볼 수 있다. 사실 나의 스토어는 구글사이트 등록, 마이비즈니스 등록, 구글 쇼핑 등록밖에 하지 않았다. 그럼에도 불구하고 한 달에 전 세계에서 약 만 명 정도 스토어를 방문하고 있다. 네이버는 우리나라 사람들만 이용하고 있지만 구글은 전 세계 사람들이 이용하고 있다. 구글을 무시하지 말자. 구글에 잘 노출되면 광고비 없이도 판매가 될 수 있다.

해외 고객의 눈높이에 맞춘 노출이 핵심이다

한국의 홈페이지와 쇼핑몰은 해외의 것들과 비교하여 큰 차이점이 있다. 한국의 홈페이지와 제품 상세페이지는 대부분 이미지로 되어 있고 일반 텍스트는 별로 없다. 스마트스토어와 쿠팡의 상세페이지를 보면 바로 확인이 가능하다. 상세페이지 제작업체에서 포토샵으로 제작된 이미지 파일을 보내주면 세로 크기가 1만 픽셀에서 3만 픽셀 정도의 큰 이미지 파일을 상세페이지에 그대로 업로드 하는 것이 한국의 상세페이지의 관행이다. 한국에서는 검색 노출보다 예쁜 이미지 사진이 최종고객들에게 구매를 어필하는 데 큰 도움을 주었기 때문에 이미지를 주로 사용해왔다. 그도 그럴 것이 제품을 구매하기 위해서는 대기업 마켓플레이스에 접속해서 구매하는 경우가 대다수였기 때문에 검색 노출보다는 예쁘고 잘 정리된 상세페이지가 고객들에게 환영받았음은 당연했던 것일지도 모르겠다.

하지만 해외에는 아직도 이미지보다 텍스트를 통한 검색 노출이 우선이다. 그리고 구글 노출을 위한 홈페이지 및 스토어도 한국의 관행과는 달라야 한다. 상품명을 작성할 경우에도 검색 노출을 위해서 상품명과 메타태그 등은 핵심키워드까지 구분해서 사용되어야 하며 상세페이지 본문에도 제품의 설명과 함께 핵심키워드가 자연스럽게 배치되어야 한다.

동남아시아 최대 입점형 마켓플레이스인 쇼피도 아직까지 텍스트 기반의 상품등록이 기본이다. 최근 아마존이 브랜드 등록을 완료한 셀러들에게 이미지와 영상 업로드까지 허용했지만, 알리바바를 비롯한 해외의 대부분의 플랫폼은 텍스트 정보 위주의 제품 상세페이지를 만들고 있다. 이는 일반 홈페이지에도 적용되며 멋지고 예쁜 사진보다는 홈페이지를 잘 설명하는 단어들과 핵심 키워드를 배치해야 한다.

이처럼 텍스트 위주의 설명은 구글 SEO를 통한 노출에도 큰 영향이 있다. 본문 중에 이미지를 사용했다면 이미지를 설명하는 '대체 텍스트'도 함께 기입해 주는 것이 좋다. 그리고 해외 고객의 눈높이에 맞춘 노출이라 함은 로딩 시간이 짧을 수 있도록 고해상도 이미지 사용을 배제한, 가급적 가벼운 크기의 이미지와 텍스트 기반의 구성을 말한다. 한국은 인터넷 요금이 정액제이고 휴대폰 요금도 무제한인 경우가 많지만 아직도 해외의 국가들은 인터넷 접속이 원활하지 않은 나라들이 많다. 직전에 언급한 쇼피도 인터넷 환경이 좋지 않은 점을 고려해 출발부터 모바일 APP으로 시작했다. 그리고 썸네일도 아마존과 달리 저용량의 이미지를 등록하도록 권고하고 있다. 구글 SEO 노출과 해외 인터넷 상황을 고려한다면 이미지 중심이 아닌 텍스트 위주의 노출을 우선적으로 고려해야 한다.

무료 노출 플랫폼은 무조건 등록하자

내가 강연 시 수출을 희망하는 중소기업 대표님들께 항상 드리는 말씀이 있다. "해외에서 내 제품이 팔리지 않는 이유는 내 제품의 경쟁력이 부족해서가 아니라 내 제품을 원하는 바이어와 고객에게 아직 내 제품의 마케팅이 도달하지 못했기 때문이다"라고 말씀드린다. 아직 나의 제품을 필요로 하는 바이어와 고객을 만나지 못한 것이고 고객과 바이어에게 도달하기 위해서 끊임없는 마케팅 노력이 필요하다.

아마존에서 호미가 불티나게 판매되고 있듯이 전 세계에는 나의 제품을 찾고 있는 고객과 바이어가 많이 있다. 그렇다면 우리는 우선 나의 스토어를 돈 안 드는 여러 곳에 알려야 한다. 가능하다면 많은 키워드 검색에 지속적으로 노출되어 있어야 한다. 앞서 언급했던 구글 이외에 국가별 검색포털을 조회 후 각 검색포털에 사이트를 등록해 보자. 마이크로소프트의 BING에도 사이트를 등록하고 네이버에도 등록을 해보자. 무료로 나의 스토어를 노출할 수 있는 모든 곳에 등록하고 노출을 시도해야 한다. 사이트 등록 후 정기적으로 검색봇이 사이트를 방문해서 변경 내용을 적용하므로 가능하면 지속적으로 웹페이지와 스토어를 업데이트 하면 더욱 좋다. 유튜브, 틱톡, 링크드인, 페이스북, 인스타그램, X, 텔레그램 채널 등 마케팅 채널에 무료로 계정을 만들고 나의 스토어를 노출시켜 보자. 링크드인과 같은 경우는 대표자의 이력과 관련 카테고리 활동 노출로 회사와 대표자, 웹페이지, 스토어를 함께 노출해 보자. 페이스북은 비즈니스 페이지 운영을, 유튜브와 틱톡같은 영상 플랫폼은 간단한 영상을 만들어서 스토어를 홍보해보자. 어떠한 스토어든 홈페이지든 만들어 놓고 가만히 그대로 놔두면 아무도 관심을 가지지 않고 방문하더라도 금방 떠나게 된다. 그래서 지속적인 업데이트로 신규고객을 모객하는 통로 또는 채널로 확장할 수 있도록 해야 한다. 무료 등록과 노출, 그로 인한 신규고객의 모객은 더할 나위 없는 마케팅 1등 전략임이 틀림없다. 무료 플랫폼에 많이 노출되어 있다고 고객들로부터 구매가 이루어진다는 보장은 없다. 하지만 구글 또는 어떤 플랫폼에서 내 제품과 브랜드를 검색했을 때 자연 노출이 된다는 사실은 고객 또는 바이어로 하여금 제품과 브랜드 신뢰도를 향상시킨다. 이제 고객들도 광고를 통한 노출인지 자연 노출인지 이해를 하고 있다. 해외에서 인지도가 있고 수출이 많이 되고 있는 브랜드와 제품을 알고 있다면 지금 당장 구글에 영어로 검색을 해봐라. 온라인에 노출되지 않고 오프라인 채널로만 판매되는 성공한 브랜드는 찾아보기 힘들다. 구글 및 무료 플랫폼을 통한 노출은 필수 중의 필수이다. 나는 사업 초기 페이스북에 집중했다. 개인 계정을 여러 개 만들어서 러시아와 우크라이나 쪽 그룹을 돌면서 친구추가를 시작했고, 개인 계정에 2만 명 정도의 친구를 모은 다음 비즈니스 페이지에 하루 30~50명씩 '좋아요'를 눌러 달라고 푸시를 보냈다. 그중에 관심 있던 러시아 고객으로부터 주문을 받았고, 그 이후 한동안 러시아와 우크라이나에서 주문이 늘어났던 경험이 있다. 이후 같은 방법으로 베트남 사람들을 친구로 만들고 비즈니스 페이지로 유도해서 베트남에서 주문이 폭발했었던 경험이 있다. 아모레퍼시픽 미국 법인도 틱톡에서 엄청난 마케팅을 진행하고 있다. 단기간에 광고비를 지출해도 무료 마케팅보다 성과가 안 나오는 경우도 많다. 다시 말하지만, 무료로 등록할 수 있는 모든 곳에 마케팅을 진행해라. 검색 노출은 많이 될수록 좋다.

너무나도 쉬운 충성고객 확보

첫주문 고객을 만드는 핵심 노하우

해외 글로벌 스토어를 운영하면 고객들의 성향이 주문해본 고객과 주문을 안 해본 고객으로 크게 나뉜다는 것을 알 수 있다. 한국의 고객과 다르게도, 나의 스토어에서 주문을 하고 제품을 정상적으로 수령한 해외 고객들은 재구매 또는 충성고객으로 만들 수 있는 확률이 높아진다. 반면에 주문을 한 번도 안 해본 고객들은 몇 달 동안 문의만 하고 주문을 안 하는 경우도 많다. 그 이유는 간단하다. 우리가 한국에 있는 판매자이기 때문이고 우리의 브랜드가 인지도가 없어서 미리 결제하는 부분에 있어서 회사 또는 스토어를 아직 믿지 못하기 때문이다. 하지만 일단 제품을 성공적으로 수령하게 되면 우리 제품과 스토어에 대한 고객들의 신뢰도는 급격히 상승한다. 그렇기에 우리는 방문한 고객에게 첫 주문이 성공할 수 있도록 고객의 입장에서 전문업체의 이미지를 고취시켜야 하고, 긍정적인 피드백들로 신뢰도를 상승시켜야 하며, 다양한 플랫폼에 노출함으로써 해외에서 인지도 있는 브랜드라는 인식을 남겨주어야 한다.

어차피 우리 스토어에 방문한 소매 고객들은 우리 제품과 브랜드를 알지 못한다. 다행인 점은 삼성, 엘지, 현대·기아자동차와 같은 국내 대기업 브랜드를 제외하고 해외 고객들은 우리나라의 유명한 브랜드도 알지 못한다. 한국 사람들은 대기업 브랜드, 중견 브랜드 등 브랜드만 보아도 구분할 수 있지만, 해외 소매 고객들은 모른다는 것이 핵심이다. 즉 해외 소매 고객들의 눈높이에 맞추어 대기업 스토어와 유사하게 전문적으로 스토어를 구성해 놓으면 고객들은 우리 스토어와 회사를 신뢰할 가능성이 높다는 것이다.

내가 느끼기에 해외 대기업 쇼피파이 스토어와 중소기업 스토어를 비교해 보았을 때 큰 차이점을 발견하기 어렵다. 그렇기에 판매를 잘하고 있는 스토어의 각종 정책을 벤치마킹하고 스토어 구성 등을 유사하게 만들며, 고객들 피드백이 긍정적이고 해당 아이템에 전문적인 스토어로 고객에게 어필한다면 첫 구매로 진행될 확률이 꽤 높아진다.

일단 우리 스토어에서 주문을 하게 된 고객은 아마존, 쿠팡 등의 고객과 다른 고객이다. 나의 제품과 브랜드를 알고 있고, 무엇보다 직접 스토어를 자의로 방문했으며 스캠 스토어일 수도 있는 위험을 무릅쓰고 결단을 내리면서 선지출을 했으며, 나의 스토어를 믿어보기로 결심한 용기 있는 고객이다. 결제 전 고객의 문의를 대충 응대했다면 결제 후 고객 문의는 즉각적으로 자세히 상황을 설명하는 것이 좋다. 고객은 제품을 받기 전까지 불안한 상태이다. 주문 후부터는 주문 처리 상황과 배송 정보 등 고객이 안심할 수 있도록 정보를 제공하는 것이 좋다. 일반적으로 제품이 정상적으로 도착하고 고객의 마음에 들었을 경우 고객들은 내 스토어와 브랜드에 대해서 긍정적인 느낌을 가지게 된다. 우리의 입장에서 해외 고객의 주문은 수출의 시작을 알리는 기쁜 소식이지만 해외 고객 입장에서도 한국의 신뢰 있는 스토어를 찾았다는 만족을 가지게 된다.

나는 2년 전 페이스북 광고에서 만오천 원짜리 정장 슈트 세트를 주문한 경험이 있다. 광고를 클릭하고 자사몰 같은 사이트로 연결되었고 어설프게 한국어로 변환된 쇼핑몰에서 돈을 날릴 생각으로 주문을 했었다. 제품 발송정보는 물론 배송추적도 되지 않았고 문의 이메일에 대한 답변도 없었다. 결국, 사기를 당했다고 생각하고 포기하고 있었던 2주 정도 지난 시점에 중국에서 정장 세트가 도착했다. 생각보다 퀄리티도 괜찮았다. 그 뒤로도 나는 정장을 세 벌이나 구매했다. 이처럼 쇼피파이에서 구매하는 해외 고객들은 내가 느꼈을 불안과 안도의 감정을 동시에 느끼게 된다.

중요한 사실은 스토어를 아무리 잘 만들었다고 해도 개설한 상태 그대로 가만히 방치하고 아무런 활동도 하지 않으면 첫 주문을 받기 쉽지 않다는 것이다. 일반적인 정보 전달을 위한 웹페이지는 방문한 고객들과의 상호작용이 별로 없다. 블로그형 홈페이지 같은 경우도 글을 읽고 나가거나 댓글 하나 정도 남기는 정도가 고객의 액션이다. 하지만 스토어는 웹페이지와 다르다. 고객의 가장 중요한 액션인 결제를 끌어내야 한다. 그러기에 스토어는 웹페이지와 다르게 살아 있어야 하며 다른 고객들의 흔적과 자취를 스토어에 그대로 담아내야 한다. 스토어는 고객과의 상호작용이 중요하다. 스토어를 북적거리고 살아 있는 느낌을 주도록 만들어야 한다.

이 외에도 스토어 개설 후 첫 주문을 만드는 방법들은 여러 가지가 있다. 쇼피파이 스토어들이 사용하고 있는 신규 고객 마케팅 방법들은 아래와 같다.

- **팝업 캠페인** : 전체 스토어의 62%가 사용 중. 이메일 수집, 할인코드, 뉴스레터 구독
- **SMS 마케팅** : 전체 스토어의 38%가 핸드폰 번호 수집 중
- **할인율 제공** : 전체 스토어의 70% 첫 주문 할인제공. 할인율은 일

반적으로 10%~20%

- **기간 한정 세일** : 전체 스토어의 39%가 사용 중
- **라이브챗 및 챗봇도입** : 전체 스토어의 42%가 라이브챗 사용 중. 고객 문의 즉시 응답
- **인스타그램 피드 및 틱톡 활용** : 인기 있는 페이지 하단에 피드 및 리뷰, 영상 삽입
- **로열티 프로그램 운영** : 재구매 고객 유치, 충성고객 확보, 고객 생애가치와 구매율 상승
- **이메일 마케팅** : 전체 스토어의 68%가 Klaviyo 사용 중. 고객 관계를 위한 기본적인 마케팅

재주문 고객을 만드는 핵심 노하우

고객들은 결제를 완료함과 동시에 주문확인 이메일을 받게 된다. 쇼피파이 관리자페이지에서 주문처리 버튼을 누르면 우리가 입력한 운송사와 송장번호가 이메일로 함께 전송된다. 일반적으로 배송 정보에는 고객의 휴대폰 번호를 필수로 등록되어 받도록 설정한다. 주문 고객의 국가와 이메일, 휴대폰 번호를 크롬 주소록에 등록하고 나의 휴대폰과 연동시키자. 고객들은 대부분 우리 스토어에서 발송된 이메일을 스팸처리하지 않는다. 그리고 저장된 휴대폰 번호를 기반으로 배송 주소가 오류로 나오는 등 소통이 필요할 때 왓츠앱 등의 SNS를 통해서 메시지를 보내기도 한다. 이메일과 휴대폰 번호, 왓츠앱 등을 열거한 이유는 재주문을 만드는 핵심 노하우가 고객과의 소통인 것을 말하기 위함이다.

사실 재주문뿐만 아니라 모든 세일즈의 핵심은 고객과의 관계와 소통이다. 앞서 서술한 것처럼 쿠팡과 스마트 스토어, 아마존, 쇼피의 충성고객과 우리 쇼피파이 스토어의 주문 고객은 성향이 다르다. 입점형 마켓플레이스의 충성고객은 마치 백화점이나 대형마트를 방문해서 구매하는 고객이라면 쇼피파이 스토어 고객은 동네 인근에 잘 꾸며진 편집샵에서 내 브랜드 제품을 구매하는 고객과 비슷하다. 그러기에 고객과 셀러 서로가 관계의 정도가 깊으며 고객은 제품에 대한 관여도가 높다. 재주문 고객을 만드는 노력은 첫 주문을 이끌기 위한 노력보다 쉽다. 이미 첫 주문을 통해 결제와 고객 응대, 배송을 경험했기에 고객 또한 신뢰가 많이 높아진 상태라고 이해하면 된다. 고객의 정보를 저장하고, 고객의 문의에 성실하고 친절한 답변을 하며, 고객에게 뉴스레터 등을 통해 정기적인 소통을 하면 된다. 스토어 초기 해외의 고객과 소통의 문제를 고민하는 독자들이 있을지 모른다. 하지만 전혀 걱정하지 않아도 된다. 우리에게는 파파고와 구글 번역이 있다. 나도 영어를 잘하지 못하지만 우리 고객도 영어를 못하는 경우도 많다. 아랍어로 문의가 오든 스페인어로 문의가 오든 번역기를 돌려서 친절하게 답변해 주면 된다. 그리고 우리에게 문의하는 질문들은 대부분 정해진 범주 안에서 이루어진다. 이메일 왓츠앱, 핸드폰 등을 통해서 첫 주문 고객들에게 우리 스토어의 신상품과 새로운 소식, 마케팅 소식, 회사의 이벤트 등의 소식을 전하면서 고객과 소통해 보자.

나의 경험상 쇼피파이 스토어의 해외 고객들은 생각보다 친절하고 매너가 있다. 1년 전 미국으로 발송이 2건이 있었는데 배송 주소를 잘못 입력해서 배송이 잘못된 경험이 있다. 두 명의 고객 모두 재구매 고객이었으며 엉뚱한 제품이 도착한 것을 인지했고 나에게 연락을 해왔다. 결국, 내가 약간의 배송비를 부담하고 두 고객이 직접 연락해서 제품을 택배로 맞교환했었다. 당시 한 고객은 외곽지역에 살고 있어서 차를 타고 30분이나 가서 택배를 발송하는 수고스러움도 마다하지 않았었다. 아마도 쿠팡이나 아마존 고객이었으면 바로 반품신청을 하고 말았을 것이다. 하지만 우리 스토어의 고객들은 대기업 마켓플레이스에 충성하는 고객들과 다르다.

재주문 고객을 충성고객으로 만드는 전략

첫 주문 고객에게 뉴스레터 발송 등의 집단발송 이메일을 보내거나 첫 주문 고객이 제품을 수령한 후에 긍정 피드백을 요청하기 위해서 컨택하는 것 이외에 별도로 용건 없이 컨택하기 조심스럽다. 하지만 재주문 고객에게는 다르게 접근할 수 있다. 이미 2번이나 주문을 했다는 의미는 제품이 마음에 들어서 추가 구매를 했거나, 주변 지인에게 선물하기 위해 주문을 했거나, 아니면 다른 의미로 구매를 했을 경우도 있다. 재주문 고객에게는 자연스럽게 컨택을 해서 여러 가지를 물어볼 수 있다. 물론 고객이 시간 여유가 있어서 친절한 답변이 돌아올 경우만 가능하다.

우선 재주문 고객에게는 추가 구매를 유도하기 위해 할인코드를 발행하여 전달하거나 고객 등급을 높여서 추가할인을 받을 수 있는 프로핏을 제공하거나 다음번 구매 시 서비스 상품의 제공을 약속하거나 배송비 할인 등의 혜택을 제공할 수 있다. 또는 고객이 관심이 있을 경우 쇼피파이 APP을 활용해서 어필리에이트 프로그램에 가입시켜서 재주문 고객이 홍보한 채널로 매출 발생시 일정 금액의 %를 재주문 고객에게 적립되도록 설정할 수도 있다. 만약 재구매 고객이 어필리에이트를 통하든 아니든 우리 스토어를 현지에서 약간이라도 홍보하는 역할을 할 수 있다면 우리는 해외에 영업사원을 고용한 것과 마찬가지 효과를 볼 수 있다. 그것도 거의 무료로 말이다. 실제로도 쇼피파이 스토어를 운영하다 보면 현지에서 자신이 제품을 판매해 보겠다고 문의를 하는 고객들이 꽤나 많다.

판매되면 대량주문 문의는 자연스럽게 들어온다

스토어를 통한 매출이 발생하기 시작하면 제품 구매 문의는 물론 대량 구매 문의도 자연스럽게 들어온다. 대량주문 문의는 바이어로부터 인콰이어리(견적요청서)를 받은 것과 다를 바 없다. 수출하기 위해 노력해 본 고객들이 있다면 이것이 얼마나 대단한 것인지 알 수 있을 것이다. 수많은 수출상담회와 바이어 미팅, 시장개척단, 박람회 부스를 개설해도 나의 제품에 관심 있는 진성바이어를 만나기가 정말 쉽지 않다. 스토어를 통한 대량주문 문의는 3,000만원 상당의 비용을 지출해서 박람회 부스를 개설하고 만난 바이어와 유사한 레벨의 바이어이다. 즉 내가 바이어를 찾아서 만난 것이 아니라 바이어가 내 제품을 찾아서 직접 구매하고 검토하고 분석했으며, 고객들 피드백까지 이미 확인한 후에 나에게 수입 문의를 했을 가능성이 높다는 것이다. 내가 찾아서 컨택한 바이어가 아니라 바이어가 나를 찾아와 문의한 경우, 수출 성공으로 진행될 가능성이 있다. 때로는 수출 FOB 가격만 물어보고 선수금을 입금하는 경우도 있다. 더불어 스토어를 통해 주문한 이력이 있는 고객이라면 이미 내 제품을 배송받아서 샘플테스트까지 완료한 상태라고 생각할 수도 있다. 앞서 말한 대로 스토어가 활성화되면 해외 고객들로부터 대량주문 문의도 많이 받게 된다. 대량고객 문의를 하는 고객도 쿠팡과 아마존의 고객과는 다르다. 대량고객 문의를 하고 있는 바이어는 아마존에 있는 상품들보다 우리 스토어의 제품의 경쟁력을 훨씬 높게 평가하고 있다. 왜냐면 아마존 제품은 누구나 수입 문의를 할 수 있지만 내 제품의 수입 문의는 나의 스토어를 알아야만 할 수 있기 때문이다. 이 모든 게 쇼피파이 스토어를 운영하면서 얻게 되는 장점이고 혜택이다.

대기업 쇼피파이, 거인의 어깨에 올라타는 소상공인 되기

입점형 마켓플레이스에서 소상공인은 한 번 쓰고 버려지는 소모품이다

홈쇼핑, 백화점, 국내외 대기업 마켓플레이스 등 모든 판매 채널을 운영하는 대기업들은 소비자의 고객만족을 위해 노력한다. 이것은 서비스 정신이 투철해서가 아니라 지갑을 여는 고객을 많이 모아 놓는 것이 바로 돈이고 매출로 직결되기 때문이다. 사업 초기 적자를 감수하면서도 모객을 위해 참고 참으며 점유율을 올린다. 그리고 점유율이 상승해서 시장의 지배력이 생기면 그제야 본색을 드러내고 수수료 등의 명목으로 그동안의 적자를 메우고 대기업이 탄생한다. 가깝게 한국의 '배달의 민족'이 그러했고 아마존, 쿠팡이 그러했다. 아마존은 손익분기까지 9년, 쿠팡은 5년 걸렸다. 지금은 테무가 미국에서 말도 안 되는 저가로 고객을 모으고 있고, 1년에 3조 원의 적자를 감수하고 있다. 테무는 팔면 팔수록 적자면서도 "고객 DB를 모으겠다"라고 공공연하게 말하며 몇 조씩 광고 마케팅에 투자하고 있다. 앞서 말한 대로 플랫폼 내에 있는 소비자가 그들에게는 곧 돈이다. 그래서 모든 정책과 시스템은 소비자들의 구매를 촉진하고 플랫폼을 떠나지 못하게 하기 위해 운영된다.

이러한 대기업 마켓플레이스끼리의 전쟁 속에서 셀러는 어떤 의미일까? 소비자가 물고기라면 셀러들은 물고기를 유인하기 위한 떡밥이나 미끼 정도로 비유할 수 있다. 소비자를 유인하는 용도로만 사용될 뿐 그들은 셀러들을 동반자나 파트너로 생각하지 않는다. 셀러의 입장에서는 '내가 훌륭한 제품을 제안해서 거래가 발생했다'라고 생각하지만, 그들은 "판매할 수 있는 환경을 만들어서 거래가 이루어졌다"라며 자릿세(수수료)를 떼어간다. 각각의 마켓플레이스마다 최저가의 상품을 등록하라고 종용하면서 셀러의 마진을 포기하게 하고 셀러들끼리 경쟁을 부추겨 광고비 사용을 유도하며 판매시 수수료까지 가져간다. 셀러들을 제재하고 규제하며 소비자의 만족을 위해서 셀러들의 희생을 강요한다. 그들은 셀러들의 판매 증진을 위해서 노력하는 척하지만, 실상은 그냥 이용하고 있는 것일 뿐이다.

대기업 마켓플레이스 내에서 대기업과 셀러가 함께 공존하며 상생하는 방안은 현존하는 시스템상 애당초 존재하지 않는다. 그들은 셀러들의 매출을 모니터링하고 있으며, 단가인하 요청으로 셀러의 마진을 빼앗아가고, 셀러가 말을 듣지 않으면 제재하고 내쫓으며, 셀러의 매출이 커지면 상품을 빼앗아 직접 판매한다. 이것이 1등 마켓플레이스 아마존과 쿠팡의 영업방식이다. 이러한 마켓플레이스에서 셀러가 돈을 벌 수 있겠는가? 벌고 있다면 과연 언제까지 벌 수 있겠는가? 매출이 커질수록 리스크는 더 커지고 있는 것은 아닌가 의심해 봐야 한다.

이 글을 쓰고 있는 2024년 7월 말 현재 티몬과 위메프의 정산 위기 문제가 사회 이슈가 되었다. 티몬과 위메프의 모회사인 큐텐이 무리한 사업 확장 과정에서 자금의 문제가 발생했고, 급기야 티몬과 위메프의 입점 소상공인에게 지급해야 할 정산이 되지 않는 문제가 발생했다. 하지만 모든 관심은 정산을 받지 못한 입점 기업들보다 일반 고객들에게 집중되었다. 일반 소매 고객들이 본사로 몰려가서 환불을 신청했고 티몬과 위메프는 고객들을 상대로 가용 가능한 모든 자금으로 소비자들에게 환불했다. 하지만 정작 정말 큰 금액인 입점 기업들의 정산금은 어떻게 정산을 할지 방법을 모색조차 하고 있지 않은 상황이다.

이처럼 입점형 마켓플레이스는 우리와 같은 소상공인 입점 기업에게 관심이 없다. 앞으로 티몬과 위메프는 한국에서 더는 사업을 유지할 수 없을 것이라 예상된다. 한때는 티몬과 위메프가 소셜 판매의 메카라며 셀러들이 몰려갔던 때가 있었다. 하지만 이제 어떠한가. 입점 기업이 모아 놓았던 모든 리뷰와 모든 상품등록 데이터, 광고 및 마케팅 기록, 충성고객이라 믿었던 고객들이 모두 사라지게 되는 상황에 직면했다. 아직도 쿠팡 등 대기업 마켓플레이스에서의 매출만 보고 무지성으로 몰입하고 있다면 다시 한번 생각하는 계기가 되었으면 하면 바람이다.

쇼피파이는 판매자의 성공과 함께 성장한다

앞서 말한 대로 쿠팡과 아마존은 소매 고객의 매출과 함께 성장한다. 하지만 쇼피파이는 셀러의 성장과 함께 성장한다. 뉴욕증권거래소에 상장되어 있는 쇼피파이 회사의 주요 매출처는 두 곳이다.

첫 번째는 월 25달러(쇼피파이베이직 플랜)씩 스토어 셀러가 지불하는 구독료와 결제시 발생하는 판매수수료 0.5~2%이다. 쇼피파이 회사는 셀러가 스토어를 개설해서 정기적으로 구독료(사용료)를 지출하는 판매자가 많을수록, 많은 매출이 발생해서 결제금액이 높아질수록 매출이 함께 증가하면서 성장한다. 별것 아닌 듯한 이 비즈니스 모델이 캐나다 IT 기업 1위로 성장하게 만들었고, 상장한 대기업이 되었다. 핵심은 쇼피파이는 판매자들의 스토어 개수를 지속적으로 늘리는 데 노력을 하고 있고, 판매자들의 매출 증가를 위해 노력하고 있다는 것이다. 이것이 쇼피파이 회사가 수익을 내고 살아남는 유일한 방법이기 때문이다. 앞서 쇼피파이를 '아마존의 대항마'라고 말했다. 이 말의 의미는 미국 내 전자상거래 매출이 아마존 다음으로 쇼피파이가 2등이라는 의미이다. 월마트와 이베이를 제치고 미국 내 매출이 2등이라니 참 대단한 일이다. 하지만 나는 이것을 다른 의미로 받아들인다. 대기업 입점형 마켓플레이스의 대명사 격인 아마존에 대항하는 소상공인 이커머스 연합인 쇼피파이의 대결로 생각한다. 이것은 흡사 자신의 이득만을 생각하는 커다란 골리앗에게 맞서고 있는 전 세계 170개 국가의 작은 다윗들의 연합을 연상케 한다. 쇼피파이는 다윗들과 운명을 함께하며 성장하는 윈윈(WIN WIN) 관계이며, 다윗들에게 전략과 전술, 무기까지 제공하고 있는 든든한 지원군이다.

쇼피파이는 판매자들의 의견을 수렴하고 반영해서 판매자들이 제품을 더 많이, 더 쉽게, 더 넓은 국가로 판매할 수 있도록 다양한 기능을 제공한다. 기본 기능은 물론 세부 기능들의 구현을 꾸준히 업데이트해서 지원하고 있다. 그렇기에 전 세계에서 가장 많이 운영되고 있으며 대기업들도 쇼피파이 솔루션을 사용하고 있는 것이다. 이 모든 것은 쇼피파이가 대기업이기 때문에 가능한 일이다. 이런 훌륭한 솔루션을 활용함에도 수익을 창출하지 못하고 있다면 그것은 쇼피파이의 문제가 아니라 쇼피파이의 기능을 다 활용하지 못하고 있는 나의 문제일 가능성이 높다. 그래서 쇼피파이를 더 공부하고 연구할 필요가 있다.

전 세계 1등 소상공인 스토어 솔루션의 강력한 파워를 경험하라

쇼피파이의 큰 특징 중 하나는 소매판매에 초점이 맞춰 있다는 것이다. 국내의 전쟁과도 같은 이커머스 시장에서 쇼피파이 솔루션은 해외 판매의 특별한 판매 채널을 제공해주고 있다.

전에 없던 소상공인 솔루션 : 정부 기관의 소상공인 해외 진출을 위한 이커머스 지원 내용을 살펴보면 대부분 해외 대기업 마켓플레이스 입점이거나 카페24를 통한 글로벌스토어 구축 지원 등이다. 쇼피파이가 전 세계 1등 이커머스 솔루션임에도 불구하고 한국에서 인지도가 부족하고 전문가가 없기에 많이 알려지지 않았기 때문이다. 유튜브 쇼핑이 오픈되었을 때에도 한국 사람들은 카페24의 쇼핑몰과 연동된다면서 유튜브 쇼핑 연계는 카페24를 우선적으로 추천하기도 했었다. 하지만 유튜브 본사도 알고 있다. 전 세계 1등 스토어는 쇼피파이란 것을….

유튜브 쇼핑을 자세히 살펴보면 쇼피파이를 1등으로 추천하고 있다. 아직 한국 사람들이 모르고 있는 쇼피파이 스토어를 활용해서 전 세계 고객들에게 나의 제품을 팔아보자. 앞서 쇼피파이 스토어의 다양한 기능들과 서비스에 대해서 말했다. 솔직히 말하면 한국의 서비스 공급자 입장에서 쇼피파이의 기능들은 이해가 안 되는 것이 사실이다. 카페24나 고도몰이 잘못하고 있다는 것이 아니라, 쇼피파이가 엄청난 기능과 서비스를 지나치게 저렴하게 제공하고 있는 것이다. 전 세계에서 가장 큰 스토어 솔루션이고 많이 사용되고 있기에 가능한 일들이다. 한국 셀러에게 쇼피파이 스토어는 일반적인 상식으로는 설명될 수 없을 만큼 비상식적이고 혁신적인 소상공인 솔루션이다.

글로벌 B2C 솔루션 : 몇 년 전까지만 해도 중국의 이우시장과 1688 등에서 제품을 수입해서 스마트스토어와 쿠팡에서 판매하는 것이 국내 판매에서는 마진률을 높이고 수익을 극대화하는 방법이었다. 마진률이 좋았기 때문에 대기업 입점형 마켓플레이스는 물론 도매꾹과 같은 곳을 통해서 리셀러에게 제품을 판매하는 것도 가능했고 폐쇄몰, 공구마켓, 네이버 밴드와 같은 곳에 판매수수료를 40~50%씩 지출하고서도 수익이 날 만큼 괜찮은 사업 아이템이었다.

하지만 지금은 상황이 달라졌다. 쿠팡은 이미 종이컵, 물티슈 등 잘 팔리는 필수 아이템은 중국에서 직접 수입하고 자사 브랜드를 만들어 최상단 노출로 매출을 높여가고 있으며, 알리익스프레스의 한국 시장 진출과 성장세가 무섭고, 테무, 쉬인 같은 크로스보더 사업자들이 한국에 진출할까 두려움에 떨고 있는 실정이다. 실제로 알리익스프레스를 포함한 중국발 C커머스가 한국 시장에 진출하는 순간 한국 내 유통시장은 물론 대기업 마켓플레이스도 큰 변화를 겪게 될 것으로 예상한다. 전 세계 이커머스 마켓 5등인 한국 시장을 절대로 포기할 리 없다. 또한 2024년 5월 현재 미국의 아마존조차 '45달러 이상 구매 시 한국 무료배송' 정책을 실시하고 있다. 이런 상황에서 국내시장만을 염두에 두고 있고, 아직도 쿠팡과 같은 대기업 입점형 마켓플레이스만을 고집하고 있는 것이 과연 맞는 선택일까? 2000년 초반 중국 시장이 열리면서 '중국 인구가 10억 명이니 한 사람에게 10원어치만 팔아도 100억'이라며 분석과 준비 없이 시장에 진입했다가 뼈 아픈 실패를 경험했었던 기업들처럼, 쿠팡의 와우멤버십 회원이 1,400만 명이라면서 쿠팡 판매만을 고집하고 있는 기업이 있지는 않은지 우려스럽다.

그동안 대기업 입점형 플랫폼에서 하나라도 더 팔기 위해 광고비를 지출하면서 노력했다면, 이제는 해외로 눈을 돌려 수출에 매진하고 브랜드를 키워나가야 할 때라고 생각한다. 나만의 브랜드로 글로벌 스토어를 만들고 해외에서 브랜드 인지도를 키워나가는 것이 어려운 국내시장의 문제를 타개할 수 있는 최적의 방법이라고 생각한다.

그동안 여기저기 입점형 마켓플레이스에 제품이 분산되어 있었다면, 이제는 나의 글로벌 스토어를 온라인 세일즈의 베이스캠프로 설정하고 해외 마케팅을 추진하는 것을 추천한다. 또한 마케팅 비용을 지출할 것이라면 대기업 입점형 마켓클레이스에서 광고를 하는 것보다 인스타, 틱톡과 같은 소셜에서 나의 스토어로 유입되도록 마케팅하는 것이 훨씬 효율적이고 브랜드를 성장시키기에 유리하다.

쇼피파이를 활용한 글로벌 스토어 구축은 현시점에 대한민국의 셀러에게 꼭 필요한 솔루션이다. 쇼피파이는 나의 제품을 전 세계 다양한 판매 채널에서 판매할 수 있도록 지원한다. 해외 글로벌 스토어가 막막하게 느껴지고 낯설게 다가오겠지만, 쇼피파이를 이용한다면 어렵거나 복잡하지 않다. 소상공인 셀러 입장에서 해외 글로벌 스토어를 시작하기에 쇼피파이 이외의 대안을 찾는 것은 쉽지 않다.

소매 고객을 위한 플랫폼 : 쇼피파이에서 제공하는 기능들은 대량주문 고객(바이어)보다 소매 고객에게 초점이 맞춰져 있다. 바이어 발굴을 위해 B2B 바이어 스토어를 만들 수 있지만, 기본적인 기능과 마케팅 채널은 소매 고객을 위함이다. 어쩌면 쇼피파이가 탄생한 배경이 오프라인 스노우보드 판매점이었기에 그럴 수도 있을 것으로 생각한다. 이것은 소상공인 판매자 입장에서 스토어로 유입된 고객에게 재구매를 유도하거나 충성고객으로 만드는 등 주관적인 마케팅 활동을 가능하게 한다는 장점이 있다. 자사몰, 브랜드몰, 전문몰, 종합몰 등 어떤 형태의 스토어든 제품 또는 브랜드, 스토어를 마케팅하고 성장시키고자 하는 스토어에 특화되어 있다. 내 제품과 브랜드에 고객의 관여도를 높이는 것이 목적이라면 쇼피파이 스토어는 최고의 선택임에 분명하다.

하루 30분도 쓸 시간이 없다는 당신에게

SHOPIFY STORE

항상 온라인에 노출되어 있어라

(온라인 마케팅의 기회를 발견하다.)

나는 무역업에 종사하면서 바이어를 발굴하기 위해서 많은 채널을 공부하고 직접 경험했었다. 수출액이 높은 옆 책상의 선배들을 보면서 숨어서 해외 영업 방법에 대한 분석도 해보고 나름대로 효과적인 방법들을 고민했었다. 해외 영업이라는 전문 분야에 도전하기로 결심한 이후, 나는 버거운 난관들에 부딪혔다. 휴가를 내고 사비로 중국 등에서 개최되는 전시회에 참가해서 전시회장에서 지나가는 바이어들을 붙잡고 얘기하면서 명함을 몇 백 장씩 받아오기도 했고 구글링으로 하루에 100통 이상의 전화를 시도하고 100통 이상의 이메일을 발송하기도 했었다. 기존에 바이어를 보유하고 있던 영업사원은 바이어를 관리하면서 추가 바이어를 발굴하면 되었지만, 해외영업을 처음 시작하는 입장에서는 바이어와 첫 거래를 하기가 정말 어려웠었다. 그래서 나는 전화 영업, 이메일 마케팅을 통해 잘 알지 못하는 바이어에게 컨택을 하는 등 적극적으로 바이어를 찾아가는 마케팅 방법 대신 바이어가 찾아오는 방법에 대해서 고민하게 되었고, 그 결론은 온라인이었다. 나의 영어 실력이 유창하지 않은 요인도 있었고, 나를 찾아와서 견적을 문의하는 바이어들이 실제 수출로 발전될 확률이 높다고 판단했었다.

해외 영업 중 가장 효율적인 마케팅 방법으로 해외 전시회 개최를 꼽는 이유는 나의 제품에 관심이 있는 바이어가 나의 부스로 찾아와서 문의하는 것이고, 상담의 원인은 바이어가 나의 제품에 관심이 있는 것이기에 소액이라도 수출에 성공할 확률이 높기 때문이다. 이후 나는 영문 홈페이지 제작, 페이스북 마케팅 등 온라인에 노출되는 웹 마케팅을 시작하게 되었고, 광고비를 쓰지 않아도 자연스럽게 내 회사와 제품이 노출되어서 수출에 성공하고 바이어들을 확보하는 경험을 했다.

나는 해외 마케팅에서 아직도 오프라인보다는 온라인 마케팅에 진심이다. 나의 모든 해외 마케팅은 온라인에 집중되어 있다. 알리바바, 글로벌소시스, 홈페이지, 이커머스 스토어, SNS 마케팅 등 나는 아직도 온라인 마케팅을 통해서 직접 찾아오는 바이어들을 선호한다. 그리고 언제든 웹에서 검색했을 때 항상 노출되어 있도록 관리하고 또 관리한다. 해외의 바이어와 고객들에게 나의 제품과 회사, 브랜드는 언제든지 노출되어 있어야 한다. 그러면 전 세계에 나를 찾고 있는 바이어와 고객들이 나를 찾아오게 된다. 언제나 온라인에 노출되어 있어라. 기회는 계속 찾아온다.

남들이 안 하는 것에 도전해라(쇼피파이 도전 기록)

내가 쇼피파이를 결제하고 스토어를 구축하고 첫 주문을 받기까지 약 6개월의 시간이 걸렸던 것으로 기억한다. 당시 스토어를 잘 만들겠다는 의지보다 기존에 우커머스로 만들어진 스토어를 옮겨오려는 목적이었고, 관련 정보가 없어서 제품 등록을 잘못하는 바람에 스토어를 3번 정도 초기화시키고 다시 구축해야 했었다. 물론 나중에는 100만 개 이상의 제품을 등록하기 위해서 2개월 정도 시간이 걸렸었던 것 같다. 스토어를 구축하고 나서도 지금처럼 해외에서 주문이 들어오고 접속자가 많을 것이라고는 생각하지 못했었다. 당시 나는 제품을 판매하기보다는 '온라인에 그냥 노출되어 있다'라는 생각으로 진행한 것이었다. 당시 내가 업로드한 제품은 다른 곳보다 2~3배 이상 비싼 가격에 등록했다. 스토어를 오픈하고 페이스북 비즈니스 페이지에 자동차 부품을 소매로 판매한다는 포스팅을 했을 때 "누가 비싼 부품을 한국에서 사냐" 라며 빈정거렸던 외국인들의 댓글들도 많았다. 그리고 재고의 부담 없이 사업을 하고 싶은 생각에 주문을 받은 뒤 제품을 소싱한 후 해외로 배송을 해야 했으므로 주문을 받은 후 발송 기간이 평균 2주 이상 걸렸다. 또 제품의 부피와 무게 정보를 모두 알 수가 없어서 주문한 금액에 따라 일괄적으로 배송비를 선결제 받았고, 부품이 무겁거나 큰 제품은 배송비를 추가로 받았다. 발송이 느리고 가격이 비싼 나의 제품을 과연 누가 주문해 줄 것이며, 추가 배송비까지 부담해야 하는 나의 스토어에 고객이 있을 리가 만무했다. 더군다나 나는 광고도 하지 않았었다.

하지만 나의 스토어는 고객들로부터 문의가 조금씩 늘기 시작했고, 해외에서 한 달에 만 명 이상 접속하고 만 달러 이상 나에게 순수익을 내주고 있다. 연말과 연초에는 매출이 조금 부진하지만, 국내의 상황에 상관없이 꾸준히 고객들이 주문을 해주고 있고, 신규고객의 유입이 늘어나고 있다. 하나도 안 팔릴 것 같던 내 쇼피파이 스토어가 이렇게 전 세계 70개국 이상 수출을 하고 있는 이유는,

① 온라인에 계속 노출되어 있었기 때문이고

② 그 노출방법이 쇼피파이였기 때문이며

③ 다른 경쟁자들이 별로 없는 아이템으로 해외 시장 문을 두드렸기 때문이다.

나는 아이템도, 온라인 솔루션도 한국 사람들이 많이 하지 않는 것

에 그냥 무모하게 도전한 것이다. 이 책을 읽는 분들 중에는 나보다 더 스토어를 잘 만들고 더 좋은 아이템을 가지고 있으며 광고 등 마케팅도 잘하는 분들이 분명 계실 것이라고 생각한다. 보잘것없는 나의 쇼피파이 스토어도 해외 고객에게 선택받고 있으니 여러분도 도전하라고 말하고 있는 것이다.

지금 당장 쇼피파이를 시작해라

나는 개발자가 아니다. 쇼피파이 스토어를 만드는 데 있어서 전문가에게 의뢰하거나 디자이너를 고용한다면 내가 만든 스토어보다 훨씬 훌륭한 스토어를 만들어 줄 사람이 많을 것이다. 나는 스토어를 만드는 방법과 관련된 매뉴얼을 전달하는 것이 아니고, 쇼피파이 스토어를 통해서 돈을 벌 수 있는 방법을 말하고자 한다. 나는 수출을 원하는 중소기업 사장님들을 많이 만났기에 중소기업의 문제점과 수출에 대한 열망을 누구보다 잘 알고 있다. 나는 쇼피파이 스토어를 운영하면서 느낀 노하우와 온라인 마케팅을 통해서 수출을 했던 실무 경험을 토대로, 쇼피파이 스토어를 통해 수출을 성공시키고 바이어에 대한 회사의 신뢰도를 높이며, 해외에서 인지도 있는 브랜드로 성장시키길 원하는 분들을 위해 책을 쓰기로 결심했다.

앞서 말한 대로 내가 만든 쇼피파이 스토어보다 훨씬 훌륭하게 키워낼 분들이 한국에는 많다고 생각한다. 개인적으로도 나처럼 성공 가능성 낮은 아이템으로, 완성도가 부족한 스토어를 구축하고, 광고 없이도 해외로 수출할 수 있다는 것을 알려드리고 싶은 생각도 있었다. 쇼피파이처럼 훌륭한 솔루션을 활용한다면 나보다 훨씬 좋은 성과를 만들어

낼 분들이 많을 것을 알고 있기 때문이다.

하지만 제품 한두 개를 업로드 해놓고 쇼피파이 스토어를 그냥 방치한다면 아무리 잘 만들어지고 예쁜 스토어라도 주문이 들어 올 가능성은 희박하다. 그 스토어는 이커머스 쇼핑몰이 아니라 그냥 정적인 웹페이지일 뿐이다. 쇼피파이 스토어를 활용해서 바이어와 고객을 유치하고 수출을 하고 매출을 발생시켜서 수익화하는 것이 핵심 관건이다.

다음 장에서는 성공한 쇼피파이 스토어들을 살펴보고, 쇼피파이 스토어를 통해서 충성고객을 만들어 브랜드를 성장시키며, 바이어 연계로 대량 주문을 받는 등 쇼피파이 스토어 활용 방법과 핵심 팁들을 공개하려 한다.

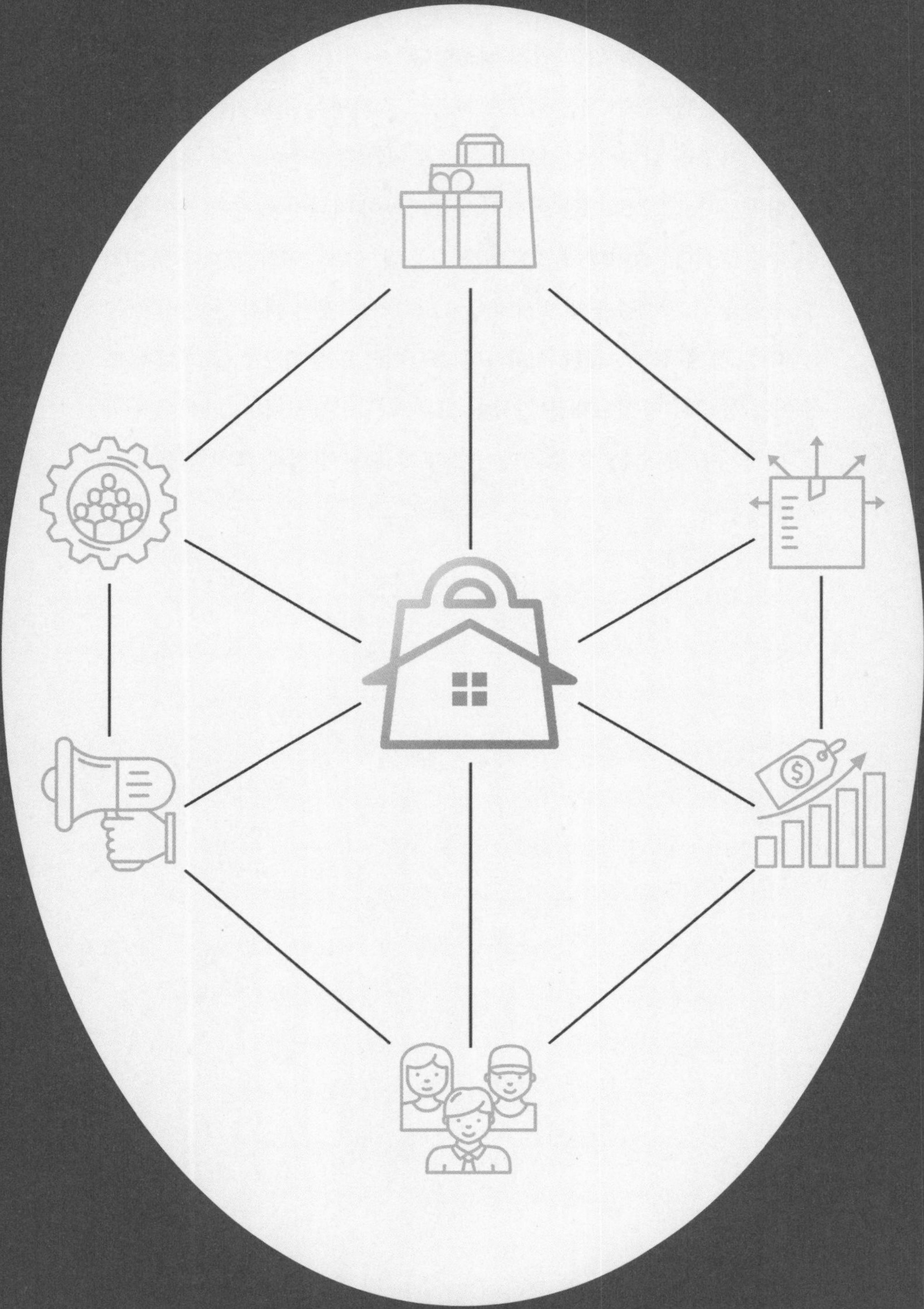

Chapter.2

하루 30분,
쇼피파이가 바꾼
내 비즈니스

쇼피파이는 아직 한국에 정식으로 진출하지 않았다. 한국에서 잘 알려지지 않았기 때문에 한국에서 제작된 스토어나 한국을 대상으로 서비스되고 있는 스토어는 많지 않다. 하지만 한국에서도 일부 앞서가는 기업들은 이미 쇼피파이를 활용하여 돈을 벌고 있다. 국내는 물론 해외에서 쇼피파이를 활용하고 있는 사례와 성공스토리를 확인하고 우리도 도전해 보자.

유일한 대안은 쇼피파이

45개국 거래로
1년 만에 매출
2000% 성장
: 자동차 부품 쇼핑몰

워드프레스의 우커머스를 통해 스토어를 직접 구축했을 당시 한 달 주문은 1~2건 정도가 전부였다. 등록된 제품은 2만 개 정도였고 인터넷이 빠른 한국에서 접속하더라도 제품검색에 30초~3분 정도 소요되었었다. 또한 호스팅 비용은 월 30만 원 정도를 지불해야 하는 상황이어서 스토어를 폐쇄하든지 다른 솔루션으로 옮기든지 해야 했다. 과거 경험상 이커머스 스토어를 직접 개발하는 것은 엄청난 리스크가 있다는 것을 알고 있었다. 커머스 개발은 돈이 거래되기 때문에 오류가 없고 안정적이어야 한다. 단 하나의 버그나 오류도 발생하면 안 된다. 오류도 오류지만 직접 개발 비용이 엄청나기 때문에 생각하지도 않았다.

어쩔 수 없이 내가 선택한 플랫폼이 쇼피파이였다. 당시에 내가 선택할 수 있는 유일한 대안은 쇼피파이뿐이었다.

자동차부품 전문몰 파츠모터스

나는 전 직장에서 자동차 부품의 유통과 수출 업무를 담당했었다. 국내 유통은 물론 해외에서의 수요를 명확히 인지하고 있었다. 자동차 부품의 한국 수출자들은 대부분 컨테이너나 팔레트 등 대량수출(B2B)을 하고 있었고 지금도 그러하다. 한국산 자동차 부품의 유통구조는 현지의 수입상이 한국에서 수입해서 하위로 도매상, 소매상에게 유통하는 구조로 많이 이루어져 있다. 그러기에 현지의 최종 소비자까지 제품이 전달되기에 최장 3~6개월까지 소요되는 경우도 많았다. 그래서 나는 현지의 최종 소비자들에게 직접 자동차 부품을 배송하는 스토어를 만들게 되었다. 자동차 부품은 필수재이다. 부품이 없어서 차량이 멈춰있는 고객들에게는 부품가격이 비싸고 배송비가 비싼 것은 중요하지 않다고 판단했다. 특히 버스와 트럭 등 상용차량의 경우 멈춰있는 기간이 돈으로 환산된다. 그렇기에 비싸더라도 빠른 배송 정책으로 스토어를 만들게 되었다.

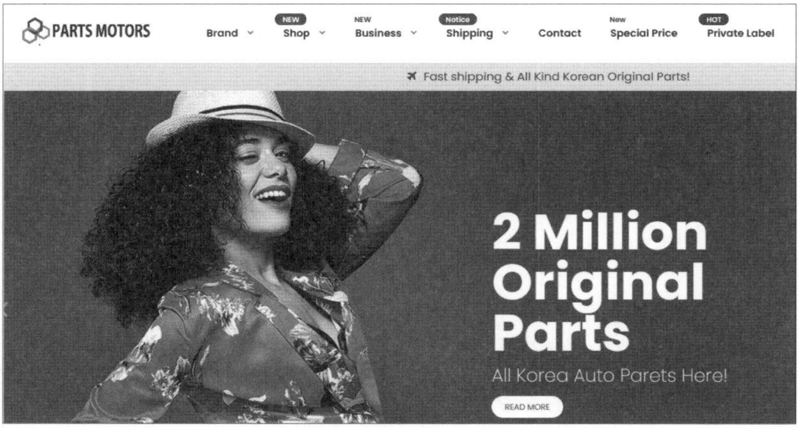

PARTSMOTORS

전 세계 어딘가에 있을 내 고객을 위해 난 온라인에 노출되어 있겠다

한국에서 자동차 부품을 독립몰을 통해서 크로스보더로 직접 해외로 판매하는 업체는 거의 없다. 한국에서 차가 고장 나면 근처의 카센터로 가서 차를 맡기고 정비소에서 알아서 정비해준다. 차주 입장에서

군이 부품을 온라인을 구매할 이유가 없기 때문에 국내에는 자동차 부품 스토어가 많지 않다.

하지만 해외의 경우 독립몰로 운영되는 자동차 부품 전문 온라인 스토어가 많이 있다. 전 세계의 다양한 브랜드를 취급하고 있고, 보유한 재고를 실시간으로 보여주며, 배송 가능 기간도 알려주는 스토어도 있다. 몇 년 전까지만 해도 러시아 전자상거래 1등 아이템은 자동차 부품이었다. 자동차 부품의 특성상 모든 부품을 재고로 보유하고 있을 수가 없다. 차량 한 대당 약 2만 개의 부품이 필요하다. 당연히 모든 한국산 자동차 부품이 웹에 등록되어 있을 수 없었고, 그래서 나의 첫 번째 전략은 '가능하면 많이 한국의 자동차 부품을 웹에 등록하고 노출되어 있겠다'였다. 자동차 부품 또한 중국에 이미테이션이 많으니 '한국에서 배송(ship from Korea)'도 나쁘지 않은 전략이라 생각했다. 무엇보다 나는 수출업체들의 홈페이지 활용과 알리바바, 구글 등에서 자연스런 노출의 중요성을 누구보다 잘 알고 있었다.

앞서 간단히 소개한 것과 같이 쇼피파이는 워드프레스만큼 구글 SEO에 최적화되어 있다. 제품만 잘 올리고 사이트만 등록하면 노출은 자연스럽게 된다. 거기다가 실제 고객들의 결제가 이루어지면 신뢰받는 사이트로 인식되고 정상적인 영업을 통해서 시간이 오래되면 고객들의 리뷰와 트래픽이 생성되어 스토어의 신뢰도가 점점 더 높아진다.

"검색되지 않는 자 존재하지 않는다"라는 말이 있다. 그만큼 이제는 온라인에 노출되는 것이 중요하다. 그것이 제품이든, 정보든, 서비스든, 사람이든 브랜딩화 된 모든 것은 온라인에 검색되는 것이 우선이다. 우선 검색되어야 고객들로부터 외면을 받든 선택을 받든 할 수 있다.

무재고 대량등록 작전

내가 쇼피파이 스토어에 내세운 두 번째 전략은 '가능하면 많은 부품을 등록하자'였다. 이것은 쇼피파이였기에 가능한 전략이었다. 제품을 등록하다 보니 등록 상품 수에 제한이 있다는 메시지가 나와서 고객센터에 이메일 문의를 했더니 제한을 풀어 주었다. 자동차 부품의 특성상 일부 소모성 부품을 제외하고 다양한 부품을 팔지 않으면 주문이 들어오지 않는다. 자동차 부품은 정비가 목적이고 연관 상품을 함께 구매해야 한다. 만약 사고로 범퍼가 파손되었다면 범퍼는 물론 그 안에 있는 레일과 나사 등 10개 정도의 부품이 모두 있어야 정비가 가능하다. 그래서 관련된 다양한 부품을 함께 팔아야 한다. 그렇기에 많은 종류의 자동차 부품이 등록되어야 한다.

쇼피파이로 옮기기 전에 워드프레스의 우커머스를 이용해서 3만 개 정도의 제품을 업로드 했었다. 당시 내 주변 거래처에서 실제로 보유하고 있던 재고만 업로드를 했었다. 하지만 한 달에 주문은 한두 건에 불과했다. 그래서 나는 쇼피파이로 넘어오면서 실제 재고가 없더라도 내가 보유한 자료들을 모두 업로드 하였고, 주문을 받은 뒤 제품을 구매해서 발송했다. 실 제품을 보유하고 있지 않았기에 부피와 무게를 알 수 없어서 배송비를 등록할 수 없었고, 무엇보다 백만 개 이상의 제품을 하나하나 배송비를 입력할 수가 없었다. 주문을 받은 뒤 제품을 공급하지 못해서 환불을 하는 경우도 많았고 배송비가 비싸다며 클레임을 제기한 경우도 꽤 있었지만, 결국 무재고 대량등록 전략은 성공했다.

이 두 가지 전략은 내가 자동차 부품에 대한 경험이 있었고 해외 시장 구조를 파악하고 있었으며 무엇보다 쇼피파이를 활용했기에 가능할 수 있었다. 이 두 가지 전략으로 나는 온라인에 광고비를 지출하지 않고도 자연스러운 노출로 신규고객을 꾸준히 계속해서 늘리고 있다. 워드프레스의 우커머스로 운영할 때는 한 달에 2번 정도 주문이 들어왔었고, 한 달 매출은 300달러 수준이었다. 하지만 쇼피파이로 옮기고 나서 주문 건수는 월 200건 정도로 늘었고, 매출은 2만 달러 이상으로 증가했으며, 순수익은 월 1만 달러가 넘어갔다. 크리스마스와 연초에 매출이 조금 떨어지는 계절적 요인을 빼면 매출은 꾸준하게 상승하고 있고, 유입되는 고객들도 꾸준히 늘고 있다. 그 어떤 대기업 마켓플레이스의 정책에도 흔들리지 않고 한국은 물론 한두 개 나라의 상황에 따라 매출과 수익이 영향을 받지 않고 꾸준하다. 심지어 코로나 때에도 나는 매출의 영향이 별로 없었다.

SHOPIFY STORE

2년 만에 쇼피파이 스토어 수십만 달러에 매도

미국 타깃 중저가 아동복 브랜드몰 3CLAPS(3claps.com)

나는 이 스토어가 쇼피파이로 브랜드 자사몰을 키워서 'Exit'한 한국의 가장 훌륭한 케이스라고 생각한다. 이 쇼피파이 스토어는 시작부터 미국 시장을 타깃으로 시장을 조사하고 분석했다. 스토어의 대표님이 미국에 대해서 잘 알고 있었기 때문에 미국의 아동복 시장이 프리미엄 고가 아니면 중국산 저가 시장으로 양분된 것을 확인하고 가성비 좋은 한국산 아동복을 아이템으로 중저가 고퀄리티 포지셔닝을 했다. 좀 더 구체적으로 말하면 미국의 소녀들이 생일과 같은 특별한 날이나 예쁜 드레스를 입고 사진을 찍어서 추억을 남기고 싶을 때 입는 옷을 판매했다. 예쁜 소녀의 드레스지만 미국 현지의 가격이 수백 달러 정도로 너무 비쌌고, 아이들이 금방 크기 때문에 몇 번 입지 못하고 버리거나 다른 아이들에게 줘야 했다. 그래서 비싼 가격 대신 가성비 좋은 한국산 아동복을 런칭한 것이다. 더구나 한국의 아동복 시장은 남대문에 나가기만 하면 매주 새로운 디자인의 제품이 출시되는 등 제품 공급 인프라도 훌륭한 편이었다.

한국산 제품인 것을 숨길 필요는 없었지만, 한국에서 발송되면 혹시 배송의 문제를 걱정하는 고객들이 있을 것을 우려해서 미국의 공유오피스에 사업자를 내고 쇼피파이 스토어를 개설했다. 브랜드를 만들고, 남대문에서 예쁜 아동용 드레스 제품을 사입하고, 자사의 브랜드를 부착하여 사진을 찍고 판매를 시작했다. 물론 발송은 한국에서 미국으로 Fedex나 EMS와 같은 특송을 이용했다. 어차피 미국의 경우 특송으로 발송하면 5일 이내에 대부분 배송된다.

이 쇼피파이 스토어 성공의 첫 번째 비결은 바로 시장조사와 제품 상세 포지셔닝이다. 집중적인 시장조사를 통해서 시장을 정확히 분석했고 아이템의 가격과 퀄리티를 정확히 포지셔닝하므로써 미국 내 판매에 성공했다. 한국 최초로 쇼피파이 PLUS 플랜(월 사용료 2,300달러)을 이용한 스토어이기도 하다.

인스타그램 셀럽 마케팅에 집중하다

이 스토어의 이름은 '쓰리클랩스'이다. 아마도 박수를 세 번 칠 정도로 제품의 퀄리티가 높고 훌륭하다는 뜻일 것 같다. 브랜드 이름도 훌륭하다. 이 스토어는 타깃 시장을 미국으로 세분화한 것은 물론 패션 블로거와 인스타그램의 셀럽을 중심으로 마케팅을 추진했다. 미국의 패션 블로거들에게 협업을 제안함과 동시에 셀럽에게 인스타그램 DM을 보내고 샘플을 보내는 등 소셜 마케팅에 역량을 집중했다. 결국에는 할리우드 스타의 자녀가 쓰리클랩스의 드레스를 입고 인스타그램에 나오면서 미국 연예인들 사이에서 이슈가 되었고, 이와 동시에 이 브랜드는 굉장한 관심을 받으며 매출도 급격히 상승했다. 이

3claps

것이 지금으로부터 8년 전 일이다.

쓰리클랩스의 두 번째 성공 요인은 위와 같은 마케팅이다. 가성비 있고 퀄리티 높은 예쁜 드레스의 고객으로 미국의 셀럽을 집중 타깃팅했다. 지금이야 모두들 알고 있는 방법이지만, 당시 한국의 남대문 시장의 아동복을 미국의 셀럽에게 입히기 위해서 마케팅한다는 생각을 하기는 좀처럼 쉽지 않았을 것이다. 또 당시에는 인스타그램이 지금처럼 활성화된 소셜 플랫폼도 아니었다. 무엇보다 쓰리클랩스의 성공은 제품의 특징과 매칭이 잘 되는 고객층을 선별하여 마케팅한 것으로 생각한다.

수십만 달러에 쇼피파이 스토어 매도

2015년 오픈한 이 스토어는 2016년 벤처캐피탈의 투자를 유치했고 홍콩시장으로 확대했으며, 2017년 한국의 패션 회사에 60만 달러 정도에 매각된 것으로 알려져 있다. 특이한 점은 법인을 매각한 것이 아니라 온라인 플랫폼, 즉 쇼피파이 스토어를 매각한 것이다. 쇼피파이 스토어는 스토어 자체의 거래가 활발할 만큼 스토어 거래시장이 잘 조성되어 있다. 즉 전 세계에서 가장 많이 사용되고 검증된 플랫폼이기 때문에 고객이 많고 수익이 많으면 누구에게나 스토어를 팔 수 있다.

나는 쓰리클랩스의 사례를 알지도 못하고 쇼피파이 스토어를 시작했다. 하지만 쓰리클랩스의 사례는 지금도 나에게 의미하는 바가 크다. 그것은 한국의 제품을 세계로 판매할 아이템은 아직도 많이 있다는 것이다. 그리고 그 아이템은 반드시 브랜드의 형태로 마케팅되어야 한다.

FASHIONNOVA

(fashionnova.com)

연매출 1조4천억, 미국 역사상 가장 위대한 패션 브랜드로 비유되기도 하는 패션노바. 2006년 6명의 직원으로 캘리포니아에 매장을 설립한 뒤 인스타그램의 인플루언서 마케팅으로 큰 성공을 거둔 브랜드이다. 주요 아이템은 트렌디한 의류를 빠르게 고객들에게 알려주는 것이다. 이것을 패스트패션이라고 부르며 고가의 의류보다는 저가의 클럽웨어들이 메인제품이다.

인스타그램 등 1000명 이상이 모델로 신청을 하고 대기를 해야 할 정도로 인플루언서들 사이에서 인기가 높은 스토어이다. 패션노바는 수천 가지의 패션의류들이 쇼피파이에 등록되어 있다. 쇼피파이 스토어의 하루 방문자는 약 3만 명이며 2018년 구글에서 가장 많이 검색된 패션 브랜드로 선정된 이력이 있다.

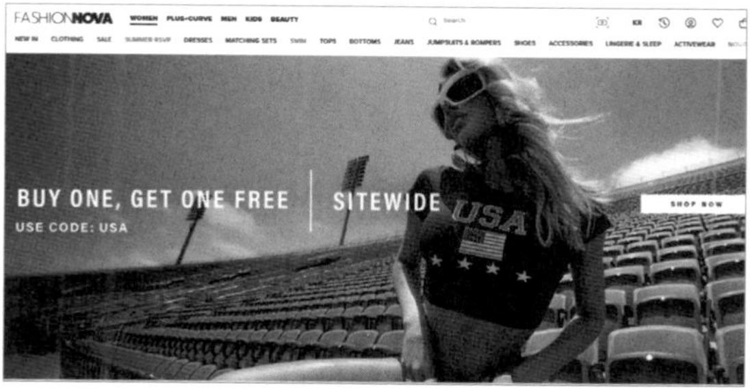

FASHIONNOVA

패션노바의 쇼피파이 스토어는 매력적인 설명과 상품페이지, 생동감 있는 이미지가 주요 특징이며 상품 카테고리가 잘 정리되어 있다. 특히 인기제품, 최신 유행하고 있는 스타일의 패스트패션 등은 방문 고객들에게 큰 관심을 받고 있다.

STEVE MADDEN(stevemadden.com)

스티브매든의 스토어는 쇼피파이로 만들어져 있으며 전 세계에서 가장 큰 쇼피파이 스토어 중 하나이다. 이 기업은 뉴욕이 본사이며 나스닥에 상장되어 있고 2022년 매출은 약 2조8천억 원이다. 쇼피파이 스토어에 등록된 제품은 약 3,300개이며 이 스토어의 월간 방문자는 200만 명에 이른다. 스티브매든은 신발, 패션, 액세서리 등을 디자인하고 판매하는 것이 핵심아이템이다. 이 기업이 보유한 브랜드는 Dolce Vita, Betsey Johnson, Blondo, Greats, BB Dakota 및 Mad Love 등이다.

STEVE MADDEN

FEASTABLES(feastables.com)

피스터블은 유튜브 구독자 3억 명인 Mr.Beast에서 만든 초콜릿 브랜드이다. 이 쇼피파이 스토어는 유튜브 채널과 유사한 콘셉트로 유쾌하게 게임하듯 즐거운 이미지로 스토어를 구성했다. 자연검색으로 월간 30만 명이 스토어를 방문하고 있으며 이 쇼피파이 스토어에서는 모

FEASTABLES

든 페이지에서 고객 리뷰를 모으는 등 마케팅과 고객 피드백 모집에 적극적이다. 피스터블은 사용자 생성 콘텐츠(UGC)가 고객들 구매에 긍정적 영향을 준다고 믿고 현재 콘텐츠를 만 개 이상 생성해 놓았다.

SPANX(spanx.com)

스팽스는 1990년대 후반에 미국에서 설립된 브랜드이다. 여성용 스타킹의 문제점을 해결하는 제품으로 시작한 이 기업은

SPANX

여성용 보정속옷의 대명사로 유명한 기업이 되었다. 현재 수십억 달러의 브랜드로 평가받으며 연간 매출은 약 5500억 원이다. 23년 월간 자연 검색수는 약 56만 회이며 월간 방문자 수는 약 150만 명이다. SEO를 위한 백링크는 170만 개이며 흩어져 있는 대부분 키워드들이 쇼피파이 스토어로 연결된다.

CHUBBIES(chubbiesshorts.com)

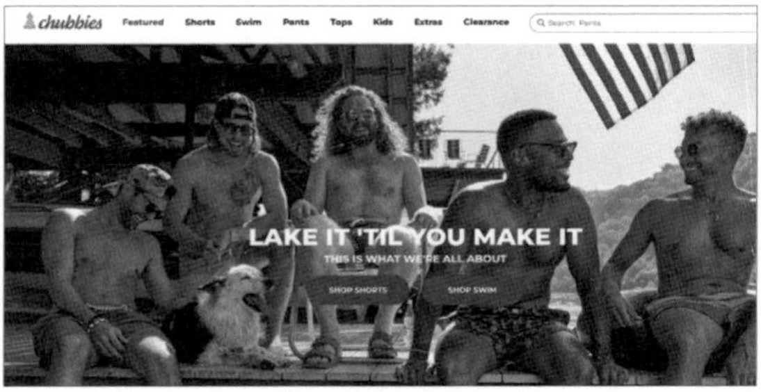

CHUBBIES

남성용 반바지, 수영트렁크 브랜드인 처비스는 쇼피파이 본사에서도 인정한 브랜드이다. 처비스의 타깃은 남자 대학생이며 긍정적이고 발랄한 브랜드 이미지를 앞세워 남성용 레트로 반바지에 대한 사랑을 전파하고 있다. 소셜미디어 마케팅, 이메일 마케팅, UGC 기반 콘텐츠로 마케팅을 하고 있으며 이 기업의 연매출은 약 620억이다.

ASPHALTE(asphalte.com)

ASPHALTE

아스팔테는 2016년 설립된 회사로 고객의 취향에 따라 옷을 만들고 후불로 결제받는 시스템을 도입하여 성공한 회사이다. 연간 매출 400억 원, 유료고객 10만 명에 이르며 고객피드백을 반영해 제품을 생산하는 등 고객과 협력자가 되어 실제로 고객이 사고 싶은 최고 품질의 의류를 만드는 데 초점을 맞추어 운영하고 있다. 이 쇼피파이 스토어는 고객의 피드백을 잘 반영하는 것을 최우선시하고 있다.

INVISALIGN(shop.invisalign.com)

이 회사의 이름은 Align Technology이고 나스닥에 상장되어 있다. 30년 역사의 인비절라인은 치아교정 관련 기술 및 제품 서비스를 제공하는 브랜드이다. 2000만 건의 임상케이스 보유하고 있으며, 탈착이 가능한 오리지널 투명 교정 장치가 특징이다. 탈착이 가능해서 충치 발생의 걱정이 없으며 식사 시에도 매우 편리하다. 22년 매출 약 5조 원이며 인비절라인의 메인 스토어는 쇼피파이로 구축되어 있고 교정 관련 제품을 판매하고 있다.

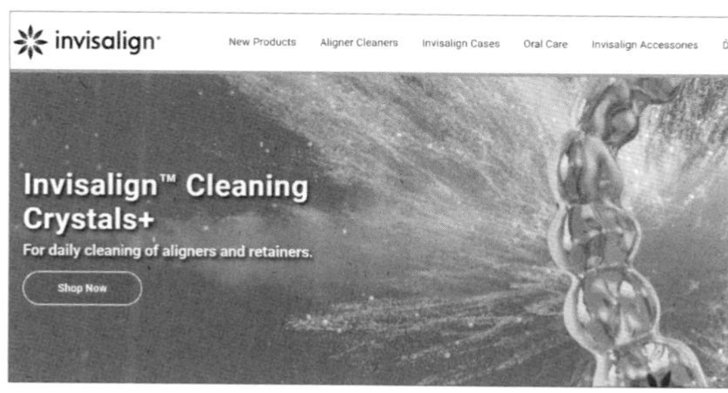

INVISALIGN

IFIT(shop.ifit.com)

러닝머신, 업라이트 로잉머신, 운동용 자전거, 계단스태퍼, 요가 및 필라테스 장비를 포함한 피트니스 제품을 제조, 판매하고 있다. 보유한 브랜드는 NordicTrak, HealthRider, ProForm, Image, Weslo, WeiderCare, JumpKing, Lifestyler와 Reebok의 라이선스를 가지고 있다. 나스닥에 상장되어 있으며 21년 매출은 2조3천억이다.

IFIT

SODASTREAM(sodastream.com)

소다스트림은 가정용 탄산음료 제조업체이다. 2010년 나스닥에 상장했고 2018년 펩시가 인수해 운영하고 있다. 2018년 전 세계 45개국에 8만 개의 소매점을 개설했다. 연 매출은 약 1조2천억 원이다. 쇼피파이 소다스트림 스토어에서는 탄산 제조 기계는 물론 관련 다양한 음료도 함께 판매 중이다.

SODASTREAM

KYLIE COSMETICS(kyliecosmetics.com)

카일리 코스메틱은 쇼피파이 스토어의 대명사이다. 세계적인 모델 카일리 제너가 운영하고 있으며 1조 원 이상의 가치로 평가받는 스토어이다. 이 스토어는 주문, 결제, 배송까지 쇼피파이의 서비스를 원스톱으로 이용하고 있다. 메인 시장은 미국이며 중동과 유럽, 아시아와 오세아니아까지 배송한다.

KYLIECOSMETICS

GYMSHARK(row.gymshark.com)

영국의 패션 브랜드 짐샤크. 직원 900명, 연매출 7500억, 1조5천억 원의 기업가치로 평가받고 있는 영국을 대표하는 스포츠 용품업계의 거물기업이며, 짐샤크 제품은 전 세계 131개 국가에서 판매되고 있다. 짐샤크의 쇼피파이 이용 사례는 자사몰 플랫폼의 장점과 특징을 잘 보여준다. 짐샤크의 대표인 프랜시스는 19살에 피트니스에서 입을 수 있는 운동복을 만들기 시작했고, 2012년 쇼피파이로 쇼핑몰을 만들어 판매를 시작했다. 수제로 운동복

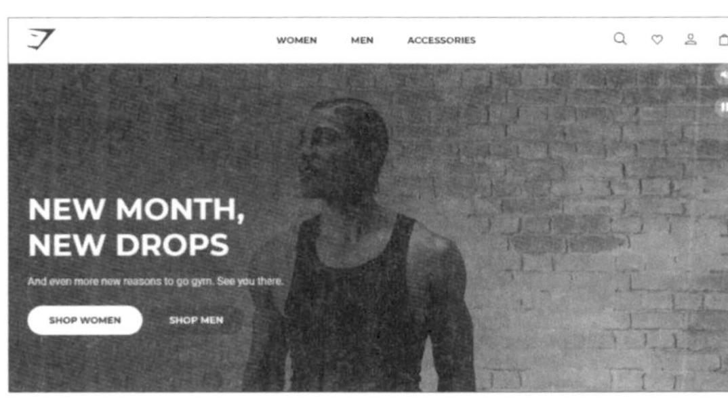

GYMSHARK

을 만들어 파는 쇼피파이 스토어는 대박이 났고 짐샤크는 쇼피파이보다 더 큰 플랫폼이었던 마젠토를 사용하기로 하고 구축을 시작했다. 하지만 마젠토로 스토어를 구축하는 데만 8개월이 걸렸고 구축비용도 수십만 달러가 지출되었다. 게다가 마젠토 앱의 버그로 인해서 블랙프라이데이에 스토어 에러가 발생했고 수십만 달러의 손실을 입었으며, 그 동안 쌓아왔던 고객들을 잃게 되었다. 그 일로 짐샤크는 수천 명의 고객들에게 자필 사과문을 작성해서 발송해야 했다. 그 이후 짐샤크는 쇼피파이 PLUS로 다시 돌아왔다.

ALLBIRDS (allbirds.com)

ALLBIRDS

올버즈는 편안하면서 탄소 매출량이 적은 러닝화를 만든다. 유칼립투스 나무 섬유, 메리노 등 친환경 소재를 사용하며 제조하는 환경을 생각하는 브랜드이다. 현재 올버즈는 약 2조 원 규모의 운동화 회사로 성

ALLBIRDS KOREA

장했다. 강력하고 차별화된 브랜드와 소비자 직접판매 비즈니스 모델은 연간 4,000억 원의 매출을 일으키고 있다. 올버즈의 D2C 스토어는 쇼피파이로 만들어져 있으며, 한국 올버즈(allbirds.co.kr)도 쇼피파이로 구축되어 있다.

GLOSSIER(glossier.com)

그로시에는 한국에도 알려진 브랜드이다. 이 회사의 대표 Weiss는 패션잡지인 《Vogue》와 《W》 편집장으로 근무하면서 〈In to The Gloss〉라는 블로그로 월간 200만 명이 방문하는 등 유명인이 되었다. 소비자와 팔로워들의 고객 경험을 기반으로 제품을 생산했고 그로시에는 브랜드 런칭 후부터 꾸준한 사랑을 받고 있다. 그로시에는 소매판매와 D2C 판매에 쇼피파이 스토어를 활용하고 있고 기업 가치는 약 2조 원으로 평가된다.

GLOSSIER

ROTHY'S(rothys.com)

로티스는 재활용 플라스틱병을 이용하는 등 친환경 소재를 활용한 신발과 핸드백, 액세서리를 디자인하고 직접 소비자에게 판매하는 기업이다. 24년 현재까지 1억7천만 개의 병이 재활용에 사용되었고 20,000켤레의 신발을 재활용 소재로 생산했다. 전 세계 19개국에 20개의 매장을 운영 중이며 고객은 140만 명이 넘는다. 로티스의 기업가치는 1조5천억 원으로 평가된다. 로티스의 전 제품은 쇼피파이 온라인 스토어를 통해 판매된다.

ROTHYS

SWEETGREEN (shop.sweetgreen.com)

SWEETGREEN

스위트그린은 샐러드를 판매하는 미국식 패스트 캐주얼 레스토랑 체인이다. 뉴욕증권거래소에 상장되어 있으며 직원 수 6,000명, 미국 18개 주에 221개 매장을 운영 중이다. 스위트그린은 회사 가치 2조2천억 원으로 인정받고 있으며 매출은 2,000억 원이다. 스위트그린 온라인 스토어는 쇼피파이로 만들어졌으며, 브랜드 관련 굿즈와 의류 등을 판매 중이다.

PARTAKE(partakefoods.com)

PARTAKE

음식 알레르기 진단을 받은 딸을 위해 건강에 좋은 간식을 찾기 어려워서 시작한 브랜드이다. 86명의 투자자로부터 거부당한 경험이 있고 투자자 확보 후 쇼피파이 스토어를 개설하여 2022년 약 70억 원의 실적을 달성했다. 쇼피파이 이메일 마케팅을 활용하고 있다.

HOLO TACO(holotaco.com)

HOLO TACO

홀로그램 광택제, 홀로그램 매니큐어 브랜드이다. 750만 명의 유명 유튜버 Cristine rotenberg가 홀로타코를 개발하고 브랜드를 직접 런칭했다. 홀로타코의 연매출은 약 60억 원 정도이며 홀로타코 쇼피파이 스토어 방문자는 월간 60만 명이다.

SEAHAWKS(buy.seahawks.com)

SEAHAWKS

시애틀 시호크스 NFL 팀의 게임데이 경험 티켓 판매 스토어이다. 선수복 경매 판매 또는 경기 후 필드 골킥, 경기 후 미드필드 사진, 경기 후 기자 회견 참석, 전광판 특별 메시지 등의 특별 경험 티겟을 판매한다.

NETFLIX SHOP(netflix.shop)

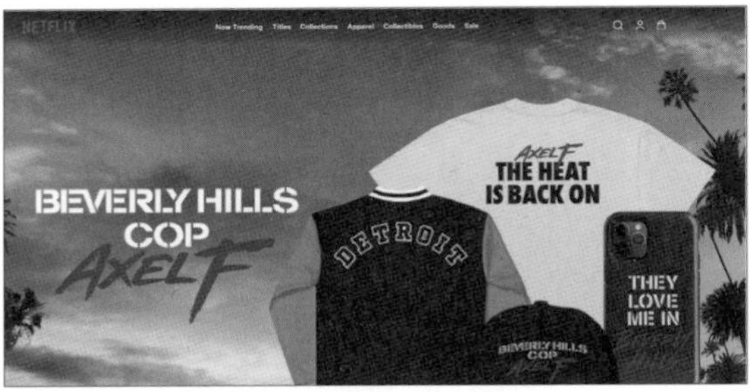

넷플릭스의 굿즈를 판매하는 글로벌스토어

넷플릭스의 굿즈를 판매하는 글로벌스토어는 쇼피파이 스토어로 구축되어 있다.

RED BULL(redbullshopus.com)

레드불 미국 스토어에서는 의류 등 굿즈를 판매 중이다.

레드불 미국 스토어

NEW YORK TIMES SOTRE(store.nytimes.com)

뉴욕타임즈 쇼피파이 스토어에서는 굿즈 등을 판매 중이다.

뉴욕타임즈 쇼피파이 스토어

SOKO GLAM(sokoglam.com)

소코글램은 한국의 화장품을 판매하고 있는 미국 회사이다. 대표는 2012년 한국에서 잠시 근무를 할 때

SOKOGLAM

명동에서 화장품을 구매하여 온라인으로 판매를 시작했다. 이후 취급 제품 SKU를 확장하고 블로그 마케팅을 등을 통해 매출 200억 원대의 K뷰티 기업으로 성장했다. 화장품 해외 판매에 관심이 있다면 소코글램의 마케팅 방법을 확인해보는 것도 좋다.

POLAROID(polaroid.com)

폴라로이드의 글로벌 온라인스토어이다. 쇼피파이로 구축되어 있으며, 전 세계로 판매 중이다. 폴라로이드 카메라와 필름, 프린터, 부속품 등을 판매하고 있다.

POLAROID

쇼피파이 스토어 한국 구축 사례

아모레퍼시픽 글로벌

(global.amoremall.com)

한국의 아모레퍼시픽 글로벌 스토어도 쇼피파이로 만들어졌다. 이 스토어는 아모레퍼시픽의 모든 브랜드를 판매하고 있고 한국에서 직접 발송하고 있다. 한국을 대표하는 화장품 회사인 아모레퍼시픽의 글로벌 스토어가 쇼피파이로 구축되어 있다는 것은 의미하는 바가 크다. 일반적으로 대기업들의 글로벌 스토어는 수십 억까지 비용이 지출되면서 구축된다. 국가별로 온라인 스토어를 운영해야 하기도 하고, 재고가 통합관리 되어야 하며, 무엇보다 판매 채널 통합 등 부가적으로 필요한 솔루션들이 많기 때문이다.

AMORE GLOBAL

AMORE US

아모레퍼시픽 미국 스토어(us.amorepacific.com)도 쇼피파이로 구축되어 있다.

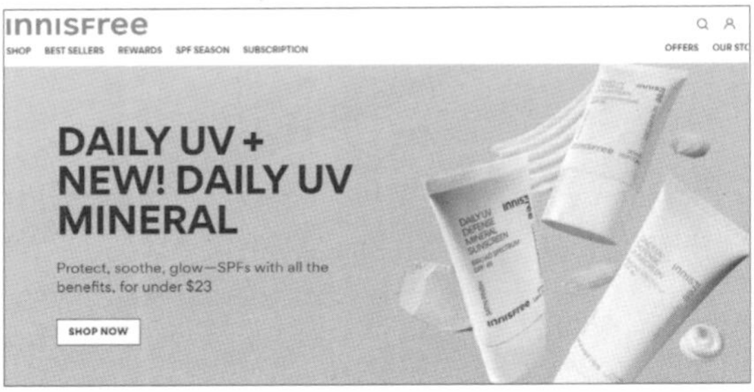

INNISFREE

이니스프리 미국 스토어(us.innisfree.com)도 쇼피파이 스토어로 제작되었다.

PHYSIOGEL GLOBAL(physiogelus.com)

PHYSIOGEL

100년 이상 피부 보습 크림의 대명사인 피지오겔 글로벌 스토어도 쇼피파이로 구축되어 있다.

디스이즈네버댓(thisisneverthat.com)

디스이즈네버댓은 한국 스토어이고 한국어로 되어 있다. 쇼피파이 스토어로 만들어졌으며 남성용 의류를 판매하고 있다. 연매출은 560억, 직원은 약 158명이며 일본, 유럽으로 확장하여 글로벌브랜드로 도약 중이다. 이 기업의 핵심 전략은 강력한 콘텐츠 제작이다. 그리고 내부 개발자를 통해 쇼피파이를 커스터마이징 하여 스토어를 운영하고 있다. 디스이즈넷버댓은 쇼피파이를 이용한 한국 내 서비스의 성공 사례라고 볼 수 있으며 쇼피파이 스토어의 한국 내 다양한 활용 가능성에 대해서 잘 설명해 주고 있다.

THISISNEVERTHAT

조선미녀(beautyofjoseon.com)

조선미녀의 글로벌 스토어이다. 쇼피파이로 구축되었으며 전 세계로 판매 중이다. 조선미녀는 특히 동남아시아에서 인지도 있는 한국 브랜드이다. 틱톡 등 SNS을 통한 마케팅이 유효해서 성공한 케이스이다.

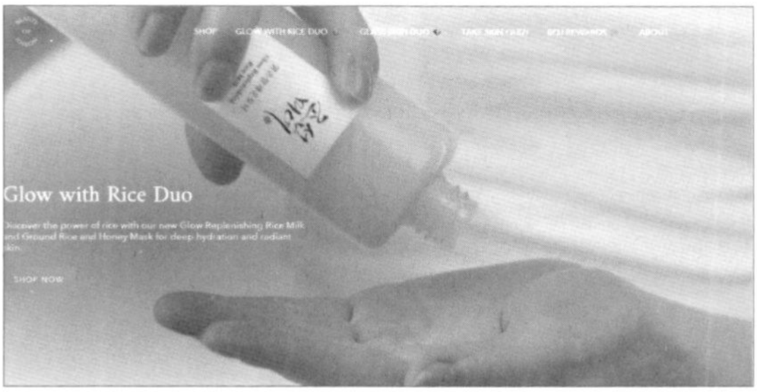

BEAUTYOFJOSEON

DASHING DIVA(dashingdiva.com)

셀프 네일팁으로 유명한 데싱디바는 국내 셀프 네일 점유율 90%를 차지하고 있으며 뉴욕, 한국, 일본, 호주 등 전 세계 80여 개의 샵을 보

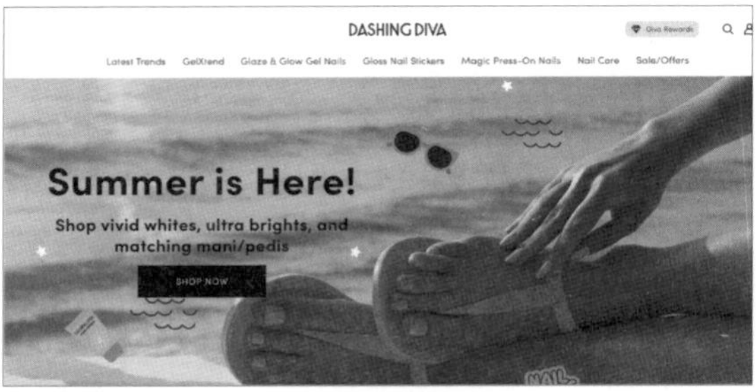

DASHINGDIVA

유하고 있다. 본사는 뉴욕이지만 한국법인은 약 800억 이상의 매출을 올리고 있다. 데싱디바의 글로벌 홈페이지는 쇼피파이로 구축되어 있다.

SPIGEN KOREA(spigen.com)

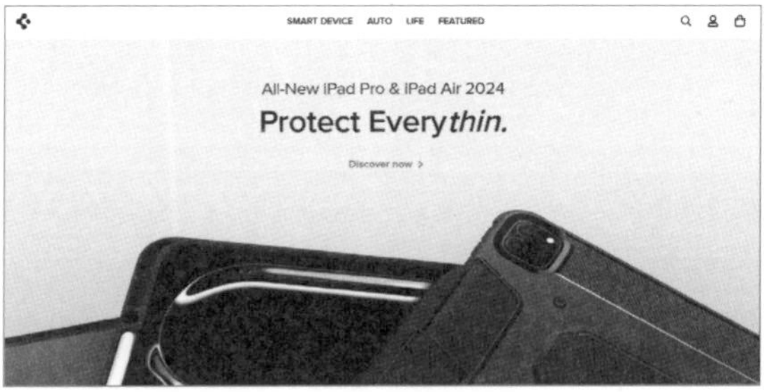

SPIGENKOREA

아마존에서 휴대폰 케이스와 보호필름으로 연간 천억대의 매출을 올리고 있는 슈피겐코리아의 미국 자사몰이 쇼피파이로 구축되어 있다.

아머스포츠 코리아 : 윌슨(kr.wilson.com) 살로몬(salomon.co.kr)

아머스포츠의 국내 법인인 아머스포츠 코리아가 운영하는 브랜드 '윌슨'과 '살로몬'의 국내 스토어가 쇼피파이로 구축되어 있다. 윌슨은

WILSON

테니스 웨어와 골프 웨어 등 스포츠 용품을 판매하는 스토어이며 살로몬은 아웃도어 의류 브랜드이다. 아머스포츠 코리아의 매출은 약 670억 원이다.

SALOMON

COLORCL(colorcl.com)

컬러렌즈를 해외 판매하고 있는 한국회사의 글로벌 스토어이다. 해외 여성들의 눈높이에 맞는 강력한 이미지들로 구성된 디자인이 인상적인 쇼피파이 스토어이다.

COLORCL

베이스레인지(baserange.kr)

베이스레인지의 한국 스토어이다. 천연소재를 활용하여 편안하고 현대적이고 미니멀한 여성용 의류를 제작하는 기업이다.

BASERANGE

바바붐(bababoom.co.kr)

애완 동물 사진 등을 티셔츠와 액자에 인쇄하는 등 주문형 프린트 서비스를 한국 내에 제공하는 기업이다. 쇼피파이 스토어를 통해 이미지와 텍스트 등 주문 옵션을 받고 있다. 쇼피파이 APP을 이용하면 POD(Print On Demand) 서비스가 가능하다.

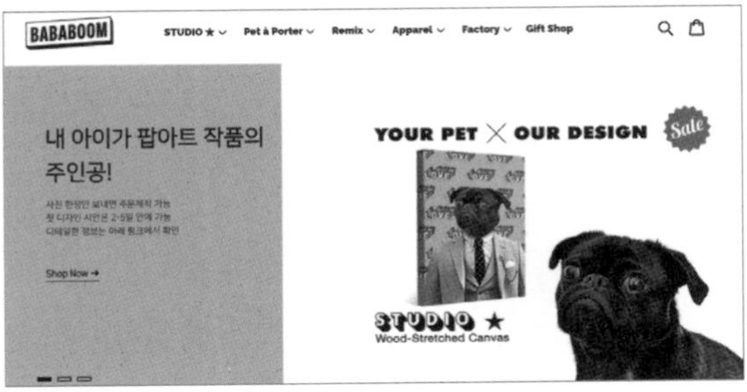

BABABOOM

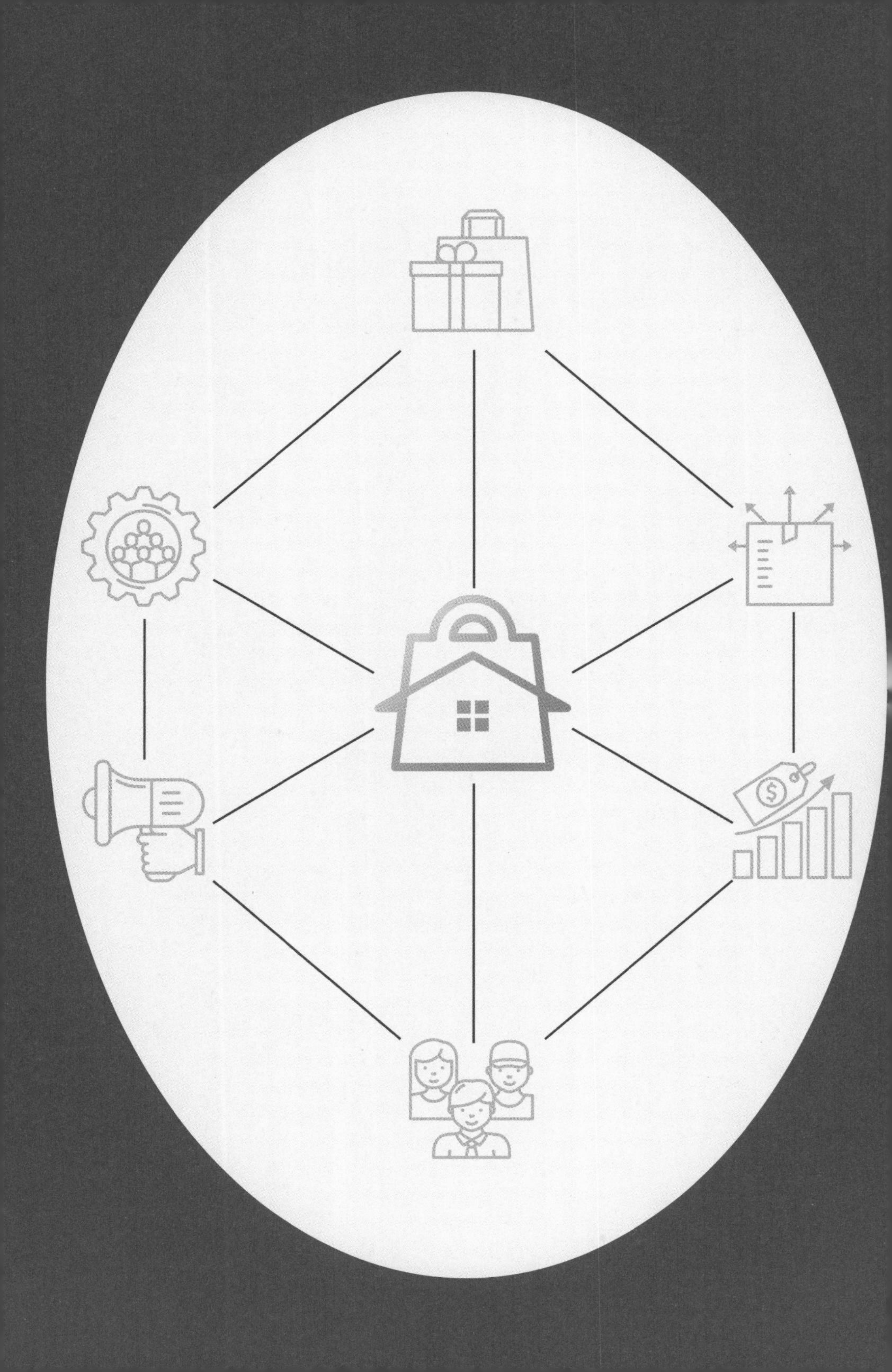

Chapter.3

이것만 해도 매출 2배 오른다

: 하루 30분 쇼피파이 Start!

쇼피파이 스토어를 활용하여 비즈니스를 확장하기 위해서는 해외 시장의 분석과 아이템의 선정이 중요하다. 물론 한국에서 전 세계 고객에게 직접 제품을 발송할 수도 있지만, 우리의 궁극적인 목적은 브랜드 인지도 상승과 해외수출이다. 수출을 하기 위해서는 국가별 시장조사는 물론 품목별 규제도 알고 있어야 한다. 또한 브랜드 마케팅을 위해서는 국가별로 세밀하게 타깃팅을 하는 것이 필요하다. 3장에서는 해외 시장을 조사하는 방법과 아이템을 선정하는 방법에 대해서 알아본다.

해외 시장조사의 필요성과 항목들

꼼꼼한 시장조사는 시행착오로 인한 시간과 돈을 절약한다

나의 경험상 수출지원사업에 도전하는 한국의 중소기업들은 대부분 주요 타깃 시장이 어디인지 명확히 알고 있다. 그리고 특정 국가의 시장에 관심이 있어서 바이어 미팅을 해본 경험이 있다면 현지의 유통 경로와 채널까지 잘 알고 있는 경우도 있다. 하지만 목표시장에 대해서 잘 알고 있는 기업들은 해외 시장조사를 통해서라기보다 여러 바이어들을 만나면서 우리 제품에 대한 반응이 좋은 시장이 어딘지 몸소 체험한 경우가 대다수라고 생각한다. 얼핏 보기에 해외 수출을 하려 하면서 왜 시장조사를 안 하는지 이해가 되지 않을 수도 있다. 수출을 희망하는 중소기업들은 경험을 통해서 목표시장을 잘 알고 있다고 생각하기에 시장조사를 안 하고 있고, 아이템이 없는 기업들은 해외 시장을 어떻게 조사하는지 모르기 때문에 못 하고 있다.

하지만 이미 아이템을 보유하고 있든, 아이템이 없이 수출을 시작하려 하든 해외 시장 조사는 필수다. 또 쇼피파이 스토어로 글로벌 판매를 시작할 경우, 내가 주장하듯이 B2B 수출도 동시에 준비해야 한다는 것을 인정한다면 해외 시장조사는 필수 불가결한 요소이다. 아이템을 찾고 있는 기업이라면 당연한 과정이고, 아이템을 이미 가지고 있는 기업들도 해외 시장조사를 통해서 잠재시장을 발굴하거나 현지 상황 변화 등을 통해 새로운 진입 전략을 찾을 수 있기 때문이다.

해외 시장조사는 어떤 시장에 나의 물건을 팔아야 할지 예측하기 위해서 하는 것이다. 조사를 통해서 시행착오를 줄여서 시간과 돈의 투자를 막고 효과적인 방법으로 시장에 진입하기 위함이 목적이다. 쇼피파이 스토어를 시작하더라도 우리의 목적은 B2B 수출도 함께 진행할 것이기에 목표시장에 대해서 정확히 알고 있는 것은 우리에게 중요하다. 그래야 바이어 발굴과 함께 수출도 성공적으로 진행될 수 있기 때문이다.

우리가 팔릴 만한 제품을 소싱할 때는 훌륭한 제품이 아니라 해외에서 팔릴 만한 제품을 찾고 있는 것이다. 해외에서 바이어와 고객의 수요가 있어야 제품을 팔 수 있다. 그러기 위해서도 해외시장조사는 필수이다.

국가조사로 유망시장을 선정해라

	조사 항목
국가조사	국가 개요, 한국과의 관계, 경제 현황, 정치, 주요 산업 현황, 수출 유망 품목
	무역 거래 신용도, 상관습, 기후와 지리적 여건, 물가정보, 비즈니스 에티켓
	통화 안정성 및 경기상태, 교통 통신(공항과 항구), 수출입 시장의 특성
	시장의 수요, 시장 잠재력, 시장의 성장률

해외 수출을 위한 국가 조사는 단 몇 개의 사이트만 들러보면 된다. 가장 추천하는 조사 사이트 2곳을 소개한다.

코트라 해외시장 뉴스의 국가 지역 정보 : 수출과 관계된 전 세계 국가의 지역 정보를 제공한다. 이곳에는 무역과 관련된 정보들을 국가별로 모아서 제공한다. 제공되는 리포트에는 국가의 일반 현황뿐만 아니라 무역, 투자, 현지 진출 사례, 수출 유망 품목, 물가정보, 생활 정보 등등 한국 기업이 현지 국가로 진출할 때 필요한 정보들이 담겨있다. 아시아, 유럽, 중남미 등 한국의 주요 수출 국가에 대한 정보가 종합되어 있으며, 이 정보들은 국가별로 PDF 100~200 PAGE 분량으로 구성되어 있다. 그리고 여기에는 국가별 진출전략과 출장자료까지 배포하고 있으며, 수출을 위한 품목별, 국가별 보고서도 확인할 수 있다. 국가별 산업 동향은 물론 국가별 최신 트렌드로 무료로 배포된다. 수출을 위한 목표시장을 조사할 때 코트라 해외시장 뉴스는 기본이다.

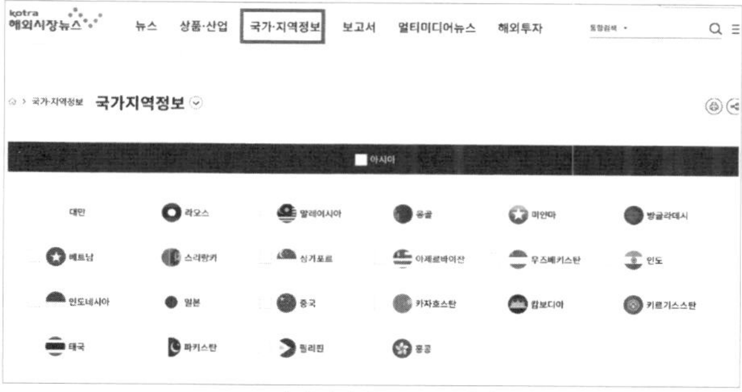

코트라 해외시장 뉴스-국가정보

무역협회의 무역통계와 관세청에서 운영하는 수출입 무역통계 : 이 두 곳을 통해서 국가별 수출입 동향을 알 수 있고 품목별 수출입 최신 현황도 파악할 수 있다. 현지 시장에서 꾸준히 수입량이 늘고 있는 유망 품목을 찾아보자.

무역협회무역통계

품목조사로 아이템 카테고리를 선정해라

	조사 항목
품목조사	수출입 현황, 관세율, 품목별 관리제도, 품목별 규제 및 인증
	수입통관, 유통구조, 유통형태, 품목별 무역조건, 주요 유통 채널
	품목별 자체생산률, 수입비율, 주요 수입국가, 품목별 현지 정부 정책

품목조사는 해외 시장조사에서 가장 중요한 부분이다. 바로 수출할 분야를 결정하는 것이기 때문이다. 일반적으로 시장조사를 한다고 하는 것은 국가별 품목을 조사하는 것을 의미한다. 목표국가를 시장조사할 경우에도 품목별로 함께 조사하는 것이 조금 더 정확한 결과를 나타낸다. 품목 아래 세부 아이템에 따라서 조사 결과가 조금씩 차이가 있기는 하지만, 일반적으로 품목별 조사를 통해서 수출 아이템을 선정하는 경우가 많다. 품목조사를 하는 방법은 정말 여러 가지가 있다. 일반적으로 많이 이용되는 조사방법은 다음과 같다.

코트라 해외경제정보드림/해외시장뉴스 : 해외경제정보드림에서는 국가별 산업, 품목정보와 유망 품목, 산업DB까지 제공한다. 또한 국가별 경제, 통상정보는 물론 국제 트렌드와 물류 및 공급망 정보도 확인할 수 있다. 또한 초보 기업이 해외 수출 시 확인해야 하는 단계별 항목들을 자세히 설명하고 있다. 또 해외 수출 가이드, 수출통합 보고서 등을 제공한다.

무역협회 AI 빅데이터/무역동향뉴스 : 품목코드만 넣으면 간단하게 AI가 수출 유망시장을 추천하고 분석해 준다. 현지 시장의 경쟁국가도 보여주며 국가별 규제와 수입조건, 인증 등의 내용도 확인할 수 있다. 만약 우리가 수출 아이템을 등록하고 수출입 실적이 있다면 이와 관계된 유망시장과 수출입현황까지 한 번에 분석해 준다. 수출 아이템이 있고 목표시장을 모른다면 AI 빅데이터 분석을 추천한다.

코트라 해외정보드림

관련 산업 수출정보

농식품수출정보 : 참치, 굴, 미역 등의 수산물과 인삼, 과자, 음료 등 식품을 수출한다면 큰 도움을 받을 수 있는 사이트이다. 농식품의 해외시장 뉴스는 물론 품목별 수출입 동향과 현황 정보가 있다. 또한 국가별 식품수출정보에서는 수출입 규모 및 현황, 현지 유통 채널, 소비 트렌드, 수출절차 및 통관 등의 자세한 정보를 제공한다. 식품수출에 관련된 매뉴얼을 제공한다고 할 만큼 유용한 사이트이다.

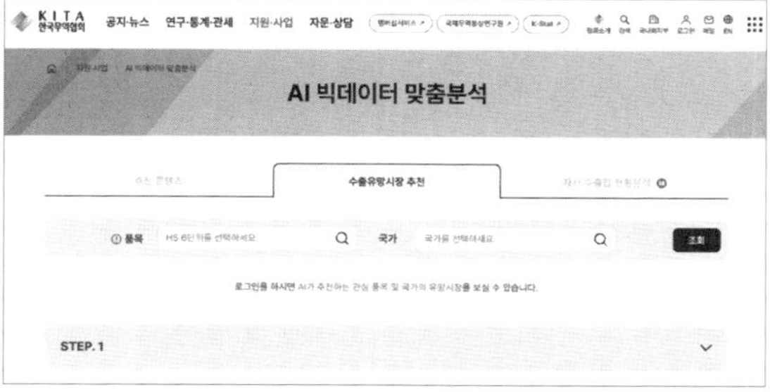

무역협회AI빅데이터

수산물수출정보포털 : 말 그대로 수산물 수출과 관련된 포털 정보를 제공한다. 해외시장정보는 물론 국가별 품목정보, 관세정보, 전시회, 검역검사 등 수출활용정보는 물론 국가별 수산물 통계자료와 해외시장

보고서도 확인할 수 있다.

대한화장품연구원 : 화장품을 수출한다면 반드시 알고 있어야 할 사이트이다. 화장품 수출을 위한 모든 정보들이 담겨있다. 국내외 화장품 원료정보는 물론 해외 화장품시장 정보와 국가별 피부특성은행 정보 등도 확인할 수 있다. 특히 국가별 화장품 원료 통합 정보 시스템에서는 국가 화장품 원료 규제 내용 등을 확인할 수 있다. 국가별 화장품 수출 온라인 가이드북을 함께 제공한다.

구글 검색/구글 트렌드

구글 검색과 구글 트렌드는 품목조사뿐 아니라 키워드 분석 등 다양하게 사용된다. 검색 결과의 언어와 국가를 변경해서 조회하면 한국과 다른 결과들을 확인할 수 있다.

B2C 마켓플레이스 검색(아마존/ 쇼피 등)

수출을 위한 품목조사와 B2C 조사와 유사하다. 어차피 바이어들도 고객들이 검색을 많이 하고 인기 있는 제품들을 수입하려 하기 때문이다. 관심 있는 품목을 카테고리별로 얼마나 판매되고 있는지, 등록된 제품은 몇 가지인지, 인기 있는 품목은 어떤 카테고리인지 확인해보자.

B2B 사이트 RFQ(알리바바, 글로벌소시스, 바이코리아, 트레이드코리아)

RFQ는 'Request For Quotation'의 줄임말이다. 즉 바이어가 "이런 제품이 필요합니다. 셀러님들은 견적을 주세요"라며 등록해 놓은 구매의향서이다. 어떤 품목이 바이어들의 RFQ가 많다는 것은 품목이 인기가 있고 수출이 유망하다는 것을 의미한다.

SNS(페이스북, 인스타, 메타. 유튜브, 틱톡)를 통한 조사

SNS에 광고를 진행할 때 키워드 검색 분석 툴을 이용할 수 있다. 이 툴을 이용하여 검색이 높은 키워드와 품목을 추출해서 조사해 보자.

무역전문가 상담

코트라와 무역협회에서는 무역전문가와 무료 상담을 할 수 있다. 분야별, 국가별 무역전문가와 1:1 상담 또는 질의응답을 할 수 있다. 내가 원하는 아이템과 시장에 대해서 궁금하다면 전문가와 상담을 통해서 현재 나의 아이템이 어느 정도의 경쟁력이 있는지 확인해보자. 관련 분야 또는 국가별 전문가와 상담을 하다 보면 내가 상담하는 아이템과 카테고리에 대한 현지의 시장의 분위기와 경쟁 강도 등을 확인할 수 있다.

해외 경쟁사와 소비자 분석은 전략적인 판매를 가능하게 한다

경쟁사 분석으로 진입 전략을 구성해라

수출을 진행하고자 할 때 목표시장의 품목군에서 시장 점유율을 높게 차지하고 있는 제품들과 한국 유사 제품의 공급자 정보는 반드시 분석되어야 한다. 경쟁사 분석 정보는 향후 바이어를 만나서 협상할 때 매우 중요한 정보이다. 현지 경쟁사가 우리 제품보다 훨씬 저렴한 가격에 시장을 지배하고 있면, 그 정보는 외울 정도로 정확히 알고 있어야 한다. 경쟁사 정보는 우리에게 시장진입을 위한 전략을 가능하게 함과 동시에 바이어 설득의 측면에서도 큰 도움이 된다.

	조사 항목
경쟁사 조사	경쟁 업체 리스트, 경쟁 제품 리스트, 판매 채널, 유통 채널, 판매가격, 마케팅 전략,
	경쟁 제품의 품질과 기능, 규격, 디자인, 가격, 포장 상태 조사
	소비자의 리뷰, 구매 동기, 구매 불만, 상품 만족도, 구매 능력, 구매 채널, 연령별 특성, 지역별 특성, 브랜드별 특성

경쟁사 조사와 분석으로 제품 현지 판매의 예측, 잠재 마케팅 채널 확보, 현지 시장에서의 제품 포지셔닝 등을 예측해 볼 수 있다. 품목조사와 경쟁자 분석은 자세하고 디테일할수록 도움이 된다. 우리가 만약 오로지 B2B 수출만을 한다면 경쟁자 분석은 정말 중요한 요인이다. 하지만 우리는 쇼피파이 스토어를 통해서 B2C와 B2B를 함께 진행할 계획이다. 앞서 언급한 대로 우리가 진행하는 해외시장조사는 향후 사업

을 크게 확장했을 때 규제 및 제약 때문에 수출이 불가능한 경우를 사전에 알고 방지하고자 시장과 품목, 아이템을 조사하는 목적도 있다. 즉, 우리가 쇼피파이 스토어로 해외 B2C 고객을 확보하면서 브랜드 인지도를 높여가는 과정에서 만나게 되는 바이어들을 통해 현지 시장에 전문적이고 적극적으로 진입하고자 함이 조사의 목적인 것이다.

그러니 국가, 품목, 경쟁사 분석을 통해 아이템 선정에 참조하되 너무 지나치게 몰입하지 않는 것을 추천한다. 좋은 시장과 성장 가능성이 높은 품목을 찾고 대박 아이템을 발굴했어도, 그 시장에서 내가 성공하리라는 보장은 없다.

경쟁사를 조사하는 방법도 다양하다. 구글 등을 통한 온라인 검색 이외에 코트라나 무역협회를 통해서 해외 시장조사를 의뢰하는 방법, 한국무역보험공사와 나이스DB 옐로우페이지 등을 통한 바이어 조사 방법, VPN을 변경하여 경쟁사의 문의 메일로 견적을 요청하는 방법, 현지 에이전트 업체를 통해서 경쟁사를 조사 의뢰하는 방법, 현지 국가의 관세청 또는 선적정보를 확인해서 조사하는 방법 등이 있다.

소비자조사로 잠재시장과 아이템을 발굴해라

개인적으로 소비자조사가 최근의 마케팅 트렌드에서는 제일 중요하다고 생각한다. 앞서 말한 것과 같이 우리는 무역을 통한 B2B 수출만이 목적이 아니다. 쇼피파이 스토어를 활용한 브랜드 인지도 고취와 매출 향상, 그리고 B2B 수출로 확장하는 것이 목적이다. 전 세계 마케팅 트렌드는 고객의 피드백을 반영하거나 고객 생성형 콘텐츠(UGC)가 대세이다. 그래서 대기업들도 유튜브와 틱톡 같은 콘텐츠에서 인플루언서 협업을 통해 콘텐츠를 확산하고 있다.

또 앞서 살펴보았던 글로시에는 블로그 등 팔로워들의 의견을 수렴하여 제품을 만들어서 성공했다. 아스팔트는 고객의 의견을 반영하여 제품을 만들고 고객들에게 후불로 결제받는 고객 참여형 제품 제작으로 크게 성공했다. ALLBIRDS는 환경을 중시하는 소비자들의 트렌드를 반영하여 브랜드와 제품 콘셉트를 잡아서 크게 성공했다. 츄비스는 레트로 콘셉트의 남성트렁크를 남자 대학생들에게 이미지 마케팅하여 성공했다.

성공하는 스타트업 회사들과 와디즈의 아이디어 제품들은 고객의 문제를 해결하는 것에 집중하고 그것을 마케팅에 활용한다. 이제 고객들은 광고하고 마케팅하는 제품에 피로감을 느끼고 있다. 평범한 제품들보다 독특하고 유니크한 제품, 콘셉트가 확실하고 마인드가 있는 제품과 브랜드에 관심을 가지고 로열티를 보여준다. 성공하는 기업들도 단기적인 판매 전략보다 고객들에게 유용한 정보를 제공하고 교육하며 고객 생애 가치를 고려하여 마케팅하는 것이 최근의 마케팅 트렌드이다. 이러한 이유로 쇼피파이 스토어의 아이템을 선정함에 있어서 소비자조사는 중요한 요인인 것이 분명하다.

소비자들의 의견이 많이 반영되는 소셜 플랫폼, 대기업 마켓플레이스 리뷰, 경쟁사의 제품 리뷰, SNS, 해외의 트렌드를 분석하는 사이트를 조사하는 등 고객들의 진짜 생각과 경험, 느낌을 확인할 수 있는 조사를 통해서 쇼피파이 스토어의 디테일한 아이템을 선정해 보자.

팔릴 만한 것을 찾아라

잘 팔리는 제품이 좋은 제품이다

SHOPIFY STORE

나는 스토어를 어떻게 만드냐보다 어떤 아이템을 선정하느냐가 훨씬 중요하다고 생각한다. 내가 만들었던 자동차 부품 글로벌 스토어의 성공 요인은 아이템의 독특함이 가장 컸었다. 브랜드를 가지고 있거나 이미 제품을 판매하고 있어서 아이템을 변경하거나 추가하기 어렵다면 앞서 언급한 대로 어디에, 어떤 방법으로, 언제까지 팔 것인가를 고민해야 한다. 하지만 아이템을 변경 또는 추가할 수 있거나 글로벌스토어를 시작하는 입장이라면 지금 말하는 내용은 핵심 중의 핵심이다.

나는 국내에서 수출을 원하는 대표님들 또는 해외 영업 직원들을 상대로 수출 강연을 하거나 컨설팅을 한 경험이 많다. 아직도 1년에 몇 번 정도는 중소기업을 상대로 한 수출 상담회에서 바이어로 수출 상담을 하기도 하다. 수출 미팅 또는 컨설팅을 할 때마다 느끼는 안타까움은 바로 아이템이다. 대부분의 대표님들이 제품을 대하는 태도는 '내 제품이 훌륭하니 수출해 달라'이다. 또는 '내 제품은 훌륭한데 아직 제대로 된 바이어를 만나지 못했다'이다. 정말 수출 경쟁력이 있는 훌륭한 제품인 경우 인정하기도 하지만, 대다수의 제품들은 그렇지 못하다는 데에 문제가 있다.

핵심은 시장조사와 고객들의 니즈 파악을 통해서 시장에서 팔릴 만한 제품 또는 수출될 만한 제품을 만들어야 하는데, 우리의 중소기업 대표님들은 '훌륭한' 제품을 만드는 데 집중하고 있다. 훌륭하고 좋은 제품이 잘 팔리는 것이 아니라, '잘 팔리는' 제품이 좋고 훌륭한 것이다.

고객들은 훌륭한 제품을 찾는 것이 아니다. 제품을 사용하고 서비스를 이용함으로써 자신이 얻게 되는 이득과 가치, 결과를 우선적으로 생각한다. 시중에 없는 성분을 개발하거나 제품에 새로운 성분을 추가하거나, 기존에 없는 새로운 제품을 개발해서 특허를 보유하고 있는 등 아이템이 독특하고 유니크함에만 치우쳐서 지나치게 제품의 특성에만 집중해서는 안 된다. 오히려 새롭고 유니크한 제품이 고객에게 어떤 효용과 가치를 제공하는지 고민해야 한다.

앞서 말한 대로 팔리는 제품만 팔리고 팔릴 만한 것들만 팔린다. 해외로 수출이 잘 되는 아이템과 브랜드는 반드시 제품이 좋아서가 아니라 바이어와 소매 고객들에게 나름의 이유로 제품이 선택을 받았다고 판단하는 것이 옳다.

좋은 제품이 잘 팔리고 수출이 잘 된다고 믿는 대표님들은 대부분 제조업 사장님, 엔지니어, 개발자, 발명가이거나 브랜드를 하나, 또는 몇 개 안 되는 SKU를 보유하고 있는 경우가 많다. SKU가 적으니 제품의 퀄리티로 판매를 시도하는 것이다. 이러한 브랜드 오너들은 국내에서 유통, 총판, 도매를 하거나 나와 같은 무역업체로부터 어떤 제품이 잘 팔리는지 배워야 할 필요가 있다. 사실 아무리 좋은 제품도 판매 마케팅이 부족하면 판매되지 않는다. 어찌 보면 제품의 퀄리티보다 누가 어떻게 판매하는 것인가가 매출에 더 중요하다.

우리가 아이템을 선정할 때에도 퀄리티가 좋은 제품이거나 가격이 저렴하다거나 하는 등의 이유로 섣불리 아이템을 선정하면 안 된다. 아이템 선정은 철저하게 해외 고객들에게 잘 팔리고 있고 팔릴 만한 제품이라고 판단된 제품만 선택해야 한다. 팔릴 만한 아이템을 선택한다는 것은 쇼피파이 스토어의 B2C 고객이나 B2B 바이어 모두에게 해당되는 결정적인 요인이다. B2C 고객에게 잘 팔리는 제품은 B2B 바이어도 수입할 가능성이 높다.

쇼피파이 스토어를 통해 팔릴 만한 아이템을 찾는 과정은 판매 초기, 또는 브랜드 초기 팔릴 만한 아이템으로 포지셔닝해서 결국에는 우리의 아이템이 해외에서 유명해지고 잘 팔려서 우리 아이템이 팔리는 아이템으로 정착하게 만들고자 함이다. 우리의 제품이 잘 팔린다면 시장조사와 바이어 발굴은 필요 없다. 잘 팔리면 알아서 바이어가 찾아온다. 우리는 우리 충성고객들의 목소리를 잘 듣고 그들이 원하는 제품과 서비스를 제공하면 된다.

인기 아이템 Vs 비인기 아이템 Vs 나만의 아이템

국내와 마찬가지로 해외 온라인 판매에서도 키워드 검색량은 노출 순위만큼 중요하다. 검색량에 따라서 노출량이 결정되고 노출을 통해 유입된 고객들의 숫자가 달라지기 때문이다. 이것은 포털 검색에서뿐 아니라 대기업 입점형 마켓플레이스에서의 검색에도 똑같이 중요하다. 앞서 말한 대로, 나는 어떤 아이템이든 대기업 마켓플레이스에 입점하여 올인하는 것보다 쇼피파이에서 판매하는 것이 효율적이라고 생각한다. 내가 시도한 자동차 부품 글로벌스토어는 비인기 아이템이고 나만의 아이템이었다. 아이템 분석과 조사를 통해서 내 아이템이 검색량이 많은 인기 아이템인지, 아니면 비인기 아이템인지, 경쟁자가 없는 나만의 아이템인지 분명히 알고 있어야 한다. 알고 있어야 시작부터 마케팅 계획이 달라질 수 있고 중장기 성장 플랜까지 고려할 수 있다. 나의 아이템이 검색량이 많은 인기 아이템이라면 타 판매자보다 경쟁력 있는 제품과 가격, 탁월한 마케팅을 진행해야 소비자의 선택을 받을 가능성이 높다. 왜냐하면 경쟁자가 많기 때문이다. 이 경우 고객들에게 선택을 받고 해외에서 브랜드 인지도가 높아진다면 큰 성과를 얻을 수 있다.

하지만 나의 제품이 모든 전 세계 모든 고객을 만족시킬 수는 없다. 우리와 같은 중소상인들은 타깃 시장을 작게 잡고 타깃 고객을 세분화해서 시작하는 것이 어쩌면 현실적이고 현명한 것일 수도 있다. 나의 아이템이 비인기 아이템이거나 경쟁자조차 별로 없는 나만의 아이템, 또는 틈새시장을 노리는 아이템이라면 마케팅을 통해 성공하기까지 시간이 더 많이 걸릴 것이며 세분화된 시장과 특정 타깃 고객만을 설정해서 집중하는 마케팅 전략이 필요하다. 그리고 유입 고객층을 넓히기 위해서 유사상품, 관련 상품군들도 함께 취급하는 등 고객들의 선택을 받는 횟수를 늘릴 수 있도록 아이템을 확장할 필요도 있다. 앞서 말한 것과 같이 이들 아이템 특성 중에서 명확한 정답은 없다. 수출을 시작하는 독자들의 능력과 성향, 꿈의 크기에 따라 결정되며 향후 브랜드를 얼마나 성장시킬 것인지의 현실적인 문제 사이에서 고민하고 선택해야 하는 문제이다.

키워드 분석으로 제품의 성장 가능성을 예측하라

해외 마켓과 시장에 대해서 많은 정보를 가지고 있고 수출의 경험이 있어서 아이템이 성공할 것으로 판단했다면 굳이 추가적인 시장조사를 하지 않아도 된다. 나의 경우 수출 경험이 있었고 자동차 부품 수출의 전문가였으며, 해외에서 수요가 있을 것이라는 확신이 있었다. 하지만 품목을 선정하고 세부 아이템을 찾아보고 있을 때는 키워드 분석과 상품 분석은 반드시 필요하다. 키워드 분석은 같은 품목 내에서 고객들이 가장 많이 검색하고 원하는 니즈를 파악할 수 있다. 또 같은 제품이라도 어떤 키워드를 사용하여 제품을 등록하고 마케팅하느냐에 따라서 검색되고 노출되는 빈도가 달라진다.

키워드를 분석하는 다양한 방법들 중에서 구글을 통한 분석과 아마존 분석 툴을 간단히 살펴보자

구글 자연검색

구글 자연검색은 키워드 분석 방법 중 기본 중의 기본이다. 구글 검색이 기본인 것은 전 세계에 사람들이 가장 많이 검색하는 플랫폼이기 때문이다.

국가별 구글 자연검색 : 한국 구글은 google.co.kr이고 미국 구글은 googl.com이다. 이처럼 나라마다 구글은 확장자로 도메인이 구분되어 있다.

국가명	구글 도메인	국가명	구글 도메인	국가명	구글 도메인
그리스	google.gr	스웨덴	google.se	중국	google.cn
남아프리카 공화국	google.co.za	스위스	google.ch	카자흐스탄	google.kz
네덜란드	google.nl	스페인	google.es	캄보디아	google.com.kh
뉴질랜드	google.co.nz	싱가포르	google.com.sg	캐나다	google.ca
덴마크	google.dk	아랍에미리트	google.ae	콜롬비아	google.com.co
독일	google.de	아르헨티나	google.com.ar	쿠웨이트	google.com.kw

러시아	google.ru	알제리	google.dz	태국	google.co.th
룩셈부르크	google.lu	영국	google.co.uk	터키	google.com.tr
말레이시아	google.com.my	오스트리아	google.at	파키스탄	google.com.pk
멕시코	google.com.mx	우즈베키스탄	google.co.uz	페루	google.com.pe
모로코	google.co.ma	우크라이나	google.com.ua	포르투갈	google.pt
몽골	google.mn	이라크	google.iq	폴란드	google.pl
방글라데시	google.com.bd	이스라엘	google.co.il	프랑스	google.fr
베네수엘라	google.co.ve	이집트	google.com.eg	핀란드	google.fi
베트남	google.com.vn	이탈리아	google.it	필리핀	google.com.ph
벨기에	google.be	인도	google.co.in	헝가리	google.hu
브라질	google.com.br	인도네시아	google.co.id	호주	google.com.au
사우디 아라비아	google.com.sa	일본	google.co.jp	홍콩	google.com.hk

국가별 검색을 조회할 때 국가별 도메인에 접속한 후 검색을 하더라도 한국어나 영어로만 검색하면 한국 또는 영어 기반으로만 검색될 수 있다. 그리고 구글은 접속지역, 설정된 국가와 언어에 따라 다른 검색 결과를 나타낸다. 따라서 접속IP에 따라서 플레이스 등의 노출이 달라지므로 접속 위치를 변경하고 국가와 언어를 변경하여 다시 검색하면 현지화된 검색 결과를 얻을 수 있다.

VPN : VPN은 내가 접속한 국가를 변경해 주는 어플리케이션이다. 일부 국가는 크롬 확장프로그램에서 무료 VPN이용이 가능하지만, 잘 작동하지 않는 경우가 많다. 개인적인 경험으로 스토어를 구축하는 한 달 동안 익스프레스VPN(유료 한 달 13달러 또는 한 달 무료) 사용을 추천한다. VPN을 변경하고 영어 또는 현지 언어로 감색을 했다면 아래의 내용을 살펴보자.

스폰서드 : 해당 검색어에 광고를 하고 있는 업체가 많다는 것은 고객들의 검색이 많다는 의미이다.

조회결과 및 조회페이지 수 : 조회결과가 높고 조회페이지 수도 많다면 웹에 노출된 결과가 많다는 의미이다. 결과가 높다 해서 잠재고객들의 니즈가 많다고 특정할 수는 없지만, 해당 키워드에 대한 대중의 관심이 높다는 것을 의미한다.

세부 검색어 : 상품의 경우 검색창 바로 하단에 리뷰, 구매 가능한 곳, 가격, 추천 등의 탭이 있어서 세부 검색이 가능하다.

연관검색 : 사람들이 자주 묻는 질문 등이 나타나고 관련된 추가 검색 키워드가 나타난다. 키워드를 확장해서 검색하거나 대체 또는 유관 검색을 원할 경우 연관 검색까지 함께 조회하면 도움이 된다.

웹사이트 : 키워드 검색 시 첫 화면에 노출되는 정보가 뉴스나 블로그가 아니라 상업적인 사이트나 스토어로 정렬되어 제일 먼저 보인다면 인기 키워드이고 경쟁자가 많다고 볼 수 있다. 또 사이트들이 여러 페이지에 걸쳐서 노출되어 있다면 이 키워드를 취급하는 관계 업체가 많다고 생각할 수도 있다. 검색 시 스폰서드(광고)를 제외하고 제일 먼저 노출되는 스토어와 첫 페이지에 노출되는 스토어들을 접속해서 꼼꼼하게 살펴보자. 현지에 해당 키워드로 노출 1등을 달리고 있는 업체거나 첫 페이지에 노출되고 있는 마케팅을 잘하는 업체의 스토어이다.

쇼핑, 맵 : 구글 쇼핑탭을 유심히 살펴보고 분석해 보자. 우리는 구글에 우선적으로 노출되도록 노력할 것이며, 구글 쇼핑에도 노출되도록 작업을 필수적으로 할 것이기 때문이다. 맵을 열어서 관련 키워드가 검색되는 지도를 확인해보자. 구글맵 키워드에 노출되는 지도는 네이버의 플레이스와 유사하다. 해당 국가의 지역에 어떤 제품들이, 어떻게,

얼마나 노출되어 있는지 확인하자.

구글ADS 키워드 플래너

구글 ADS의 키워드 플래너를 활용하면 키워드 검색량을 국가별로 구분하여 확인 가능하며, 전 세계 검색량의 확인도 가능하다. 영어뿐 아니라 다국어도 지원한다. 키워드 플래너를 활용하면 정교하지는 않지만 대략적인 분석이 가능하다. 기간별 평균 검색량은 물론 구글에 광고를 진행할 경우 예상되는 입찰 가격까지 알려준다. 키워드를 확장하거나 검색 설정을 통해서 다양한 방법으로 키워드별 조회결과를 분석해 준다.

구글 트렌드 분석

구글 트렌드는 키워드의 추세를 알아볼 수 있다. 국가별, 기간별 키워드 추세를 도시별, 지역별로도 검토할 수 있다.

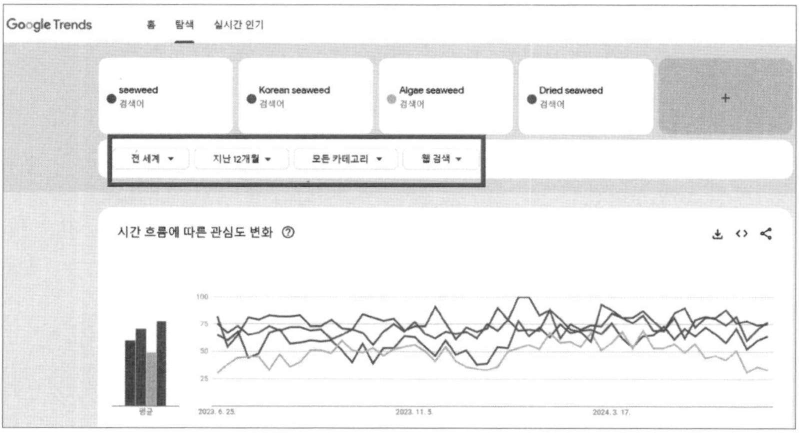

구글트렌드

아마존 분석

전 세계 1등 마켓플레이스인 아마존의 키워드를 분석해 볼 수도 있다. 정글스카웃, 바이럴린치, 헬리움10 등의 리서치 툴을 이용해서 아마존에서 검색되는 핵심키워드를 분석하는 등 트렌드를 확인할 수 있다. 또 인기 있는 제품의 경우 어떤 키워드를 사용했는지 확인할 수 있어서 소매 고객들이 자주 검색하는 키워드의 추출이 가능하다. 이런 리서치 툴들은 유료가 많으므로 무료 회원가입을 해서 무료로 제공되는 기능만 활용해도 좋다. 지금은 내가 시작하려고 하는 카테고리와 키워드가 아마존에서 어느 정도의 검색이 되는가를 확인하고 측정하는 단계이므로 유료 기능까지는 필요 없다고 생각한다. 하지만 향후 전문몰 또는 종합몰을 구축하면서 대량의 제품을 업로드 할 경우는 아마존에서 노출이 잘되는 핵심 키워드를 추출하여 사용하면 도움이 된다고 생각한다.

글로벌 스토어의 아이템은 국내와 다르다

글로벌 스토어의 아이템은 국내와 다르다

아직 아이템을 선정 중이라면 해외의 고객들에게 팔 수 있을 만한 아이템을 신중히 고민하고 분석할 필요가 있다. 시장 분석, 품목조사, 경쟁자 분석, 키워드 분석을 통해서 나의 카테고리와 아이템이 어느 정도의 경쟁력을 가지고 있는지 독자 여러분은 이미 알고 있을 것이다. 사실 내가 진행했던 자동차 부품 스토어 성공의 50% 이상은 아이템 덕분이다. 비싸지만 해외에서 수요가 있기 때문에 가능했다는 의미이다.

해외의 고객들에게 판매할 아이템을 선정할 때의 우선기준은 '차별화'이다. 쇼피파이 스토어를 통해 해외 판매를 시작하려고 마음먹은 판매자라면 앞서 언급한 대로 내 브랜드 또는 나의 제품을 해외의 충성고객에게 장기적으로 판매할 것을 계획했으리라 믿는다. 나의 제품이 전 세계 모든 사람들에게 사랑받을 수는 없다. 목표시장을 작게 타깃팅하고 고객을 세분화하여 날카로운 칼처럼 진입해야 한다. 차별화는 타 판매자와 차별화, 타 브랜드와의 차별화이다. 타 판매자와의 차별화는 해외의 판매자와 국내 판매자로 나눠 볼 수 있다. 현실적으로는 나의 카테고리와 아이템을 선정할 때 유사한 해외 판매자까지 고려하기 쉽지 않다. 대신 나와 유사한 국내의 판매자와의 비교와 경쟁 강도 분석은 반드시 필요하다. 우리는 한국의 제품을 수출할 것이고 한국에서 발송하는 것이 기본 콘셉트이기 때문이다. 우선 한국에서 해외로 수출하고 있는 판매자의 아이템을 고려해서 아이템을 선정하는 것을 추천한다. 대기업과 유사한 아이템이라면 콘셉트를 변경해서 틈새시장을 노려야 하고, 해외에 수요는 있는데 한국에서 수출하는 경쟁자가 별로 없다면 그냥 시작하면 된다.

한국에서 제품을 수입하고 있는 바이어의 경우에도 한국의 다른 수출자(공급자) 또는 브랜드와 비교한다. 높은 퀄리티의 유럽산 제품과 저렴한 중국산 제품을 한국산 제품과 비교하는 것 자체가 무리인 것을 바이어들도 잘 알고 있다. 한국산 제품으로서 해외에서 수요가 있으며 한국의 판매자와 경쟁 강도가 낮은 제품을 선택하자. 단발성 판매가 아닌, 충성고객 모집을 통해 꾸준하고 지속적으로 판매할 수 있는 아이템이면 더욱 좋다.

지속적으로 성장시켜 나갈 나만의 아이템을 찾아라

대기업 마켓플레이스와 쇼피파이 글로벌스토어의 판매는 목적이 다르다. 쇼피파이 스토어는 중장기적인 목표를 가지고 시작하는 것이 합당하다. 물론 해외의 틈새시장을 겨냥한 아이템도 나쁘지 않다. 하지만 나는 중소기업 브랜드나 쇼피파이 스토어를 브랜드로 만들어서 지속적으로 성장시키는 것이야말로 입점형 마켓플레이스와 가장 큰 차별화 요소라고 생각한다. 지속적인 성장을 통한 성공이야말로 타 경쟁자가 자본을 단시간에 투자하더라도 따라올 수 없기 때문이다. 지속적인 성장을 통한 해외의 브랜드 인지도 상승 같은 요인들은 부가가치가 크고 타 판매자들이 단시간에 따라하기 어렵다. 시간이 투자되어야 하고 해외의 고객들에게 인지, 인정을 받는 과정이 필요하기 때문이다. 쇼피파이 글로벌 스토어는 브랜드를 성장시키는 데 최적화되어 있는 솔루션이다. 지속적이고 안정적인 수익을 나에게 가져다줄 수 있는 나만의 아이템을 찾아보자.

한국과 해외에서 동시에 판매할 아이템이면 금상첨화다

쇼피파이는 전 세계로 판매가 가능하다. 결제 설정과 국가별 통화설정, 다국어 설정이 어렵지 않다. 이 말은 전 세계 언어로 번역해서 어떤 나라든 판매가 가능하다는 것을 말한다. 아이템을 찾을 때 해외뿐만 아니라 한국에서도 판매할 수 있는 아이템을 조사해 보자. 해외 쇼피파이 스토어들의 경우 한국에서 접속하면 배송비 등이 한국어로 자동으로 계산되고 심지어는 한국어 번역 페이지까지 설정해 놓은 경우도 있다. 해외의 스토어도 한국으로 판매하는 상황에 한국의 셀러가 한국어 페이지로 한국에 파는 것은 당연한 것 아닌가?

매출과 수출액의 관점에서 국내 판매와 수출은 상관관계가 있다. 일반적으로 한국에서 잘 팔리는 제품은 해외에서 수요가 있고 해외 수출이 잘 되는 제품은 국내에서 잘 팔릴 가능성이 있다. 그게 아니라면 최소한 국내에서는 해외 수출이 잘된다고 마케팅을 하고, 해외 수출할 때에는 국내 판매가 잘된다는 것을 마케팅 요소로 삼아서 마케팅과 프로모션을 할 수 있다.

아이템을 찾고 있거나 브랜드를 새롭게 런칭한 경우라면 쇼피파이 스토어로 한국에도 함께 판매하는 것은 당연하다. 해외 판매를 잘해서 해외에서 꽤 인지도가 있는 한국기업들이 있다. 하지만 이들 기업들은 한국에서의 판매는 크게 신경 쓰지 않고 해외 판매에만 집중하는 경우들이 많다. 브랜드가 한국의 것인데 한국에서의 판매가 부진한 상황은 해외 고객으로서도 이해가 안 되는 부분이다. 앞서 언급한 '조선미녀(Beauty of Joseon)'의 경우도 동남아시아에서는 유명한데 한국에서는 별로 인지도가 없는 것에 대해서 해외 틱톡에서 이슈가 되기도 했었다. 해외 판매에만 집중하는 기업들의 생각은 이렇다. 국내보다 해외에서 더 경쟁력이 있어서, 나는 제품을 직접 생산하지 않고 OEM 브랜드만 보유하고 있어서, 한국의 다른 제품과 비교해서 가격 경쟁력이 없어서 등의 이유이다.

하지만 해외의 고객들에게 잘 팔린다는 것은 브랜드 인지도가 있다는 것이고, 브랜드 파워가 강해지면 원가의 개념, OEM의 개념을 넘어서게 된다. 뒤에서 말하겠지만, 기업은 브랜드가 성공의 처음과 끝이다. 브랜드 파워가 강해져서 고객들의 선택을 받게 되면 양심, 가책, 신념 등 따질 필요 없이 그냥 잘 팔리고 성공하는 것이다. 지금은 시작하는 입장이라 힘도 없고 국내 판매까지 신경 쓸 여력이 없을 수도 있다. 하지만 해외에서 유명한 한국 브랜드가 한국에서도 인지도가 있다는 사실은 향후 브랜드에 더 큰 힘을 실어 주게 된다. 내가 선택한 아이템이 한국에서 판매가 어려운 아이템이라면 한국어 번역이라도 해놓고 여유가 된다면 한국에서 브랜드 광고라도 추진하는 것을 추천한다.

한국에서도 팔 수 있는 아이템을 찾아야 하는 이유는 한 가지 더 있다. 그것은 곧 쇼피파이 본사가 한국에 들어올 것이 때문이다. 그래서 우리는 쇼피파이의 한국 시장에 대해서 주시하고 끈을 놓지 말고 있어야 한다. 분명 거대기업 쇼피파이가 한국에 들어오는 순간 쇼피파이에 관련된 기업들에게 큰 수익의 기회가 있을 것이라고 생각한다. 책을 쓰고 있는 나 역시 그런 기대를 가지고 있다. 현재 쇼피파이는 일본 시장까지 진출했다. 일본은 한국보다 인구는 많지만 전자상거래 규모는 비슷하다. 그리고 중국과 동남아시아 국가에 인접해 있는 등 일본보다 지정학적 위치가 더 좋다. 전자상거래 규모는 전 세계 5위로 일본과 비슷한데 땅이 작아서 국내 배송도 유리하다. 쇼피파이가 한국에 들어온다면 미국의 경우처럼 쿠팡 다음으로 매출이 큰 솔루션으로 성장할 가능성도 있다. 해외와 한국에 동시에 판매할 수 있는 아이템을 찾고 한국의 쇼피파이 시장을 주목하고 있어야 한다.

로열티 프로그램 운영이 가능한 고관여 아이템은 성공을 앞당긴다

로열티 프로그램은 다단계 판매를 말하는 것이 아니다. 그리고 판매를 시작하는 시점에서 당장 로열티 프로그램을 운영하라고 말하는 것도 아니다. 아이템을 선정할 때 리셀러 모집과 추천 프로그램의 운영도 염두에 두라는 의미이다. 쇼피파이에서 활용 가능한 로열티 프로그램 APP은 추천인 프로그램, 리셀러 모집, 어필리에이트 등 다양하게 이용할 수 있다.

1장에서 말한 바와 같이 쇼피아이 스토어의 해외 고객은 대기업 마켓플레이스의 고객과 성향이 다르다. 긍정적인 피드백을 가진 고객들의 경우 재구매 및 충성고객으로 발전할 수 있는 가능성이 높다. 충성고객을 만들었을 경우 주변 지인들에게 나의 제품과 브랜드를 추천하거나, 마케팅을 하거나 되팔아서 충성고객이 부가적인 수입을 얻을 수 있는 아이템이 좋다는 것을 의미한다. 이 아이템은 고객들이 구매에 관심이 많은 고관여 제품이 더 유리하다는 것을 말하는 것이다. 휴지나 물티슈처럼 저관여, 소모성 제품이 아닌, 고객이 검색하고 정보를 분석하고 지인에게 추천할 만한 고관여 제품은 어떤 것이 있는가? 조사하고 찾아봐야 한다. 저 멀리 한국이란 나라에서 직구로 구매한 제품이 마음에 들어서 주변 지인들에게 추천하고 자발적으로 긍정 피드백을 남겨줄 수 있는 아이템은 무엇인가 고민해야 한다.

일반적으로 OEM 브랜드를 수출하는 경우를 제외하고 해외 마케팅에서 가장 효율적인 방법은 제품과 브랜드 자체가 해외에서 스스로 마케팅을 하는 것이다. 가정에서 사무실에서, 실외에서 나의 제품과 브랜드를 해외 고객들이 노출해 줌으로써 홍보를 무료로 하고 있는 것이다. 나의 제품에 대한 긍정피드백을 가진 고객이 해외에서 무료로 마케팅을 해주겠다는데 마다할 이유가 없다. 충성고객이 나의 제품과 브랜드를 신나서 마케팅할 수 있도록 환경을 조성해 주고 독려해주고 감사하자. 고객에게 긍정적인 피드백의 고관여 제품을 판매할수록 고객들의 관심은 더 높아지고 목소리는 더욱 커지기 마련이다.

차별화된 콘텐츠와 마케팅 방법도 아이템이다

쇼피파이 스토어는 무엇이든 판매할 수 있고, 하고자 하는 대부분 기능의 구현이 가능하다. 글로벌 온라인 판매도 결국에는 최종 고객에게 노출되는 게임 중 하나이다. 많이 노출되면 그만큼 판매될 확률도 높아지고 많이 판매되면 그중에 긍정피드백을 경험한 고객들이 재구매를 하게 되는 것이다.

어쩌면 좋고 훌륭한 아이템보다 고객에게 많이 노출될 수 있는 노하우를 가진 판매자가 세일즈를 더 잘할 수도 있다. 나는 그 방법 중 하나가 차별화된 콘텐츠와 마케팅이라고 생각한다. 2장에서 설명했던 아동복 판매가 특화된 마케팅 방법 중에 하나라고 볼 수 있다. 가성비 있는 한국의 아동복을 아이템으로 선정하고 당시에 인스타그램 인플루언서를 통한 마케팅 방법이 효과가 있었다.

스토어를 구축하는 개인 또는 조직이 특정 마케팅 방법과 특정 국가에 특화되어 있다면 이것도 훌륭한 아이템 중에 하나라고 생각한다. 또한 남들과 차별화된 상세페이지와 디자인도 아이템이다. 같은 제품을 파는 영문몰이 있다면 해외 고객들에게 어필할 수 있도록 상대 판매자 스토어보다 더 잘 만들어보자. 해외의 고객과 바이어들이 나의 스토어에 방문해서 타 판매자 스토어와 다른 긍정적 경험을 만들어 줄 수 있도록 노력해보자.

소매고객에게는 브랜드의 스토리를 어필해서 긍정적인 감정을 만들고, 제품에 대한 고객들의 긍정 피드백을 노출시켜서 제품 구매 후 부정적 결과에 대한 리스크를 감소시켜 주자. 제품에 대해 상세하고 친절한 설명을 고객에게 전달하고 제품을 구매하게 되면 고객들이 얻는 이득에 대해서도 깨알같이 설명해서 제품 구매에 대한 당위성을 알려주자. 바이어에게는 자세하고 구체적인 회사소개로 수출자와 회사에 대한 신뢰성을 높여주고, 다양한 수출 현황 및 경험을 어필함으로써 수입 시 바이어도 수익화에 성공할 수 있다는 확신을 주자.

더불어 최종고객들의 긍정 피드백을 많이 노출시켜서 현지에서도 잘 팔릴 수 있다는 시그널을 바이어에게 전달하자. 그래서 나의 제품과 브랜드의 수입을 긍정적으로 검토할 수 있도록 기회를 주자. 내가 타 셀러보다 잘할 수 있는 마케팅 방법이 있다면 그것도 아이템 중 하나일 수 있다. 다시 말하지만 어떤 제품을 파느냐보다 누가 어떻게 파느냐가 세일즈에 영향이 크다.

2장에서 설명한 '디스이즈네버댓'의 쇼피파이 스토어는 차별화된 콘텐츠의 성공이다. 이 기업의 전략은 말 그대로 차별화되고 강력한 메시지의 콘텐츠이다. 다양한 마케팅 방법 중에 잘할 수 있는 것이 있거나 특정 국가 또는 시장에 전문가거나, 타사와 차별화된 마케팅 방법이 있다면 지금 쇼피파이 스토어를 구축하고 시작해보자.

차별화된 아이템 선정 팁

SHOPIFY STORE

쿠팡과 아마존에 없거나 경쟁이 낮은 제품을 찾아라

쿠팡과 아마존에 없거나 경쟁 강도가 낮은 제품은 고객들이 많이 검색해서 찾는 제품이 아니라는 말이다. 따라서 판매자 간 경쟁 강도도 당연히 낮고 광고단가도 낮다. 대부분의 온라인 셀러들은 쿠팡과 아마존에서 인기 있는 키워드를 찾고 경쟁 강도가 낮으며 광고단가가 낮은 아이템을 찾는 것이 보편적이다. 하지만 우리가 알아야 할 것은 쿠팡과 아마존의 대부분 상품들은 일반 소비자들을 위한 소비재가 주를 이루고 있다는 것이다. 기업이 생산에 필요한 원자재나 산업제품들은 쿠팡과 아마존에서 찾아보기 힘들다. 고객들도 쿠팡과 아마존에서 산업재료와 원재료 등을 잘 검색하지 않는다.

여기에 쇼피파이 스토어의 틈새 전략이 작동할 수 있다. 일반 셀러들은 대기업 마켓플레이스에서 인기 있는 트렌드와 키워드만 검색해서 단기적인 매출을 노리지만 우리는 그들이 판매하지 않는 제품을 구글에 노출시켜 글로벌 판매가 가능하다. 일반 고객들이 많이 찾지는 않지만, 해외에 고객 또는 바이어의 수요가 있는 제품, 일반 상품명이 아니라 브랜드명으로만 검색이 되는 제품, 대기업 마켓플레이스의 제재로 인해서 판매할 수 없는 제품 등 경쟁은 낮고 검색량은 별로 없지만 판매 가능한 상품의 셀링을 쇼피파이에서는 도전해 볼 수 있다. 쿠팡과 아마존에 없는 제품만 쇼피파이 스토어의 아이템으로 선정하라는 말은 아니다. 우리는 영세 소상공인이고 아이템을 찾아 이제 시작하는 입장이다. 연매출 수백억 원씩 내고 있는 기존의 공룡 판매자들을 상대로 다시 경쟁하고 싸우기에 이미 대기업 플랫폼은 포화 상태이고, 그에 대한 대안이 쇼피파이 스토어이며, 그 아이템 중 하나로서 틈새시장을 말하고 있는 것이다.

찾아보면 쿠팡과 아마존에 없는 상품들은 정말 많다. 예를 들면, 소비재가 아닌 산업재나 원재료, 가상의 서비스, 교육, 강좌 등이 될 수 있다. 산업재나 원재료는 일반 소매고객들이 아니라 기업을 대상으로 하는 제품군이다. 이런 제품들은 쿠팡에 별로 없다. 또 대기업 마켓플레이스에 제약이 많은 의료기기, 의료보조용품, 건강식품 등 제품도 예로 들 수 있다. 중고 제품 중에서 한국산 제품들도 괜찮은 아이템 중의 하나이다.

인기 있는 제품군이면 아이템을 확장하고 전문화시켜라

키워드 검색량이 많고 인기 있는 제품군을 취급하고 있다면 그 이외의 요인들로 차별화를 시킬 필요가 있다. 그리고 나의 스토어에 유입된 고객들에게 가급적이면 '구매와 결제' 버튼을 누를 수 있는 경험을 할 수 있도록 노력해야 한다. 나의 경험상 구매를 한 번 해보았던 고객들은 재구매가 쉽지만 망설이면서 한 번도 안 해본 고객들은 다시 재방문을 해도 구매가 쉽지 않다. 해외 스토어에서 해외배송이라는 어려운 과정을 통과해서 제품을 받아본 고객들은 쿠팡과 아마존의 고객들과 성향이 다르다.

그렇다면 유입된 고객들이 보다 많은 결제를 하도록 유도하기 위해서는 어떤 방법들이 있을지 고민해 봐야 한다.

나는 그 첫 번째 방법으로 인기 있는 제품과 카테고리면 스토어를 전문화하는 것을 추천한다. 나의 경험상 수출을 원하는 기업들은 대부분 제품의 브랜드를 가지고 있다. 하지만 자사몰을 만들면 본인 회사의 브랜드만 업로드하고 마케팅한다. 이와 반대로 쇼피파이 스토어를 통해 유입된 해외의 고객들에게는 다양한 제품과 브랜드를 노출시키는 것이 좋다. 쇼피파이 스토어 중 1개의 제품으로 성공한 사례도 있기는 하다. 하지만 나의 고객들은 해외의 고객들이기에 어차피 나의 브랜드도 모르고 우리나라의 중견기업의 브랜드도 잘 모른다고 판단해야 한다. 그럴 바에는 고객에게 익숙한 브랜드, 또는 마케팅이 잘되어 있는 제품, 고객에게 좋은 반응을 이끌어 내고 체류 시간을 높일 수 있도록 관련된 제품도 함께 판매해 보는 것은 좋은 시도이다.

"왜 남의 브랜드를 내 스토어에서 파느냐?"라고 반문하시는 분들이 계실 수도 있다. 사업 초기에 고객들의 유입을 높이고 스토어를 전문몰로 보이기 위해서 나는 타 브랜드도 함께 판매하는 것을 적극 추천한다. 고객의 입장에서 스토어에 다양한 제품과 브랜드가 동시에 있어서 함께 구매할 수 있는 것은 스토어의 신뢰를 높이고 믿음을 줄 수 있는 요소이다.

10개도 되지 않는 나의 제품들만 업로드하고 해외 고객이 구매해 줄 때까지 기다릴 것인가? 아니면 유사한 제품을 함께 파는 동시에 나의 제품과 브랜드도 노출시키면서 판매를 도모할 것인가? 나는 분명히 후자가 현명한 선택이라고 생각한다. 이러한 이유로 내가 브랜드가 없어도 타사의 상품과 브랜드만으로도 내 스토어 자체를 전문몰 브랜드로 성장시킬 수 있는 방법이 만들어지는 것이다. 다른 셀러들과 차별화된 전문몰 또한 차별화된 아이템 중에 하나이다.

아직도 한국산이 매력이 있다

나는 해외 바이어와 고객들에게 한국 제품이 프리미엄이라는 긍정적 인식이 작용하던 시기가 끝나가고 있다고 생각한다. 하지만 한국제품은 아직 해외 시장에서 매력이 있고 한국 셀러는 해외 고객들에게 아직 신뢰가 있다고 생각한다.

알리익스프레스, 테무, 쉬인, 아마존 등이 한국 시장을 노리고 앞다투어 진출하고 있는 이 시점에서, 과도한 경쟁 구도에 놓인 좁은 한국에서 경쟁할 것이 아니라 한국의 판매자들은 오히려 해외로 나갈 준비를 해야 하고, 그 아이템으로는 한국산이 경쟁력이 있을 것이다. 반드시 한국산이 아니라도, 해외에서 저렴하게 수입을 해서 가공 후 해외 진출을 해도 무방하다. 어찌 되었건 한국이라는 나라에서 해외로 수출하는 것이기 때문에 한국에서 발송되는 제품인 것을 인지하고 구매를 하는 고객 입장에서 봐도 'made in Korea'가 유리하게 작용한다고 보는 것이 일반적이다.

우리가 그동안 무시하거나 수출이 안 될 것이라 속단했었던 한국적인 아이템이나, 한국산의 강점과 특성이 잘 나타나는 제품을 조사해 보자. 중국 이우 시장과 1688 등지에서 저렴한 제품을 수입해서 쿠팡과 스마트스토어에 판매를 하던 것과 정반대의 개념이기도 하다. 한국 안에서 제품과 서비스의 아이템을 찾고 판로를 해외로 설정하는 것이다. 수출을 많이 하지 못하고 있는 제조업체들을 찾아보자. 한국이 Origin이거나 그와 파생된 제품을 판매할 수 있는지 찾아보고 조사해 보자.

국내의 다양한 제품들을 찾아보거나 한국적인 특성을 지닌 제품을 찾아서 해외 수출에 도전해 보자.

한국에는 제품을 생산해서 한국에서만 판매를 하고 있는 업체들이 생각보다 많이 있다. 나 또한 수출 컨설팅을 하면서 해외 시장에서 가격 경쟁력과 품질 경쟁력이 있는 제품들이 수출 성공 가능성이 높다고 굳게 믿고 있었다. 또 제품의 디자인과 브랜드 콘셉트가 중요하다고 생각해 왔다. 틀린말은 아니지만 쇼피파이 스토어를 통한 글로벌 스토어는 개념이 조금 다르다. 장기적인 관점으로 해외 충성고객의 모집을 통해 브랜드를 점진적으로 키워가는 플랜이다. 대기업과의 경쟁 또는 판매자 간의 과도한 경쟁을 회피하고 나만의 브랜드를 성장시켜나가는 플랜이다. 한국 사람들의 관점이 아니라 해외 구매 고객의 입장에서 제품이 매력 있고 유니크 해야 한다. 그렇기에 나는 한국산 제품이 해외 시장을 개척하기에 아직 매력이 있다고 생각한다.

이제 한국 내에서도 중국산 제품을 수입해서 판매하는 시대가 끝나가고 있다. 한국산 제품이 중국산 제품과 가격 경쟁을 할 수는 없다. 하지만 '메이드 인 코리아'라는 브랜드에 맞는 특징과 퀄리티로 승부하면 된다. 앞서 말한 것처럼 좋은 제품이 해외시장을 선점하는 것이 아니라 '먼저, 많이' 파는 셀러가 시장을 점유한다. 한국산 아이템 중에서 해외에 팔 만한 독특한 아이템이 있는지 찾아보고 확인해보자.

작고 가볍고 부가가치가 큰 제품은 해외 배송의 황금이다

우리의 쇼피파이 스토어 기본 비즈니스 플랜은 한국에서의 제품 발송이다. 특정 국가를 타깃팅했다면 현지의 스토어인 것처럼 운영하면서 고객들로 하여금 해외배송의 리스크를 없애는 것도 전략 중의 하나라고 볼 수 있다. 하지만 현지 주소 등록, 사업자 등록, 통장 개설, 세금 설정, 결제서비스 설정 등 쇼피파이 스토어를 처음부터 현지 스토어로 시작하기에 어려움이 있다. 추후에 현지에 물류창고 등을 운영한다면 쇼피파이에서 국가별, 지역별 주문을 통합해서 관리할 수도 있지만, 여기에서는 해외 국가에서의 쇼피파이 스토어 운영보다 한국에서 해외로 제품을 보내는 크로스보더 위주로 설명한다.

작고 가볍고 비싼 제품이 매력이 있는 이유는 단연코 배송 때문이다. B2B를 통해 수출할 경우 팔레트 단위나 컨테이너 단위로 제품을 보내기 때문에 배송비에 크게 민감하지 않다. 또 수출시 대부분 FOB 조건으로 수출하기에 부산항과 같은 포트까지의 운송비가 발생되는 것이 일반적이다.

하지만 일반 소매 고객들에게 제품을 발송할 경우에는 상황이 다르다. 고객의 집 앞까지 배송이 되어야 하며 그 전체의 배송 과정을 판매자가 책임져야 한다. 배송비가 저렴한 스탠다드 배송의 경우는 무게와 부피 제한이 많고, 배송이 안 되는 나라가 많으며, 배송추적이 되지 않고, 무엇보다 시간이 몇 달씩 걸린다. 경험상 대부분의 고객들은 DHL, FEDEX 같은 빠른 특송을 원한다.

나의 경우 자동차 부품은 80~100kg이 나가는 무거운 제품도 있고 현관문처럼 큰 부품도 있다. 경우에 따라서는 단일 제품의 배송비가 백만 원 이상 견적이 나오기도 한다. 코로나 이전까지만 해도 우체국의 EMS는 매우 큰 물건을 제외하고 무게로 배송비용이 계산되어서 DHL과 비교해서 저렴했었다. 하지만 코로나 이후 EMS, DHL, FEDEX

등 대부분의 특송사가 부피와 무게 중에 큰 쪽으로 비용을 계산한다.(Volumetic Weight). 배송 정책은 판매자가 임의로 설정할 수 있고 국가별로 배송비를 계산한 후에 무료배송의 최저금액을 설정할 수도 있다. 예를 들면 '200달러 이상 무료배송'과 같이 말이다. 하지만 작고 가볍고 비싼 제품이 해외배송에 유리한 것은 분명하다. 반대로 말하면 크고 무겁고 저렴한 제품은 글로벌 해외 판매에서 배송비가 발목을 잡는다는 의미이다. 이런 경우에는 처음부터 바이어 발굴을 통해 대량수출을 하는 편이 더 좋을 수 있다. 작고 가벼우며 부가가치가 높은 제품은 해외 판매에 적격이다. 작고 가벼워서 한국에서 전 세계 어디로든 특송으로 발송이 가능하다면 당신은 좋은 크로스보더 아이템을 찾은 것이다.

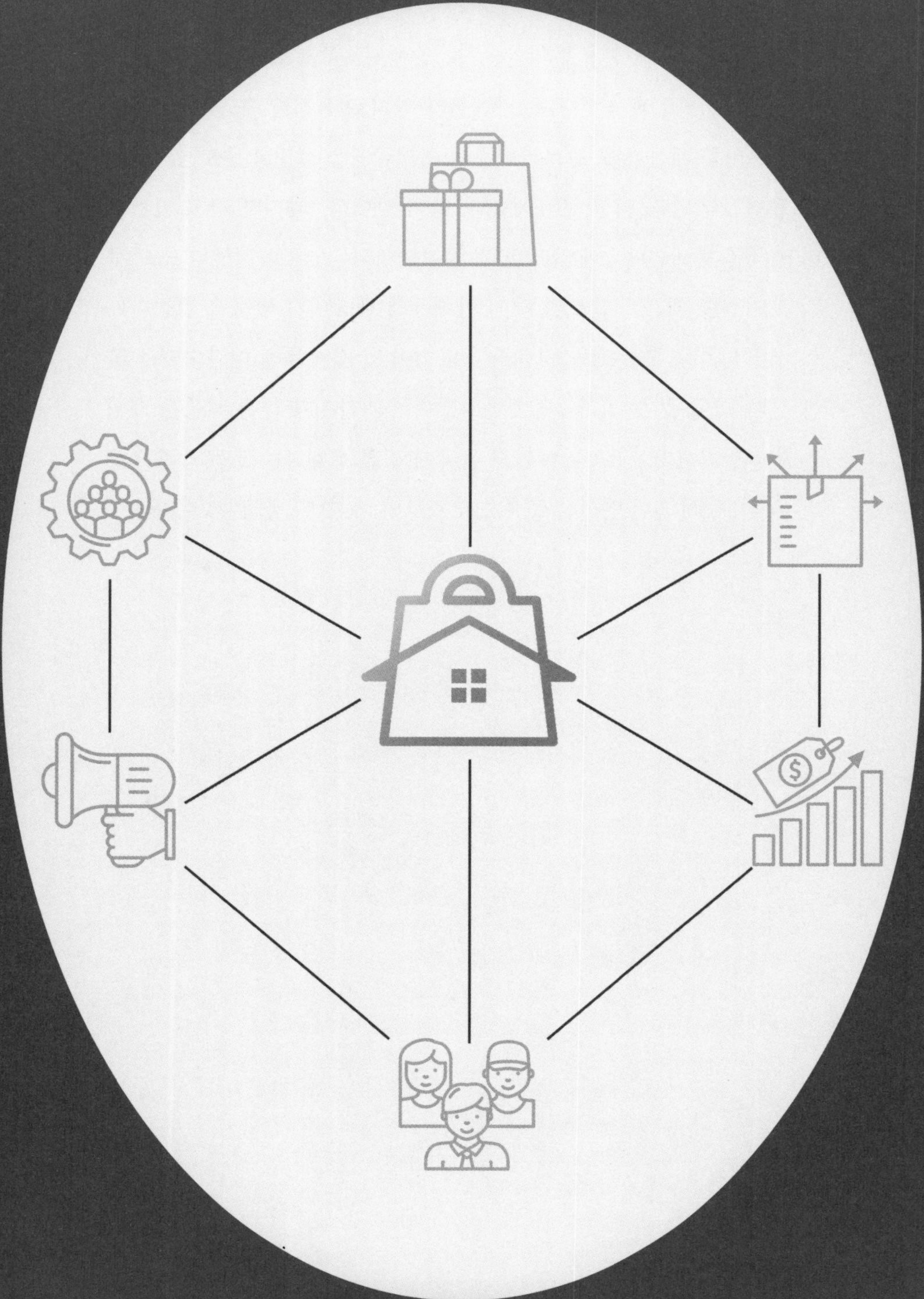

Chapter.4

하루 만에 끝장내는 쇼피파이의 키포인트

: 이것만 기억해라

누군가 글로벌 스토어나 자사몰 스토어를 어떤 플랫폼을 이용하면 좋겠냐고 묻는다면 나의 원픽은 쇼피파이이다. 해외 고객들을 위한 영문 홈페이지를 어떻게 만들면 좋겠냐고 묻는다면 나의 대답은 역시 쇼피파이이다. 앞서 말한 대로 쇼피파이 스토어를 만들기는 정말 쉽다. 하지만 성공하지 못하는 이유는 여러 가지가 있다. 4장에서는 쇼피파이 스토어 성공을 위한 핵심 마인드 셋과 스토어 콘셉트, 스토어 구성 그리고 주요한 마케팅 방법에 대해서 알아본다.

쇼피파이 스토어는 직접 계획하고 설계하라

직접 만들고 관리해라

혹시 위의 문구를 보고 책을 덮으시려고 하는 대표님이 계실 수도 있다고 생각한다. 하지만 아래까지 부디 읽어 주시기 바란다. 나는 상품을 국내 유통, 판매하시는 대표님들과 수출을 원하는 대표님들을 자주 만나는 편이다. 주로 수출과 관련해 대화하며, 특히 온라인과 이커머스와 관련된 컨설팅이나 논의를 자주 하게 된다. 대표님들의 질문 내용은 대부분 정해져 있다. 요즘 어디가 뜨는 마켓플레이스며 어디에 팔아야 수출할 수 있는지가 그 질문이다. 그럴 때마다 나는 어떤 국가에, 어떤 고객에게 판매할 계획인지 물어보고, 해당 시점에 괜찮은 마켓플레이스를 말하는 편이다.

하지만 내가 아마존을 말하든 쇼피파이를 말하든 대표님들의 선택과 결정은 항상 일관된다. 일을 시킬 직원들이 있으면 직원에게 입점하거나 스토어를 구축하라고 지시하고, 직원이 없다면 입점은 물론 스토어 만드는 것부터 디자인 레이아웃, 마케팅까지 외주를 주는 것을 선택한다. 현실적으로 직원에게 일임을 시키는 이유와 외주를 맡기는 이유는 다 나름대로의 사정이 있고 전략적인 선택일 수 있다.

만약 수출 마케팅 인력이 3명 이상 된다면 굳이 대표님이 직접 마케팅에 나설 이유가 없다고 판단할 수도 있다. 그리고 직원이 없다면 스스로 모든 일을 해야 하기에 효율적으로 외주를 선택할 수도 있다. 하지만 수출 마케팅 인력이 3인 이하라면 쇼피파이에 대해서만은 대표님들이 직접 만들고 관리해야 하는 이유를 말하자면 다음과 같다.

첫째, 글로벌 판매에 있어서 쇼피파이 스토어는 베이스캠프와 같은 역할을 할 수 있다. 이것은 마치 온라인상에 회사를 설립하고 직원을 세팅하고 공장 설비를 가동하며 매출을 위한 판매 매장을 만드는 것과 동일하다. 오프라인 매장에서는 지점을 관리해야 하지만 온라인상에서는 한곳에 매출이 집중된다. SNS 등 온라인에 흩어져 있는 모든 링크들은 쇼피파이 스토어로 집중되어 있을 것이고, 관심 있는 고객들은 스토어에 접속해서 회사를 판단하고 브랜드를 검증하며 상품의 구매를 결정할 것이다. 쇼피파이 스토어가 대기업 입점형 마켓플레이스와 근본적으로 다른 이유는 쇼피파이 스토어가 홈페이지 역할, 말 그대로 홈(home) 또는 베이스캠프 역할을 하고, 더불어 판매와 매출에 있어서도 베이스 역할을 하기 때문이다. 또 쇼피파이 스토어는 온라인 판매의 기본 판매 채널이다. 대기업 마켓플레이스에서의 판매는 판매 채널 중에 하나로서 인식해야 하며, 브랜드 인지도를 올리기 위한 다양한 채널 중 하나로 생각하는 것이 맞다. 결국은 브랜드 인지도를 높이고 충성고객을 확보해야 하고 흩어져 있는 마켓플레이스의 고객들과 소셜, SNS 트래픽들을 모두 쇼피파이 스토어로 모아야 한다.

이처럼 핵심적인 온라인 회사와 메인 판매 채널인 베이스 캠프를 만드는 데 있어서 직원에게 전임하거나 외주를 주어서는 절대로 안 된다. 최소한 어떻게 만들지 분석하고 설계해서 사업계획이라도 던져 주면서 직원이든 외주든 일을 시켜야 한다.

쇼피파이는 어렵지 않다. 그래서 프로그래머와 웹디자이너가 필요 없다. 대표님이 충분히 만들 수 있고 운영에 있어서도 관리하기 어렵지 않다. 온라인에 있는 작은 상점이라고 무시하지 말자. 쇼피파이 스토어는 웹에 있는 본사이자 메인 판매 채널이다. 나의 회사인데 본사의 설립과 운영, 판매를 직원이나 타 업체에 모두 위임하는 것은 합당하지 않다. 스토어를 내가 직접 구축하고 운영하지 않더라도 방법은 알고 있어야 추가 지시를 할 수 있다.

그리고 쇼피파이는 본사 차원에서 셀러들을 위한 기능을 자주 업그레이드한다. 대표님이 직접 관여하고 알아야 한다. 그래야 우리의 고객들이 편안하고 쉽게 쇼핑할 수 있다. 쇼피파이 글로벌 스토어는 온라인 매장의 1호 본점이다. 고객과 나의 브랜드가 직접 만나서 서비스를 제공하는 고객과의 접점이다. 하지만 우리는 아직 직원이 많이 없다. 본점 매장의 면적을 넓히기 위해서 확장하거나 인테리어를 새롭게 하거나 디스플레이를 대대적으로 변경하는데, 대표님이 아무것도 모르고 가만히 있을 것인가? 쇼피파이 스토어 업데이트는 대대적이다. 대표님이 스토어를 직접 구축함과 동시에 지속적으로 관리하고 있어야 한다. 이것은 스토어의 성공과 실패는 물론 매출과도 직결되는 사항이다.

둘째, 직원이나 외주 업체는 대표님의 스토어 구축 의도와 목적을 잘 알지 못한다. 대부분 '잘 만들어 주세요', 또는 '이런 콘셉트로 만들어주세요', 또는 '여기 이 사이트를 벤치마킹해서 만드세요'와 같이 주문하면 그냥 보기에 예쁜 껍데기만 만들어질 뿐이다. 직원이나 외주 업체가 일을 못하는 것이 아니라 내가 말한 것처럼 쇼피파이 스토어 구축의 의도와 목적을 구체적으로 알지 못하기에 대표님의 생각처럼 반영되지 않을 가능성이 크다는 것이다. 외주 업체는 디자인만 예쁜 스토어를 만들어 놓을 것이고, 직원은 상품등록만 하고 아무것도 안 할 가능성이 크다. 쇼피파이 스토어를 만드는 의도와 목적을 정확히 이해하고 단계적이고 지속적인 계획을 하고 있는 사람은 바로 대표님이다. 회사와 제품, 브랜드를 가장 잘 알고 있는 사람 또한 대표님이기에 대표님이 핵심 콘텐츠를 직접 계획하고 만들어 내야 한다. 포토샵으로 디자인을 예쁘게 생성하라는 말이 아니다. 아이템에 맞는 스토어의 콘셉트와 구성을 직접 하라는 의미이다. 내 스토어의 잠재고객들이 어떤 고객들인지 분석해서 고객들에 맞는 스토어를 구성하라는 뜻이다. 목표시장과 품목분석, 경쟁자 분석, 소비자 반응을 체크한 결과를 토대로 스토어가 구성되어야 한다는 것을 말하고 있는 것이다.

유튜브나 링크드인, 트위터(X)에서 영향력이 있는 대표님들이 있다. 이들은 콘텐츠를 만들고 구독자와 팔로워들을 모아서 자신의 홈페이지 또는 스토어로 연결시킨다. 회사의 대표님들이 직접 마케팅까지 담당하고 있다. 온라인에서 대표님들의 직접 마케팅은 바이어와 최종 고객들에게 브랜드와 제품의 신뢰도를 향상시키는 요인 중 하나이다. 대표님이 브랜드를 만들고 제품을 유통하고 책임지는 사람이기 때문이다. 이러한 대표님들의 노력이 대세임에도 온라인 본점의 매장을 직접 만들거나 관리조차 하지 않는 것은 말도 안 된다.

셋째, 해외 판매와 수출의 성공 여부는 대부분 대표님의 의지와 관심에 달려 있기 때문이다. 쇼피파이가 전 세계에서 가장 많이 운영되고 있는 솔루션이고 기능이 훌륭해도 대표님이 관심이 없고 의지가 없으면 스토어는 성공하기 힘들다. 그냥 타 입점형 플랫폼처럼 스토어를 만들어 놓고 초기 성과가 없으면 폐쇄하거나 방치할 가능성이 크다. 내 경험상 수출에서 가장 중요한 것은 대표님들의 수출 노력과 의지인 것을 잘 알고 있기에 쇼피파이 스토어의 계획과 구축, 수출 준비 과정, 수출 진행 과정, 스토어 성공 과정까지 모두 대표님들이 함께하시라고 추천하고 싶다. 가능성이 있는 사업에 관심이 더해지면 열정이 생기고, 어려워도 다시 해보겠다는 의지가 생긴다. 수출과 온라인 사업 모두 대표님들의 의지가 가장 중요하다. 대표님들이 쇼피파이의 가능성을 보고 직접 도전하는 것을 추천한다.

넷째. 쇼피파이는 쉽다. 만들기도 쉽고 운영하기도 쉽다. 문서나 PPT, 이메일을 작성할 정도의 역량이라면 금방 만들 수 있다. 홈페이지를 한 번도 만들어본 적 없다고 겁먹을 필요도 없다. 1장에서 말한 것처럼 홈페이지 만드는 것보다 더 쉽다. 그리고 한번 만들어 놓으면 큰 구도는 바꾸지 않는 것이 일반적이다. 새로운 제품을 업로드하거나 새로운 글을 포스팅하는 일반적인 루틴 이외에는 주문 받으면 고객 관리하고 발송하는 것이 주된 업무일 것이다. 그러니 겁먹지 말고 쇼피파이 스토어를 직접 만들어보자.

다섯째. 쇼피파이는 기회의 솔루션이기 때문이다. 우리나라의 모든 대표님들은 목숨 걸고 사업을 하고 있다. 미국처럼 몇 번 실패해도 다시 재기하기 쉽지 않다. 망하지 않기 위해 모든 자원을 전부 끌어다 사업에 올인한다. 그만큼 사업에 열정적이고 집중도가 높다. 그렇기에 단언컨대 대표님들이 직접 쇼피파이를 이해하고 만든다면 기능들을 활용해서 나조차 생각하지도 못한 아이템과 마케팅 방법을 적용해서 더 많고 더 큰 수익을 낼 수 있을 것이라 생각한다. 그만큼 한국의 대표님들은 스마트하다.

더 자세히 말하자면 쇼피파이를 통한 비즈니스 모델과 수익화할 수 있는 아이템들을 많이 만드실 것이고, 전 세계에서 유명한 한국 쇼피파이 스토어가 여러 개 탄생할 것이라고 믿는다. 그리고 쇼피파이가 한국에 정식으로 들어온다면 아마도 쇼피파이 수익화 활동은 날개를 달 것이다. 쇼피파이는 기회의 플랫폼이다.

망설여진다면 스토어부터 개설하자(30초 무료 개설)

쇼피파이 스토어를 만드는 것이 아직도 망설여진다면 무작정 스토어를 개설해 보자. 쇼피파이 홈페이지에 가서 이메일만 등록하면 30초만에 스토어가 개설된다. 3일 무료체험이고 지금은 행사 중이라 1개월간 구독료가 1달러이다. 언제든 구독을 취소할 수 있다. 한 달 동안 1달러를 투자해서 스토어를 개설하고 혼자서 이것저것 해보는 것을 추천한다. 모두 한글화되어 있으니 페이지도 만들어 보고 상품도 등록해 보고, 랜딩페이지도 변경해 보고, 메뉴 등록도 해보다 보면 별거 아닌 것을 느낄 것이다. 관리자 메뉴와 도움말을 직접 확인해보면서 쇼피파이를 이해하고 쇼피파이 앱스토어를 방문해서 어떤 기능을 추가할 수 있는지도 체크해 보면 쇼피파이 스토어에 대한 이해가 훨씬 빨리 될 수 있을 것으로 생각된다. 사실 네이버에 블로그 만드는 것과 비슷할 정도의 난이도이다. 관리자페이지의 유저 인터페이스는 오히려 더 간단해 보이기도 한다.

쇼피파이홈페이지

스토어를 개설했으니 이것저것 입력도 해보고 테스트도 해보자. 1달러도 아까우면 3일 후 결제를 안 하면 되고 다른 이메일로 다시 가입해서 스토어를 만들면 그만이다. 그러니 겁먹지 말고 우선 스토어부터 개설해 보자. 스토어 개설에 필요한 모든 것은 이메일과 30초이다.

사업의 핵심은 브랜드, 매출은 브랜드를 완성시킨다

고객은 구매 결과와 브랜드에만 관심이 있다

고객은 이기적이다. 생산자와 셀러를 고려하지 않는다. 비용을 지출하고 제품을 구매할 때 이 제품이 어떠한 원료와 과정으로 만들어졌는지, 원가는 얼마인지, 누가 만들었는지 궁금해하지 않는다. 고객들은 이 제품을 구매함으로써 얻게 될 효용과 가치, 문제해결, 만족감, 기대심리 등을 고려한다. 고객이 제품을 구매한 뒤 긍정 또는 부정의 경험과 느낌은 브랜드의 경험으로 남게 된다. 이런 점을 알고 있다면 공급자의 입장에서 제품을 홍보하고 마케팅을 진행할 때 품질의 우수성보다는 타깃 고객이 무엇을 원하고 문제가 무엇인지를 파악한 후 그들이 원하는 문제를 해결해 주거나 만족감을 주는 메시지를 만들어야 한다. 그리고 그 메시지는 타깃층을 좁혀서 칼처럼 날카롭고 정교해야 한다. 메시지가 흐르는 물처럼 두리뭉실하면 어떤 고객의 문제도 해결할 수 없다. 고객의 문제점을 해결하고 고객이 원하는 만족감을 충족시킬 수 있는 제품과 브랜드를 만들어야 한다. 그리고 그런 고객들을 모아 충성고객으로 발전시키고 고객 총 생애 가치를 제공하는 것이 브랜드의 목적이기도 하다.

아직도 '가격이 저렴한데 왜 안 팔리지?', '품질이 좋은데 왜 안 팔리지?'와 같이 고민하는 대표님들이 계시다면 고객과의 관계와 메시지, 그리고 마케팅의 방법에 대해서 다시 한번 생각해보는 것이 필요하다.

간혹 어떤 것을 마케팅해야 할지 몰라서 질문하는 대표님들이 있다. 회사를 마케팅할지, 제품을 마케팅할지, 브랜드를 마케팅할지 헷갈리는 경우가 있다. 여기에 대한 답은 명확하다. 정답은 브랜드이다. 우리와 같은 중소상인은 더더욱 브랜드에 마케팅을 집중해야 한다. 나는 쇼피파이 스토어도 브랜드 이름을 써야 하고 심지어 도메인도 브랜드와 관련된 도메인을 써야 하며 이메일조차 브랜드를 포함한 것을 사용하라고 추천한다. 그 이유는 구매 결정 권한이 있는 우리의 최종고객이 브랜드에 관심이 있기 때문이고, 브랜드를 성장시키고 키워야만 우리의 수익이 극대화되기 때문이다. 브랜드야말로 영업권과 더불어 숫자로 측정하기 쉽지 않은 기업의 핵심 무형자산이다. 브랜드는 회사 이름과 제품, 상품, 서비스 등 우리의 모든 것을 대변한다. 브랜드 인지도의 크기가 매출의 크기이며 판매 채널의 크기이다. 그리고 브랜딩이 잘 되어 있다면 제품 카피처럼 타 경쟁자가 쉽게 따라 하기 어려운 높은 진입장벽을 만드는 주요 요소이기도 하다.

작년에 본사의 스토어를 쇼피파이로 이전한 미국의 유명한 브랜드 〈슈프림(supreme)〉은 사업 초기 벽돌에 브랜드를 찍어서 팔기 시작했다. 그런데 이 벽돌이 실제로 판매되기 시작했고 슈프림이라는 브랜드는 유명 브랜드가 되었다. 고객들은 벽돌을 구매한 것이 아니라 브랜드를 구매한 것이다. 고객이 제품의 가격이 저렴하다 아니면 비싸다는 판단에는 브랜드에 대한 가치평가가 사전에 자리하고 있다. 잘 알지 못하는 브랜드의 중국제품은 생산원가까지 따져가면서 저렴한 제품만 찾게 되지만, 익히 알고 있는 브랜드의 제품은 가격이 비싸도 인정한다. 물론 해당 브랜드의 제품이 퀄리티와 이미지가 좋아서 긍정적인 인지 작용이 발현한 결과로 볼 수 있다. 중요한 사실은, 고객은 하나하나의 제품과 가격보다 브랜드를 우선적으로 인지한다는 것이다. 그리고 브랜드에 따라서 고가와 저가의 가치를 판단한다는 것이다. 이것은 해외의 바이어도 마찬가지다. 한국에서 유명하지 않은 중소기업 제품이라도 해외에서 인기가 있거나 인지도가 있는 브랜드에 대해서는 가격이 비싸네 싸네 따지지 않는다. 그냥 경쟁자와 대비해서 저렴하게 공급해 달라고 요청하는 게 전부이다. 이 사실을 바이어들도 명확히 알고 있다. 그래서 해외의 수입자들은 본인들의 브랜드로 제품을 만드는 것을 요청하는 경우가 많다(OEM ODM).

이러한 이유들로 쇼피파이 스토어를 구축하고 우리는 브랜드 인지도를 높이기 위해서 마케팅에 집중해야 한다. 제품 상세페이지 안에도 브랜드 스토리와 브랜드를 고객에게 각인시키기 위해서 노력해야 하며 SNS를 포함한 모든 마케팅의 핵심 키워드는 브랜드명이 되어야 한다. 우리가 접하고 있는 현실은 브랜드 마케팅 전쟁이다. 제품과 서비스 브랜드는 물론 사람도 브랜드가 되는 퍼스널 브랜딩이 자리 잡은 지도 오래되었다. 나의 경험상 한국에 제조설비를 갖추고 OEM 또는 ODM 생산을 전문으로 하는 업체들은 대부분 브랜드가 없거나 너무 많다. 생산관리와 운영에 사업에 초점이 맞춰져 있기 때문에 브랜드를 키우고 성장시키는 분야에 관심이 없을 수도 있고, 또는 생산이 어렵지 않으니 이것저것 여러 브랜드와 제품을 만드는 경우다. 고객들과 바이어는 직접 생산하는 제조업체(manufacture)를 선호한다. 직접 제조하면 전문적이고 가격이 저렴할 것이라고 생각하기 때문이다. 나는 제조업체들도 메인 브랜드를 하나씩 키워나가야 한다고 생각한다. 브랜드의 부가가치가 크기 때문이다.

중소기업 브랜드는 전략이 필요하다

일반적으로 회사를 만들고 이후에 브랜드를 만든다. 회사의 이름은 창업자의 큰 비전과 뜻을 품고 만들고 브랜드는 제품의 특성을 반영해서 만든다. 좋은 브랜드 이름과 스토리를 만들기 위해서 수천만 원의 비용을 쓰기도 한다. 앞으로 주력으로 키워나갈 브랜드이기에 신중에 신중을 기하는 것은 당연하다. 하지만 시간이 얼마 지나지 않아 유사한 제품임에도 불구하고 제품 포지셔닝 또는 가격과 기능이 약간 다른 브랜드를 하나 더 만든다. 삼성의 메인 브랜드는 삼성이고 애플의 메인 브랜드는 애플이며, 현대자동차의 브랜드는 현대이다. 대기업도 브랜드와 회사명을 일치시키는데, 우리 중소기업은 회사는 회사대로, 브랜드는 브랜드대로 별개의 마케팅을 하고 싶어 한다. 브랜드와 브랜드 스토리가 중요하다면 회사 이름을 브랜드 이름으로 변경하는 것이 어려울까? 일반 고객들은 브랜드에 관심이 있고 바이어들은 회사에 관심이 있으니 이 둘을 통일하면 양쪽 고객들에게 더 크게 어필하지 않을까? 회사 이름과 브랜드가 같다면 마케팅 비용이 더 적게 들며 온라인에서도 한곳으로 집중되어 유입되니 더 효율적이고 효과적이지 않을까? 그리고 기존에 브랜드조차 인지도가 별로 없고 판매가 저조한데 새로운 브랜드를 만들어서 다시 런칭하면 과연 성공할 수 있을까? 새로운 브랜드를 만들고 마케팅하느라 비용과 시간과 노력을 추가적으로 지출하는 건 아닐까?

브랜드는 고객에게 인지되고 내적 친밀감을 형성하며 긍정과 부정 등의 느낌으로 고객과 상호작용하고 있는 대상이다. 새로운 브랜드를 고객에게 인지시키고, 내적 친밀감과 유대감을 만들고 긍정의 느낌까지 생성하기 위해서는 엄청난 노력이 필요하다. 지금처럼 과다한 정보와 광고의 피로감이 엄청난 시대에는 새로운 브랜드의 런칭이 쉽지만은 않다. 차라리 이미 고객에게 브랜드가 인지되어 있다면 친밀감을 높이거나 긍정의 느낌으로 전환하는 것이 더 쉬울 수 있다. 우리는 중소기업이다. 메인 브랜드도 인지도가 없는 상황에서 브랜드를 추가로 생성한다면 마케팅이 분산되고 고객들은 혼란스럽다.

브랜드의 이름은 어떤 것이어도 상관없지만, 글로벌 판매와 온라인 노출을 감안한 브랜드명을 추천한다. 가급적 영어로 만들어진 것을 추천하며 일반명사와 대명사가 포함되지 않는 브랜드를 추천한다. 한자와 한글이 포함되면 아무래도 해외의 고객들은 읽기 쉽지 않고 기억하기 어렵다. 브랜드로 구글에 검색했을 때 검색 결과가 별로 없어야 추후 마케팅 진행시 수월하게 검색될 수 있다. 검색량이 많은 단어를 브랜드 이름 앞에 넣으면 아무리 마케팅해도 구글 첫 페이지, 최상단에 노출되지 않는다. 내가 'COSMETICS'라는 화장품 브랜드를 만들었다면 몇 번째 페이지에 나의 스토어가 노출되어 있을지 상상도 할 수 없다. 내가 자동차 부품 스토어의 이름을 'partsmotors'로 지은 이유는 'parts'와 'motors'가 검색량이 많은 키워드였기 때문이었다. 하지만 스토어를 구축하고 검색을 해보니 이미 우크라이나에 있는 'partsmotors'라는 회사가 있었고 나의 스토어는 아예 검색조차 되지 않았었다. 브랜드명으로 검색해서 첫 페이지, 최상단에 노출되는 데 1년이라는 시간이 소요되었다.

중소기업 브랜드의 이름은 직관적이고 명확해야 한다. 추상적이고 멋진 이름보다는 브랜드의 콘셉트와 제품의 특징을 명확히 말할 수 있는 브랜드 이름이 좋다. 브랜드와 제품은 타깃 고객이 누구인지 명확히 해야 하며 전달하려는 메시지 또한 명확해야 한다. 고객에게 전달될 단 하나의 메시지를 만들어라. 한 줄의 메시지에 누구를 위한 제품이고 브랜드인지 명확히 설명하라. 모두를 위한 광고는 그 누구를 위한 광고도 아니다. 모든 고객을 타깃으로 하겠다는 말은 누구에게도 팔지 않겠다는 말이다. 타깃 고객을 좁게 잡고 날카롭게 마케팅을 해야 한다. 고객의 아픈 곳을 찾아 찌르는, 고객의 문제점을 파고드는, 고객의 두려움을 자극하는 치명적인 단 하나의 메시지를 만들어라.

고객은 브랜드를 기억하려 노력하지 않는다

내 브랜드를 이 정도 광고하고 마케팅했다고 안주하지 말자. 고객들은 나의 제품과 브랜드에 관심이 있어서 스토어로 들어 왔지만 구매하고 제품을 받아보기 전까지는 나의 브랜드를 기억하기 쉽지 않다. 바이어와 달리 일반 고객들은 괜찮은 제품을 찾기 위해 우리 스토어로 들어오지 않는다. 어떠한 원인이든 의도와 목적을 두고 스토어를 방문하게 된다. 스토어 방문 경험이 관심을 유발하지 못하거나 목적에 맞지 않으면 즉시 빠져나간다. 그렇게 나의 제품과 브랜드는 고객에게 선택받지 못하고 관심받지 못한다. 그리고 고객들은 나의 브랜드를 굳이 기억하려 애쓰지 않는다. 브랜드는 고객들에게 지속적으로 노출되어야 하며 긍정적인 이미지로 인식되어야 한다. 이것을 우리는 광고 또는 홍보라고 부른다. 화장품 '가히'는 배우 김고은을 앞세워 TV 광고를 대대적으로 진행했고 제품 협찬은 물론 온라인까지 도배가 되었다. 마케팅 비용으로 얼마나 지출했는지 몰라도 마케팅 담당자를 칭찬해 주고 싶다. 매출액은 크게 성장하였고 중소기업 화장품 브랜드로서 큰 성과도 이루었다. 하지만 온라인 쪽에서 '가히의 광고가 지나치게 많다. 적당히 좀 광고해라 지겹다'라는 의견들이 많이 나왔다. 고객들이 접하게 되는 마케팅이 지겹다니 정말 대단하고 부러운 일이다. 다만 '단기간 집중 마케팅이 아니라 지속적으로 노출이 되었으면 더 좋았겠다'라는 아쉬움이 있다. 이처럼 브랜드는 고객들에게 반복적으로, 지속적으로 노출되고 인식되어야 한다. 고객에게 브랜드를 노출함에 있어 적당히는 없다. 가급적 많은 채널과 수단과 방법을 통해서 노출되도록 최선의 노력을 해야 한다.

나의 브랜드를 기억하는 고객들이 많아지면 많아질수록 나의 제품과 회사는 성장한다. 브랜드 마케팅의 목적은 고객이 특정 기능의 제품을 떠올렸을 때 제일 먼저 생각하는 브랜드가 되는 데에 있다.

브랜드의 성장이 곧 회사의 성장이다

쇼피파이 스토어뿐 아니라 글로벌 판매, 수출을 목표로 하는 한국의 모든 중소 업체의 목표는 브랜드 성장이어야 한다고 생각한다. 나의 브랜드 제품이 있든지 또는 전문몰을 운영하므로 쇼피파이 스토어 자체가 브랜드든지 동일하다. 제품과 회사, 브랜드의 관계는 주식에서 사용되는 이동평균선과 비교할 수 있다. 제품은 단기 이평선, 회사는 중기 이평선, 브랜드는 장기 이평선과 유사하다. 제품은 바뀔 수 있고 판매가 들쑥날쑥할 수 있다. 그에 영향을 받는 회사도 중기적으로 출렁거릴 수 있다. 하지만 장기 이평선인 브랜드는 반응속도가 느리다. 천천히 움직이고, 제품과 회사에 급격한 변동이 없는 한 추세가 쉽게 바뀌지 않는다. 브랜드의 인지도 변화는 시간이 걸리고 천천히 반응이 돌아온다. 브랜드 인지도의 추세를 우상향으로 설정해 놓으면 단기적으로 제품과 회사가 힘들어도 브랜드가 버티어 준다. 특히 해외는 반응이 느리므로 브랜드의 인지도만 잘 관리한다면 중장기적인 성공은 보장된 셈이다. 브랜드 인지도의 추세가 항상 우상향하도록 관리하고 노력해야 한다. 우리에게 큰 수익과 성공을 안겨다 줄 열쇠는 제품과 회사가 아니라 바로 브랜드이다.

브랜드 스토리와 철학을 담아라

브랜드 스토리와 철학과 비전, 가치관, 슬로건을 담아야 한다. 이에 맞추어 로고와 이름, 브랜드 컬러도 제작되면 통일성 있는 콘셉트가 될 수 있다. 수십 년 전 기업들의 홈페이지나 국내 대기업의 홈페이지에서는 아직도 기업의 가치, 미션 등을 볼 수 있다. 한국에서 브랜드 스토리와 철학, 개성 등의 효과로 인해서 성공한 케이스는 많지 않다. 오히려 가성비 있는 제품을 출시하거나 시장의 틈새시장을 노린 플랫폼이나 제품들이 더 인정을 받았다.

하지만 세계적인 트렌드는 그렇지 않다. 국내 경우도 와디즈 등의 제품들을 살펴보면 왜 이런 제품을 만들게 되었는지 스토리가 자세히 설명되어 있다. '어떤 문제를 해결하기 위해서 제품 기획을 하게 되었고, 이 문제를 해결하기 위해 어떤 노력을 했으며, 앞으로 이런 가치를 가지고 지속적으로 문제를 해결해 나가겠다'가 바로 브랜드 스토리와 철학이다.

일반적으로 '이렇게 복잡한 것보다는 그냥 대량생산하고 많이 팔아서 수익을 보는 것이 더 낫다'라고 생각할 수 있다. 하지만 2장에서 쇼피파이 스토어 사례를 살펴본 것처럼 브랜드와 제품의 콘셉트, 그리고 개성이 고객들의 마음을 움직여 성공하는 사례들이 늘고 있다. 브랜드 스토리와 철학은 제품과 회사의 개성과 정체성을 의미한다. 이런 개성은 브랜드를 더욱 돋보이고 유니크하게 만들며 고객들에게 제품과 브랜드, 그리고 회사를 더욱 의미 있고 가치 있게 포지셔닝하게 만든다.

브랜드 스토리와 철학을 통해 모집된 고객은 추종 고객, 또는 충성 고객으로 전환될 가능성이 높다. 플라스틱병을 재활용해서 신발을 만들고 있는 〈ALLBIRDS〉 신발 판매가격이 얼마인지 알고 있는가? 18만 원이다. 그럼에도 연간 4,000억 원 이상의 매출이 일어나고 있다. 모두 브랜드 스토리와 철학에 기인한 성공이다.

쇼피파이 스토어를 만들 때 정형화된 회사소개와 추상적인 브랜드 탄생 스토리보다는 현실적으로 문제해결을 위해 브랜드가 시작되었음을 주된 내용으로 만들어보자. 우리는 원가에 마진을 더해서 판매하는 셀러가 아니라 고객들의 문제를 발견하고 해결하는 브랜드와 브랜드가치를 판매하는 회사이다. 브랜드 스토리와 철학을 어떻게 구성해야 할지 모르겠으면 와디즈 상품페이지나 킥스타터 등의 상세페이지를 자세히 살펴보자.

브랜드 구축의 시작과 완성은 매출이다

브랜드가 중요한 이유는 고객들의 성향과 관계 때문이다. 고객들의 성향과 브랜드와 고객과의 관계가 매출로 연계되기 때문이기도 하다. 즉, 브랜드가 중요한 이유는 매출과 직결되고 단기, 장기적으로 회사의 존폐에도 직접적인 영향을 주기 때문이다.

하지만 우리가 주의해야 할 점이 있다. 브랜드의 중요성을 지나치게 인식한 나머지, 판매보다 브랜드의 마케팅에만 몰두하는 경우를 경계해야 한다. 앞서 말한 것과 같이, 잘 팔리는 것이 좋은 제품이다. 브랜드의 목적도 판매이고 판매를 통해서 브랜드가 구축된다. 구매해 본 경험이 있는 고객들과 소통할 수 있고 충성 고객으로 전환이 가능하다. 즉, 브랜드도 판매를 위해 존재하는 것이지 브랜드 그 자체의 가치나 위대함을 위해 존재하는 것이 아니라는 것이다. 애당초 모든 브랜드는 판매와 매출로 인해서 구축되고 완성된다. 아무리 좋은 브랜드와 제품이라도 판매가 되지 않으면 아무 소용이 없고 회사는 망할 수밖에 없다. 좋은 브랜드와 제품이 잘 팔리는 것이 아니고 잘 팔리는 브랜드와 제품이 좋은 것이다. 잘 만들어진 브랜드라도 어떠한 이유로 팔리지 않는다면 기존의 판매 정책과 마케팅 방법 등 전반적인 변화가 필요하다고 할 수 있다.

경쟁력 있는 카테고리와 전문몰을 구성해라

사업 초기엔 특정 제품이 아니라 카테고리를 팔아라

아이템을 결정했다면 어떻게 하면 타 판매자와 차별화하고 접속한 고객들에게 나의 제품과 서비스를 어필할 수 있을까 반드시 고민해야 한다. 나의 고객이 해외에 있으며 나의 제품과 브랜드를 처음 보는 사람이라는 점을 감안해서 스토어를 구성해야 한다.

나의 브랜드가 있건 없건 간에, 또는 몇 개이건 간에 스토어 초기에는 다양한 상품을 고객에게 노출하는 것이 좋다. 일단 처음에는 나의 제품과 브랜드보다 내가 취급하고 있는 아이템 카테고리를 통해서 고객을 유입시키는 것은 좋은 전략이다. 아직은 고객이 나의 브랜드를 모르기 때문이고, 많이 노출되어 있지 않기 때문이다. 내 브랜드가 노출이 많이 되어서 제품의 링크를 통해서 스토어에 유입된 고객이 많다면 내 브랜드를 랜딩페이지 메인과 배너 등을 통해서 전면에 노출하면 된다. 하지만 사업 초기에는 굳이 나의 브랜드만 고집할 필요가 없다. 오히려 다양한 제품들을 함께 구성함으로써 고객들의 유입률을 높이고 유입된 고객들에게 상품을 선택할 다양한 기회를 주는 편이 훨씬 좋다. 그리고 스토어 초기에는 내 제품의 브랜드 인지도보다 재방문을 위해서 스토어의 인지도를 높이는 노력을 기울이는 것도 주요한 전략이다.

사실 스토어를 오픈했을 때 어떤 제품이 고객들에게 선택을 받을지는 아무도 모른다. 어떤 국가의 고객이 접속해서 주문할지도 아무도 모른다. 그러니 스토어에 다양한 제품을 함께 업로드하고 전문적인 카테고리 구성을 만들어서 고객들의 반응을 살펴보자는 전략이기도 하다. 한국의 기업들 대부분이 '자사몰' 또는 '브랜드몰'이라고 구축하면 자사의 제품과 브랜드만 업로드한다. 내가 알고 있는 한국의 몇몇 쇼피파이 스토어도 제품 10개와 브랜드만 소개가 되어 있을 뿐이다. 이런 스토어는 쇼핑몰이라기보다 그냥 정적인 홈페이지와 별반 다를 바 없고 우커머스로 제작해도 별 차이가 없다. 해외에서 판매된 적도 없고 인지도도 없으며 고객 피드백도 없고 제품도 몇 개 되지 않는 해외의 스토어에서 고객들이 구매를 결정할 확률이 몇 퍼센트나 되겠는가? 나의 제품은 몇 개 안 되고 브랜드 인지도와 파워는 약하지만 다른 제품들을 미끼 삼아 웹에서 고객들의 접속을 유도하고 다양한 상품들 가운데 나의 제품과 브랜드의 노출 강도를 높여가는 것이 스토어 초기의 전략으로는 매우 좋다고 생각한다.

몇 년 전 강원도에서 진행하던 수출지원사업에서 자사 브랜드 몇 개와 50개 정도의 SKU를 가지고 있는 화장품 제조업체의 대표님을 만난 경험이 있다. 이 대표님은 수출하고자 하는 열정이 그 어떤 대표님들보다 높았었고 회사 규모가 크지 않았음에도 별도의 해외 영업직원을 채용하는 등 수출에 대한 의지가 강했다. 그 회사를 3번째 방문했을 때 복도에서 수출 패킹이 되어 있는 타사 화장품 팔레트를 목격했다. 어떤 사람의 어드바이스를 들었는지, 바이어의 요청이었는지 몰라도 나는 속으로 탁월한 결정이라고 생각했다. 대부분의 업체들이 자사 제품만을 판매하려고 고집하는 것과 달리 이 업체는 바이어와 소비자의 니즈를 반영해서 효율적으로 판매를 하고 있는 것이다.

이처럼 해외 판매를 시작할 때 내 제품과 브랜드보다 해외 바이어와 고객을 우선적으로 고려해서 시작하는 것을 추천한다.

어차피 우리의 목적은 내 제품과 브랜드의 성장이란 것을 잘 알고 있다. 그 첫 번째 과정에서 내 제품과 브랜드보다 나의 스토어를 브랜드로서 인지시키고 발전시키도록 노력해야 한다.

브랜드몰, 종합몰보다는 전문몰로 구축하자

쇼피파이 스토어를 활용하면 종합몰도 구축이 가능하고 쿠팡과 같은 입점형 스토어도 만들 수 있다. 일반적으로 종합몰은 다양한 카테고리를 제공하는 쇼핑몰을 말한다. 이마트, 홈플러스와 같이 생활용품, 주방용품, 전자제품 등 다양한 종류의 제품을 판매하는 스토어이다. 나는 쇼피파이 통한 글로벌 스토어 구축시 전문몰을 추천한다. 전문몰은 특정 카테고리와 품목에 특화되어 있는 스토어이다. 예를 들면, 전자부품 전문 스토어, 아동복 전문 스토어와 같이 특정 카테고리에 전문화되어 있는 스토어이다. 전자부품의 경우 사용처별, 사이즈별, 재료별, 가격별, 브랜드별 제품들을 리스팅 할 수 있다. 이처럼 우선 시작을 전문몰로 시작해야 하는 이유는 분명하다. 우선 우리는 소상공인이기 때문에 종합몰의 다양한 아이템을 컨트롤 할 여력이 안 되기 때문이다. 또 해외의 고객들에게 스토어와 브랜드 인지도가 없는 상태이기 때문에 처음부터 종합몰로 시작해서 성공하기 위해서는 막대한 자금과 노동력이 투자돼야 한다고 생각한다. 전문몰로 시작해서 매출과 고객이 늘어나면 하나씩 카테고리를 확장하는 편이 훨씬 수월하다.

그리고 스토어 이름과 도메인 등은 나의 브랜드 이름으로 하는 것을 추천한다. 전문몰을 시작으로 스토어를 성장시켜나가고 점진적으로 나의 제품과 브랜드를 노출해서 스토어와 브랜드를 함께 키우는 것이 바람직하다.

하지만 무역회사 또는 처음부터 바이어 확보를 목적으로 한 스토어의 경우는 목적에 맞게 종합몰로 구성을 하는 것도 나쁘지 않다. 종합몰이라는 개념보다 취급하는 아이템과 제품들을 업로드하는 개념이라고 보면 된다. 일반 소매 고객들은 특정 제품과 브랜드에 관심이 있지만 바이어들은 경쟁력 있는 제품들을 항상 찾고 있다. 그렇기에 다양한 제품들에 관심이 많다. 쇼피파이 스토어는 구축 목적에 맞는 몰을 구성하는 것이 중요하다.

연관 카테고리의 제품도 취급하자

스토어를 어떻게 구성하느냐와 광고 등을 통해 고객에게 어떤 경험을 전달하느냐에 따라서 고객의 주문이 유도되는 경우가 많다. 하지만 우리의 고객은 다양한 나라의 해외 고객이다. 제품을 구매하게 되는 국가마다, 지역마다 상황이 다르다. 따라서 어떤 제품이 판매될지 예측하기 쉽지 않다. 해외의 경우 제품과 연관이 있는 업셀, 다운셀 등의 제품을 함께 판매하는 경우가 많고 관련 있는 상품을 묶어서 번들 형태로 판매하는 경우도 많다. 이것은 판매자 입장에서 '우리는 이것만 팔아요'가 아니라 구매자 입장에서 "고객님, 이것도 필요할 테니 함께 구매하세요"라고 고객의 편의를 우선적으로 고려하는 마케팅 방법이다.

앞서 말한 대로 우리는 고객이 어떤 제품을 구매할지 모른다. 그렇기에 판매하고 있는 제품과 연관된 제품도 함께 판매하는 노력이 필요하다. 예를 들면, 화장품을 판매하고 있다면 부가적으로 필요한 미용솜, 족집게 등 미용도구도 함께 판매하는 것이다. 다양한 상품을 전문몰로 구성하고 연관 상품들도 함께 판매하는 스토어를 구축한다면 대기업 자사몰 못지않은 신뢰도를 고객에게 줄 수 있다. 쇼피파이 스토어로 만들어진 아모레퍼시픽 미국 스토어를 방문해도 제품이 그렇게 많지 않다. 일반적인 스토어와 크게 다를 바도 없다고 느껴질 정도이다. 시장 분석을 통해 아이템을 선정했고 전문몰로 구성할 제품들은 물론 연관 상품들의 정보도 준비가 되었다면, 이제 스토어의 기본 구성인 아이템 및 제품 구성의 준비가 모두 완료된 것이다.

주력상품과 브랜드는 메인 메뉴와 메인 배너에 배치하자

나의 쇼피파이 스토어에서 내 상품과 브랜드보다 타사의 제품이 더 잘 팔린다고 속상해하지 말자. 어차피 스토어는 나의 것이고 내가 원하는 대로 운영해 가면 된다. 스토어에서 주문이 정기적으로 들어오고 유입되는 고객들이 늘어가면 나의 주력상품과 메인 배너, 그리고 메인 메뉴에 나의 브랜드를 배치하자. 그리고 랜딩페이지의 메인 배너는 물론 모든 페이지의 사이드 위젯에 나의 브랜드 위젯을 배치하자. 그리고 NEWS 또는 공지사항에 나의 제품과 브랜드의 마케팅 진행 사항, 수출 진행 사항 등을 깨알같이 포스 하고 홍보하자. 그리고 내 제품과 브랜드 위주로 프로모션 또는 할인 이벤트를 진행해 보자. 내 스토어의 충성고객들은 내 브랜드 제품을 구매하기 시작할 것이다. 내 제품이 안 팔린다고 실망하기보다, 팔리기 시작할 때 더 긴장하고 사후관리에 신경을 써야 한다. 제품 배송이 제대로 되었는지, 고객 불만은 없었는지, 피드백은 잘 관리되고 있는지 등 내 브랜드 제품을 더 꼼꼼하게 세심히 관리해야 한다.

B2B연계를 적극 추진하라

출발부터 바이어를 통한 시장진입을 염두해라

온라인 스토어를 운영하면서 계획단계부터 수출을 염두에 둔다고 하면 비웃는 사람들이 많을 수도 있다. 하지만 이는 잘 모르는 분들의 생각이다. 온라인 스토어야 말로 바이어를 발굴하는 핵심 채널이 될 수 있다. 그리고 한국에도 사업 초기부터 국내 판매보다 해외 수출에 집중하여 마케팅하고 있는 기업들이 얼마나 많은지 알고 있는가? 해외 입점형 마켓플레이스에서 판매하든 쇼피파이 스토어로 시작하든, B2B 마케팅을 병행해서 시작한다면 출발부터 다른 결과물이 예견될 수 있다.

나는 경쟁력 있는 제품을 찾기 위해 한국에서 개최되는 박람회 또는 전시회를 돌아보기도 한다. 그리고 온라인에서 괜찮다고 판단되는 제품을 찾았을 때는 업체를 방문해서 수출을 제안하기도 한다. 하지만 가끔씩 B2B 수출은 안 하고 해외 입점형 마켓플레이스에 직접 판매만 한다고 하시는 대표님들이 계시다. 나름의 이유가 있겠지만, 나로서는 이해가 되지 않는다. 물론 그 마켓플레이스는 아마존, 큐텐, 쇼피 등등 훌륭한 플랫폼이다. 하지만 한국 브랜드의 제품을 해외 마켓플레이스에 소매로만 판매해서는 한계와 단점이 있다.

2010년 이후 한국 내에서도 오프라인 판매도 안 하고 쿠팡, 옥션, 지마켓 등에 본사가 직접 판매만 하는 업체들이 있었다. 국내의 경우 우리는 한국 사람이기 때문에 나름의 분석과 업체의 경영 판단에 의해서 그럴 수 있다고 생각한다. 하지만 해외 판매의 경우 현지 판매자보다 우리가 더 잘 팔 수 있을까? 그리고 해외 마켓플레이스에 직접 판매하고 있는 업체들은 판매량과 피드백을 늘리기 위해서 저렴한 가격에 판매하고 있다.

이런 경우 한국의 업체가 현지에 직접 지사를 설치해서 시장진입을 하지 않는 경우를 제외하고 바이어를 통한 현지 시장 공략이 쉽지 않아진다. 이미 브랜드의 온라인 가격이 할인되어 판매되고 있기 때문에 바이어가 관심이 있어도 바이어 마진이 거의 없으므로 대량수출이 힘들어진다. 해외 마켓플레이스에 소매 판매량을 늘려서 언제까지 소매판매만 계속할 것인지, 현지 시장개척 계획을 세우고 바이어 발굴을 위한 하나의 마케팅 채널로서 마켓플레이스를 활용할 것인지 확실히 결정하고 입점해야 한다. 현지 바이어를 통한 대량수출 계획이 있다면 온라인 마켓에서 저렴하게 판매해서는 안 된다.

바이어 발굴도 소매 판매의 목적 중 하나다

바이어를 통한 수출 경험이 많은 수출전문가들은 수출을 하기 위한 품목별, 국가별 바이어들의 특성에 대해서 잘 알고 있다. 현재 거래선인 바이어를 통해서 현지의 실시간 정보들을 생생하게 얻는 등 현지의 바이어로부터 입수되는 현지 시장에 대한 견해는 수출을 원하는 입장에서는 정말 탐나는 정보이다. 나 또한 '수출을 하려면 이렇게 해야 된다'라고 믿는 부분이 있다.

하지만 나를 포함한 수출 전문가 모두가 간과하는 사실이 있다. 바이어가 수입을 할까 말까 고민하는 것은 현지에서 판매가 될 가능성을 타진하는 것이고, 현지 고객이 제품을 접해보기 전까지는 바이어도 정확히 예측할 수가 없다는 것이다. 결국 가격이 비싸건 퀄리티가 나쁘건 간에 현지 고객에게 팔리면 좋은 제품이고 바이어는 수입해 가는 것이 핵심이다.

바이어 입장에서는 그동안의 판매 경험을 바탕으로 고객에게 팔릴 것 같은 제품에 대한 지식이 있는 것에 불과하다. 바이어가 저렴하고 퀄리티가 좋은 제품을 수입해 간다 해도 현지에서 안 팔릴 수도 있다. 그렇기에 바이어도 제품에 대한 확신이 없고 수입을 망설이는 것이다. 그리고 바이어가 제품을 찾는 목적은 저렴하게 수입을 해서 마진을 붙여 현지에서 판매함으로써 수익을 보기 위함이다.

만약 온라인 소매 판매 스토어에서 판매량이 많고 고객들의 긍정적 리뷰가 좋으면 바이어는 어떤 생각을 할까? 심지어 소매 판매가격도 비싸고 바이어의 나라와 인접한 고객들의 반응이 폭발적이라면 바이어는 수입을 고려할까? 나의 경험상 바이어는 수입을 고려함은 물론 판매자에게 얼마에 제품을 공급할 수 있는지 확인하고 자신의 마진을 계산할 것이다. 바이어도 궁금했던 최종 소비자들의 반응을 긍정적 리뷰를 확인하면서 돈 안 들이고 테스트 과정을 이미 간접경험했기 때문이다. 바이어 입장에서 결제대금을 지불하고 수입해서 시간과 마케팅 비용을 들여서 고객 반응을 테스트해야 하는데, 이에 드는 시간과 비용을 줄여주었다고 판단한다.

실제로 아마존에서 판매량이 많고 고객 피드백이 좋은 제품들은 해외 바이어들로부터 문의 요청이 많다. 쇼피파이 스토어를 활용하면 타 마켓플레이스보다 더 많은 바이어 문의를 받을 수 있다. 더 많은 충성 고객이 모여 있을 것이므로 긍정적 리뷰가 더 많을 것이고(고객등록과 리뷰 관리도 판매자가 관리 가능) 바이어가 궁금해하는 정보들이 우리 스토어에 모두 노출되어 있을 것이기 때문이다.

쇼피파이 스토어를 활용하면 우리 브랜드와 제품에 관심이 많은 바이어가 찾아올 가능성이 높다. 만약 우리가 아마존 등에 입점해 있지 않다면 바이어 입장에서 우리는 숨겨진 보석을 찾은 듯 가치 있는 공급자가 될 것이다. 아마존이든 쇼피파이 스토어든 소매 판매의 목적 중 하나는 바이어 발굴임을 잊지 말자.

글로벌 소매판매의 한계를 바이어로 극복해라

아이템이 작고 가벼우며 부가가치가 크고 한국 본사 차원에서 온라인을 통한 통합 마케팅만으로도 충분히 수출액 성과를 낼 수 있다면 장기적으로 소매판매 전략도 나쁘지는 않다. 하지만 앞서 말한 바와 같이 해외 소매판매의 한계는 명확하며 대부분 업체들은 자의건 타의건 바이어를 통한 해외수출을 선택할 것이라고 생각한다. 쇼피파이 스토어를 통한 판매가 인기를 얻거나 해외의 바이어들이 알게 된다면 많은 문의를 받을 것이고, 유명한 채널을 가진 대기업들도 우리에게 수입 문의를 할 수도 있다.

바이어를 통한 현지 시장개척과 대량수출은 나의 브랜드와 해외 판매를 한 단계 업그레이드 시킬 수 있는 기회이다. 우리에게 수입해 간 바이어는 현지에서 온라인이든 오프라인이든 판매를 위해서 마케팅을 시작한다. 나의 제품과 브랜드를 홍보하고 직원을 교육하고 마케팅 비용을 지출한다. 우리가 현지에서 바이어 만큼의 성과를 내기 위해서는 지사를 설립하고 직원을 고용하는 등 많은 비용이 소요된다.

B2B 수출과 관련된 전략은 뒤에서 자세히 살펴보겠지만, 사실 우리 회사 제품에 관심 있는 해외 바이어와 컨택하는 것조차 엄청난 노력이 필요한 작업이다. 쇼피파이 스토어를 활용해서 바이어를 확보하기 위해서는 스토어의 운영 목적을 분명히 하고, 그들을 이해하고, 그들이 원하는 것을 제공할 준비를 해야 한다. 바이어가 현지에서 세일즈를 성공해서 재발주가 들어오기 시작한다면 쇼피파이 스토어를 통한 수익보다 더 큰 수익이 발생할 것은 당연하다.

그런데 정말 바이어 문의가 들어올까? 앞서 1장에 소개한 대로 내가 운영하는 자동차 부품 스토어의 경우 지금 설명하는 것보다 훨씬 부실하게 만들어져 있다. 매출이 많이 발생하는 것도 아니다. 그렇지만 구글에 검색을 하면 해외의 유명한 부품회사가 연관검색어로 검색된다. 스토어가 유명하지 않음에도 바이어 수입 문의가 한 달에 20건 이상 들어오고 실제로 B2B 수출을 하고 있다. 심지어 해외에 있는 부품 제조업체들로부터 제품을 수입해서 팔아달라고 요청이 오기도 한다. 이 책을 읽고 있는 독자님들은 나보다 더 좋은 아이템으로 스토어를 잘 만들고 마케팅도 더 잘할 것이라 확신한다. 그렇기에 바이어 문의가 과연 들어올 것인가에 대한 걱정은 하지 말자. 문제는 바이어 문의가 아니라 바이어에 대한 대응이다.

쇼피파이 스토어로 홈페이지를 대체하고 온라인을 통합해라

정적인 홈페이지보다 동적인 쇼피파이 스토어를 공략해라

일반적으로 회사의 홈페이지는 움직임이 별로 없다. 홈페이지에 접속하는 고객들은 회사에 대한 기본적인 정보만을 확인하고 바로 나가 버린다. 접속한 웹 페이지가 정적인 홈페이지로 되어있다면 고객이 머무르는 시간이 길어야 30초 미만이다. 블로그 게시글이 접속 고객들의 관심을 유도하는 경우는 더 머무르면서 다른 글들도 확인하기도 하지만, 회사의 홈페이지들에는 대부분 회사 관련 소식과 공지뿐이다. 그래서 고객들이 오래 체류하지 않고 이탈률이 높다. 기업이 판매하고 있는 스마트스토어와 쿠팡에는 비싼 광고비를 지출하면서 제품을 판매하기 위해 마케팅을 하고 있음에도, 자발적으로 회사의 홈페이지를 방문한 고객들은 왜 무시하는지 이해가 되지 않는다. '본사 홈페이지에 방문한 고객들에게 더 유용한 정보를 제공하고 흥미를 끌며, 우리 회사의 제품도 소개하고, 바로 제품을 판매할 수 있으면 얼마나 좋을까'라는 생각을 왜 안 하는지 나는 모르겠다. 광고비 집행 없이 자연검색으로 유입된 우리의 고객들에게 CEO 인사말과 사업영역, 사업 분야 같은 관심 없는 웹페이지를 보여주고 밖으로 내쫓아버리는 것이 과연 맞는 것일까? 이런 홈페이지는 차라리 없는 편이 더 나을 수 있다. 고객들이 방문하면 할수록 브랜드와 회사의 이미지만 실추된다.

이렇게 고객과의 소통 없이 정적으로만 운영할 바에는 차라리 쇼피파이 스토어로 통합해서 관리하는 방법이 훨씬 좋은 선택이다. 쇼피파이 스토어는 홈페이지와 비교하면 동적인 웹이다. 제품과 관련된 고객들의 문의 사항이 등록되고 고객들의 피드백이 등록된다. 전자결제가 이루어지는 등 돈이 오고 가며 고객들이 제품의 배송까지 관심을 가지기 때문에 홈페이지보다 자주 접속하고 스토어에 집중하게 된다. 기존 홈페이지에 있던 콘텐츠를 모두 쇼피파이로 이전해서 스토어를 구축하면 제품만 있던 스토어에 고객들에게 전달하는 정보와 콘텐츠가 더욱 풍성해진다. 고객들의 참여가 많아지고, 고객과 소통하는 스토어가 방치되었던 홈페이지보다 더 인기가 있고 더 많은 관심을 불러일으키리라는 것 우리도 이미 알고 있다. 홈페이지와 스토어를 통합해서 상품 정보 이외에 회사와 브랜드에 관련된 정보나 고객이 관심 있어 할 만한 뉴스와 정보 등을 함께 제공하면 스토어가 부드러워지고 콘텐츠가 풍성해지며 브랜드의 긍정적 이미지를 만드는 데 도움을 줄 수 있다. 또 구매 전환율 향상과 매출 증대라는 효과도 함께 기대해 볼 수 있다.

관리 비용의 측면에서도 쇼피파이 스토어가 많이 불리한 것도 아니다. 별도의 호스팅을 계약해서 홈페이지를 운영한다 해도 카페24의 공유호스팅을 사용한다면 월 사용료 2만 원 정도의 호스팅 비용을 지출해야 한다. 그것도 웹 용량, 접속 트래픽 용량, 미디어 용량 등 가격별로 제한이 있다. 한 달에 2만 원 정도의 호스팅을 사용하면서 워드프레스로 홈페이지를 만들었다고 가정하자. 웹 용량만 고려하더라도 10분 내외 동영상 하나만 업로드 하면 2~5기가 정도의 용량이 되므로 제한 용량을 훌쩍 넘어버리고 추가 비용을 지불해서 업그레이드를 해야 한다. 홈페이지를 관리하다 보면 페이지 내용과 제품, 글, 이미지, 동영상 등의 콘텐츠가 누적되어 홈페이지 용량이 점점 늘어난다. 쇼피파이 스토어와 비교해 본다면 월 25달러의 구독비용으로 홈페이지를 운영하는 것이 가성비 측면에서 충분히 매력 있다. 쇼피파이에서는 웹 사용량, 트래픽 등이 모두 무제한이다. 쇼피파이에서도 워드프레스에서 지원되는 대부분 기능이 지원되고 보안, 해킹 등 서버와 관련해서 신경을 쓰지 않아도 언제나 안전하고 빠른 접속을 가능하게 한다. 이렇듯 쇼피파이로 홈페이지를 대체할 이유는 너무도 많다.

노출이든 판매든 쇼피파이 스토어의 활용도가 높다

수익 창출을 위한 모든 회사는 무형의 제품이든, 유형의 제품이든, 가상의 제품이든, 실물제품이든 모두 세일즈 해야 할 대상이 있다. 모두가 판매해야 할 상품 또는 서비스가 있다는 것이다. 홈페이지만 운영하게 되면 정보제공은 홈페이지에서 이루어지지만, 실제적인 판매와 세일즈 활동은 별도의 스토어나 다른 채널에서 이루어지는 경우가 많다. 즉 설명 등의 정보 제공과 실제 세일즈가 분리되어 있는 것이다.

만약 누군가 "워드프레스 홈페이지와 쇼피파이 스토어 중에서 회사가 다양한 목적으로 활용하기에 더 좋은 플랫폼은 어떤 것인가?"라는 질문을 한다면 나는 "그래도 쇼피파이가 더 낫다"라고 말할 것이다. 다양한 목적의 웹페이지 활용 부분에서는 워드프레스가 쇼피파이보다 더 훌륭한 선택일 수도 있다.

하지만 앞서 말한 것처럼 판매와 세일즈, 마케팅은 기업에 가장 중요한 부분이다. 본사의 웹페이지는 쇼피파이로 운영을 하고 부가적인 기능의 웹페이지는 워드프레스로 제작하는 편이 오히려 합리적인 선택이다.

쇼피파이 스토어를 활용하면 정보제공과 세일즈를 한 곳에서 통합 관리할 수 있다. 정적인 홈페이지에서 “우리는 이런 제품을 판매하고 있습니다”라고 정보를 제공하는 것에 그친다면 쇼피파이 스토어에서는 “이런 제품을 판매하고 있고 바로 구매가 가능합니다”라고 말할 수 있는 것이다. 또 쇼피파이 스토어도 워드프레스만큼 웹에 노출이 가능하고 강력한 이커머스 기능이 있기 때문에 추가적으로 수익을 창출할 수 있는 기회가 많다. 홈페이지를 이탈한 우리의 고객들을 여기저기 접속하게 만들어서 혼란을 주지 말고, 그냥 한 곳에서 정보를 확인하고 한 곳에서 결제하게 만들어서 쉽게 구매할 수 있도록 도와주자.

또 B2B 활용 측면에서도 쇼피파이 스토어를 활용하면 우리 제품에 관심 있는 바이어가 샘플 제품을 바로 주문하도록 유도할 수도 있다. 이에 더해 자연스럽게 결제를 하도록 유도하고 긍정 피드백을 부탁할 수도 있다. 이처럼 쇼피파이를 활용한 홈페이지는 활용도가 높다.

마케팅의 모든 링크는 쇼피파이 스토어를 향하게 하라

대부분의 업데이트 없이 방치된 홈페이지들은 콘텐츠도 부족하지만 홈페이지의 백링크 수도 거의 없다. 백링크란 나의 웹페이지 주소가 다른 웹에 게시되어 있는 것을 말한다. 나의 웹페이지의 링크가 다른 곳에 많이 링크되어 있으면 마케팅을 열심히 하고 있거나 신뢰도 있는 웹페이지로 인식된다. 구글은 백링크가 공신력 있는 기관이나 다양한 웹에서 많이 등록되어 있으면 사람들의 선택을 많이 받고 있는 좋은 페이지로 인식해서 노출에 우선순위를 준다. 이것은 구글 시작의 콘셉트이자 핵심 알고리즘이다. 사람들에게 많이 선택받는 홈페이지가 유용한 홈페이지라고 생각하고 사람들에게 우선적으로 공개하는 것이다.

앞서 쇼피파이 스토어에 대해서 온라인에 있는 본사이며 베이스 캠프라고 말한 바 있다. '스팽스'의 백링크가 170만 개라는 것은 'spanx.com'이라는 쇼피파이 스토어의 주소가 전 세계 웹의 구석구석에 170만 개나 등록되어 있다는 것을 의미한다. 170만 곳에서 클릭만 하면 언제든 쇼피파이 스토어로 연결되도록 주소가 등록되어 있는 것이다. 스팽스의 사례는 '마케팅의 모든 링크는 쇼피파이 스토어로 연결되어야 한다'는 것을 정확히 설명한다. 그동안 여러 소셜 플랫폼과 SNS, 웹과 모바일에 제품 설명 링크와 제품 구매 링크가 쇼피파이 스토어 링크가 아니었다면 스팽스처럼 모든 링크 주소를 쇼피파이 스토어로 통합하는 과정이 우리에게도 필요하다. 스토어 브랜드와 스토어 URL이 웹에 많이 노출될 수 있도록 확산시켜서 우리의 스토어 유입 고객을 최대한 확대해야 한다. 웹에서 행해지는 모든 마케팅의 마지막에는 스토어의 브랜드명과 접속URL이 포함할 수 있다. 기업에 대한 온라인 기사가 등록될 때에도 마지막에 스토어 주소를 링크할 수 있다. 유튜브로 영상을 업로드 할 때도 더보기 설명란에 스토어 링크를 넣을 수 있고, 링크드인이나 페이스북, 인스타그램에 포스팅을 할 때도 마지막에는 브랜드명과 접속 URL을 등록하거나, 아예 처음부터 쇼피파이 스토어 블로그에서 글을 게시한 후 스토어 블로그의 링크를 페이스북 등에 공유하는 방법도 있다. 블로그 포스팅뿐만 아니라 쇼피파이 스토어 제품의 링크도 웹에 확산시켜서 많은 백링크를 만들어야 함은 당연하다.

이렇게 쇼피파이의 간단한 기능만 이용하더라도 쇼피파이로 홈페이지를 대체해야 하는 이유는 충분하다.

모든 디지털 마케팅 자산을 쇼피파이 스토어로 집중해라

디지털 마케팅은 온라인에서 행해지는 모든 온라인광고, 프로모션, 영업 등 마케팅 활동을 일컫는다. 종류는 여러 가지가 있지만 주로 사용되는 채널은 B2C, B2B 입점형 마켓플레이스, 소셜 플랫폼, 검색엔진, 웹사이트, 모바일 등 다양하다. 디지털 마케팅의 유형도 다양하다. 브랜드 마케팅, PPC 마케팅, SNS 마케팅, 이메일 마케팅, 어필리에이트 마케팅, SEO 마케팅, 콘텐츠 마케팅이 주로 이용된다.

이처럼 최근 디지털 마케팅의 종류와 판매 채널은 정말 다양하고 유행하는 트렌드의 변화도 엄청 빠르다. 판매 채널과 마케팅 방법이 다양하다 보니 이들을 통합해서 관리하는 프로그램 툴도 많이 사용되고 있다. 이런 프로그램들을 사용하면 판매 분석과 마케팅 결과들을 어느 정도 분석이 가능하고 편리하기도 하다. 하지만 장기적인 관점에서 안정적으로 매출이 성장하고 브랜드 인지도를 높이기 위해서는 전 세계에 흩어져 있는 모든 디지털 마케팅 자산을 쇼피파이 스토어로 집중하는 것이 필요하다. 즉, 흩어져 있는 나의 잠재고객과 내 제품을 구매한 경험이 있는 관심 고객을 나의 디지털 자산으로 만들어야 한다. 쇼피파이 스토어로 자산을 집중해야 하는 이유는 아래와 같다.

소셜 플랫폼과 입점형 마켓플레이스에서 내 제품을 구매한 고객은 아직 나의 고객이 아닐 가능성이 크다. 실제로 우리는 쿠팡의 로켓배송을 통해 구매한 고객들의 정보를 알 수가 없고 고객을 상대로 마케팅이 불가능하다. 일반배송을 통해서 고객의 정보를 알 수 있다면 배송 정보 확인 등의 이유로 고객과 접촉을 하고 고객에게 마케팅 활용 동의를 받아 놓는 과정이 필요하다. 제품 상세페이지 중간중간에 쇼피파이 홈페이지로 유입될 수 있도록 고객들의 유입을 유도하는 텍스트와 이미지도 필요하다. 또 티몬의 사례처럼 마켓플레이스가 없어져 그동안 우리가 힘들게 만들어 놓은 고객들의 리뷰 등이 함께 사라질 수도 있고, 플랫폼 정책상의 이유로 언제든 우리의 계정은 정지당하거나 없어질 수 있다. 즉, 소셜 플랫폼과 마켓플레이스에 등록되어 있는 콘텐츠와 상품 정보, 고객, 리뷰는 우리의 자산이 아니다. 그래서 우리는 소셜마케팅과 입점형 마켓플레이스에 역량을 지나치게 집중하면 안 된다.

그리고 가능하다면 소셜 플랫폼 마케팅의 경우, 쇼피파이 블로그에 포스팅 후 소셜로 공유하는 것을 추천한다. 콘텐츠를 클릭했을 때 쇼피파이 블로그로 연결될 수 있도록 말이다. 이베이, 아마존과 같은 입점형 마켓플레이스의 경우는 쇼피파이와 연계하여 수시로 리뷰 등의 정보를 쇼피파이로 동기화하는 작업이 필요하다. 페이스북은 나의 페이지에 '좋아요'를 눌렀던 팔로워들에게 메시지를 전송하는 것을 유료로 전환했다. 소셜 플랫폼 본사의 정책도 언제든지 바뀔 수 있다. 소셜 플랫폼의 고객들을 쇼피파이로 유입시키고 관심 고객을 확보하는 것이 좋은 방법이다. 소셜 플랫폼에 있는 대규모 팔로워들이 나의 관심 고객이라고 착각하지 말아야 한다.

쇼피파이로 디지털 자산을 집중해야 하는 이유는 쇼피파이는 고객관리와 마케팅이 쉽기 때문이다. 쇼피파이로 유입된 고객들은 최소한 우리의 잠재 고객이고 관심 고객으로 전환될 가능성이 높은 고객이다. 그리고 쇼피파이는 전 세계 대다수의 마케팅 툴과 연계되어 있다. 고객을 대상으로 CRM 등을 통한 다양하고 지속적인 마케팅을 진행할 수 있다. 구매 횟수, 구매금액, 구매 제품, 구매 성향, 지역 등의 정보를 기반으로 이메일 마케팅 등 고객별로 세분화된 마케팅의 진행이 가능하다.

쇼피파이로 여러 자산들을 집중하면 쇼피파이 스토어의 고객 유입률이 높아지고 검색 및 노출 순위가 상승한다. 블로그 포스팅와 같은 유익한 정보제공으로 스토어에 체류하는 시간을 높이면 노출 순위는 올라가게 된다.

쇼피파이 스토어에서 구매한 고객들은 우리의 브랜드를 보다 많이 인식할 수 있고, 우리가 고객들에게 긍정적인 구매 경험을 제공할 수 있는 훌륭한 기회가 된다.

본사의 쇼피파이
기능 업데이트를
수시로 확인해라

스토어 업데이트로 성장하고 있음을 증명해라

쇼피파이 스토어 업데이트는 본사가 기능 추가 등 새롭게 선보이는 뉴스를 비롯해 자체적인 콘텐츠와 상품의 업데이트는 물론 앱스토어까지 주기적으로 살펴보는 것을 말한다. 바이어든 일반 소매 고객이든 회사가 튼튼하고 제품이 잘 팔리며 인기 있는 브랜드를 선호한다. 우리 회사가 오프라인에서 움직이고 활동하는 만큼 온라인에도 그 움직임을 반영해 주어야 한다. 그래야 우리의 고객이 우리가 누구이고 어떤 일을 하는지 알 수 있고, 우리 브랜드가 어떻게 성장하고 있는지 알 수 있다. 스토어의 판매가 증가하고 고객들의 피드백이 쌓여가고 충성고객의 수가 늘어나며, 수출하는 국가가 확대되는 것을 고객에게 알려주어야 한다. 그러기 위해서는 지속적인 스토어 관리와 업데이트가 필수적으로 필요하다.

최근 쇼피파이 본사에서는 AI로 텍스트 메시지를 작성할 수 있는 기술을 선보였다. 이대로라면 얼마 지나지 않아 간단한 프롬프트 입력만으로도 쇼피파이 스토어를 내가 원하는 대로 만들 수 있을 것 같다. 제품 등록은 물론 배송처리 및 고객관리까지 쇼피파이 AI가 다 알아서 해줄 것 같다. 사실 지금도 쇼피파이에는 이메일 자동발송, 챗봇 등 마케팅 자동화 툴이 기본적으로 제공된다. 이처럼 쇼피파이는 중소상인들을 위한 업데이트를 멈추지 않고 지속하고 있다. 물론 최근에는 대기업들이 이용하고 있는 쇼피파이플러스 플랜만 적용 가능한 기능들이 주로 추가되고 있지만, 아직까지 우리는 쇼피파이 베이직 플랜만으로도 충분하다. 쇼피파이 본사는 그동안 셀러들이 유료로 사용하고 있는 APP을 자체 개발해서 무료로 배포하곤 했다. 본사의 정기적인 스토어 업데이트를 주목해서 관찰해보자. 고객관리와 마케팅, 판매관리, 재고관리, 배송관리 등 우리가 필요했던 기능들의 추가가 이루어져 나의 매출이 무료로 신장될 수 있는 기회들이 있을 수 있다. 이러한 기능의 추가는 별도의 APP을 설치하거나 스토어 내에 갑자기 나타난다. 우리가 관심을 가지고 찾아보고 APP을 설치해서 이용하지 않으면 아무도 나의 스토어에 새로운 기능이 추가되었음을 알려주지 않는다.

대기업인 쇼피파이는 스토어를 대대적으로 진화시키고 있다. 여러 번 말한 것처럼 쇼피파이 기능을 제대로만 알고 있어도 수익화할 수 있는 아이템은 정말 많다.

내 스토어를 지속적으로 업데이트해라

포털사이트의 검색엔진 봇들은 정기적으로 나의 스토어를 방문하여 콘텐츠를 조회하고 포털사이트에 내 스토어의 인덱스를 새롭게 생성하고 검색을 대비한다. 새롭게 추가된 페이지와 상품, 블로그 등이 포털에서 검색되면 추가로 노출되는 것이다.

우리가 스토어를 개설하고 나면 신제품, 프로모션, 할인정책, 카테고리 추가, 공지사항, 고객 피드백, 마케팅 소식, 매출 및 수출 관련 소식, SNS 개설 및 업데이트, 브랜드 스토리 및 브랜드 소식 등 업데이트해야 할 콘텐츠들이 정말 많다. 그냥 방치하려면 아무것도 안 해도 되지만, 내가 주장한 대로 회사 경영활동의 움직임대로 스토어에 정보를 업데이트하자면 번거로울 수도 있다. 대기업의 경우 이런 번거로운 작업이 필요 없다. 사람들이 어떤 회사인지, 브랜드와 제품이 어떤지 이미 알고 있기 때문이다.

하지만 우리와 같은 중소상인들은 온라인을 통해서라도 브랜드와 제품의 소식을 외부에 알려야 한다. 그것도 적극적으로 시간을 투자하면서 열심히 알려야 한다. 이것이 마케팅이다. 스토어를 구축하고 나서 지속적으로 업데이트하는 것이야말로 쇼피파이 스토어 성공 법칙 중 핵심이라 해도 무방하다.

그러나 이것은 우리나라의 대부분 온라인 셀러는 해보지 않은 경험이다. 쿠팡, 아마존에도 제품만 신규로 등록하는 것이 업데이트의 전부이고, 스마트스토어에서도 공지사항 정도 포스팅하는 것이 전부이다. 하지만 쇼피파이 스토어는 달라야 한다. 우리 회사와 제품, 브랜드에 대한 새로운 소식을 고객들에게 알리고 SNS 마케팅을 연계하며 영업 성과, 마케팅 성과, 수출 성과 등 고객의 신뢰도를 향상시킬 수 있는 다양한 콘텐츠를 스토어에 업데이트해야 한다.

참고로 스토어 업데이트뿐만 아니라 스토어에 고객들을 위한 정보들을 시리즈 형태로 발행해도 좋은 아이템이 될 수 있다. 스토어에 고객의 관심을 끌 수 있고 홍보할 만한 모든 내용들을 집중시켜서 활성화하는 노력이 필요하다.

스토어가 활성화되어서 검색되면 고객은 더 많이 유입되고 매출은 늘어난다

스토어가 방치되어 있으면 아무도 유입되지 않고 매출도 일어나지 않지만, 스토어가 활성화되면 매출이 적극적으로 일어나고 고객 피드백 등 고객들과 소통 및 참여가 늘어나며 타 웹에서도 나의 스토어가 거론되기 시작한다. 사실 스토어의 매출이 잘 발생하고 있는지는 우리의 고객들도 짐작할 수 있고 결제서비스 제공기업은 물론 구글도 알고 있으리라 생각한다. 구글 입장에서도 고객들이 머무르는 체류 시간이 길고 실제 결제까지 진행하는 빈도가 늘어난다면 신뢰 있는 사이트로 인식하고 우선적으로 노출시켜줄 가능성이 높다. 모두가 알다시피 구글, 빙, 야후 등 해외 검색엔진에서는 신뢰도 높은 결과부터 노출되고 일정 기간 동안 검색 결과는 동일하다. 즉, 다시 말하면 항상 노출되는 회사와 브랜드만 노출된다는 말이다. 물론 검색 플랫폼마다 광고를 해서 노출 순위를 변경할 수 있긴 하지만, 최근에는 검색하는 고객들도 광고인지 순수 노출인지 잘 알고 있다. 스토어가 활성화될수록 신뢰도 높은 스토어로 검색에서 점점 더 노출될 기회가 높아진다.

스토어를 방치하고 마케팅을 하지 않아서 광고비를 써도 유입이 안 되는 스토어를 만들 것인가, 아니면 스토어 업데이트는 물론 고객 유입과 체류 시간을 늘려서 구글이 신뢰도 있는 사이트로 밀어주는 스토어로 만들 것인가는 우리의 결정에 달려 있다.

손님 맞을 준비를 해라

어떤 손님이 올지 아무도 모른다

쇼피파이 스토어의 손님은 대량 주문 고객인 바이어와 일반 소매 고객으로 나뉜다. 누가 더 중요한 고객이냐고 묻는다면 답변하기 어렵다. 현지에서 판매를 잘하는 바이어를 만나면 내 제품을 현지에서 나보다 더 잘 팔아 줄 수 있고, 한편으로는 나의 브랜드가 일반 소매 고객들에게 인기가 있으면 자연스럽게 바이어와 연계되어 대량 주문으로 이어질 수 있기 때문이다. 아마존, 쿠팡과 같은 입점형 마켓플레이스에서 판매를 하는 것은 일반 소매 고객에게 판매를 위한 마케팅 활동이고, 알리바바, 글로벌소시스와 같은 B2B 플랫폼에서 바이어를 찾는 것은 바이어 발굴을 통한 판매를 하고자 하는 마케팅 활동이다.

대부분의 기업과 마케터들은 이것을 분리해서 마케팅을 진행한다. 하지만 쇼피파이 스토어에서는 이 두 가지를 동시에 병행할 수 있다. 고객이 찾아오는 마케팅을 하는 입장에서 어떤 고객이 나의 스토어에 방문할지 우리는 알지 못한다. 그리고 일반 소매 고객이 대량으로 발주를 하고 바이어로 변신하는 경우도 있다. 그래서 나는 두 가지 종류의 손님을 맞을 준비를 쇼피파이 스토어에 미리 준비해 놓는 것이 전략적으로 바람직하다고 생각한다. 아래에서 설명하고 있는 자료들을 준비하다 보면 스토어에 채워져야 할 회사 소개, 브랜드 스토리, 신제품 소식 등의 페이지들과 블로그의 메뉴도 자연스럽게 구성될 수 있다.

일반 소매 고객에게 제공할 정보를 수집하고 정리해라

인지도 없는 나의 스토어에 접속하고, 스캠일 수도 있는 위험을 무릅쓰고 용감하게 결제를 하도록 고객을 유도하기 위해서는 나의 스토어에 어떤 콘텐츠를 제공해야 할까? 내가 경험한 바에 따르면 고객들은 회사의 신뢰도보다 브랜드의 이미지와 제품을 사용함으로써 얻는 효용성을 우선시한다. 가격도 중요하다. 하지만 가격 설정은 판매 및 수출 정책에 의해서 우리가 결정한 것이므로 판매촉진을 위해서 무조건 저렴하게만 팔 수는 없다.

나는 스토어 고객들에게 와디즈의 상세페이지와 같은 정보를 제공해야 한다고 생각한다. 와디즈가 훌륭한 것이 아니라 최근의 소비자의 성향이 그러하고, 무엇보다 고객 지향적인 정보제공과 마케팅 방법에 대해서 설명하고 싶은 것이다.

와디즈의 상품 상품페이지를 살펴보면 "어떤 문제를 해결하기 위해서 회사와 브랜드를 만들었,고 어떤 가치를 추구하고 있으며, 나의 제품은 어떤 고객들의 문제해결을 위한 제품이다"라고 설명하고 있다. 그리고 '고객들이 겪고 있는 이런 문제를 해결하기 위해 우리는 그동안 이러한 노력을 해왔고, 이런 제품들을 만드는 과정에 있으며, 고객들의 추가 요청이 이러해서 다시 펀딩을 받아 문제를 해결하기 위해 노력하고 있다'라는 내용을 대표님과 직원들이 얼굴을 오픈하면서 구구절절하게 고객들을 설득한다.

나는 이런 스토리의 구성은 쿠팡과 스마트스토어의 상세페이지와는 완전히 다르다고 생각한다. 쿠팡의 상세페이지는 "우리 제품은 이런 기능이 있어서 좋은 제품이야. 구매하려면 해"라고 대기업의 담당자가 회사를 대표해 뻣뻣하게 고개를 들고 고객에게 강의하는 것 같은 느낌이다. 반면 와디즈의 상세페이지는 "고객님들의 이런 이러한 문제를 해결하기 위해서 우리는 회사와 브랜드 및 제품을 만들고 있어요. 우리가 이런 문제를 해결하면 고객님들은 이런 효용을 누리실 수 있어요. 도와주세요"라고 말하고 있다.

고객을 대하는 태도의 차이도 있지만 큰 차이점은 '좋은 제품의 생산자 마인드'와 '고객이 필요한 정보를 제공하는 고객지향형 마인드'이다. 아무리 좋은 제품도 고객이 필요 없다고 판단하면 고객은 구매하지 않는다.

두 번째 차이점은 바로 브랜드와 브랜드 스토리이다. 와디즈의 사례처럼 브랜드에 스토리가 추가되면 고객들이 문제에 대해서 함께 공감하게 된다. 공감을 매개로 고객과 소통하게 되고 고객들의 니즈를 더 잘 파악할 수 있게 된다. 브랜드와 기업을 이해하고 공감하는 고객들은 제품을 구매하게 된다. 그리고 추후에 제품이 출시되고 배송될 때까지 몇 달씩 기다려 주면서 브랜드와 기업을 응원한다. 몇 달씩 참고 기다려 주는 고객이 쿠팡에서 몇 명이나 있겠는가? 이 고객들은 쿠팡에서 로켓배송만 사용하는 고객과 다른 고객들이다. 제품과 브랜드에 대한 관여도가 높은 충성고객들이다.

해외의 일반 소매고객에게 제공해야 할 정보는 바로 소매고객이 원하는 정보를 제공하는 것이다. 고객들과 소통하면서 그들의 니즈를 계속 체크하는 것도 중요하다. 해외의 고객들이 일반적으로 어떤 정보를 원하는지 이 책에서 이미 여러 번 언급했다. 고객들은 제품을 구매함으로써 얻는 문제해결, 구매 후 긍정경험, 좋은 브랜드를 선호한다. 회사가 아직 없거나 강점이 약하다면 고객들에게 제공할 브랜드 스토리부터 만들어보자. 스토리가 없다면 와디즈를 참조해 소설이라도 써보자. 고객들은 제품의 가격과 품질보다 브랜드에 대한 가치를 더 우선시함을 명심하자. 해외 판매를 하고 있는 국내 판매자들은 한국어 이미지를 그대로 업로드 해 놓은 경우도 있다. 영어로 번역해서 고객들에게 친절한 설명부터 하는 게 우선이다. 아마존에서 잘 팔고 있는 한국제품의 상세페이지를 살펴보자. 텍스트의 친절한 제품 설명은 기본이다.

바이어에게 제공할 정보를 수집하고 정리해라

일반 소매 고객에게 제공할 정보의 수집, 그리고 스토어 구축을 위한 정보와 자료를 수입하면서 바이어에게 제공될 자료까지 함께 작성해 놓으면 좋다. 바이어에게 필요한 자료는 회사소개서, 제품 브로슈어, 그리고 프라이스 리스트(Price List)이다. 일반 소매판매의 경험만 있는 분들은 이 부분에서 당황하거나 겁을 먹을 수 있다. 영어로 만들어야 하긴 하지만 전혀 걱정할 필요가 없다. 우선 회사소개서와 제품 브로슈어는 파워포인트로 만들고 프라이스 리스트는 엑셀로 만든 다음 영어로 번역하면 된다.

바이어에게 제공될 자료들은 예쁜 디자인과 레이아웃보다는 정보 전달 위주로 만들어져야 한다. 그래서 회사와 제품, 그리고 브랜드와 관련된 자료를 처음 수집할 때부터 회사소개서와 제품소개서에 채워질 콘텐츠도 함께 정리해 놓으면 도움이 된다. 회사소개서는 바이어의 신뢰를 높이기 위한 목적으로 만들어져야 하고 제품 브로슈어는 바이어의 수입 의사결정을 돕기 위한 목적으로 디테일하게 만들어야 하며, 프라이스 리스트는 그 파일 자체가 계약서와 오더장이 될 수 있느니 바이어의 편의성을 고려해서 만들어야 한다.

스토어 제작을 위한 자료를 수집하고 정리해라

쇼피파이 스토어를 만들기 위해 아이템을 선정했고 기본적인 자료의 수집이 되었다면 스토어를 구성할 자료들을 수집해 보자. 사실 처음 홈페이지를 구성하거나 스토어를 처음 만드는 분들은 어렵게 느껴질 수 있다. 하지만 이 책의 처음부터 분석과 조사를 통해서 아이템을 선정했고, 그 아이템이 해외 고객들에게 선택받는 방법을 고민했으며, 스토어의 구축 목적과 콘셉트를 결정하고, 소매 고객과 바이어에게 제공될 콘텐츠를 준비했다면 이 부분은 그렇게 어렵지 않다.

중요한 것은 상품정보 이외에 어떤 내용과 콘텐츠들로 나의 스토어를 채워 나갈 것인지 결정하는 것이다. 어떤 콘텐츠를 채울지 결정하는 기준은 명확하다. 내 스토어에 접속하는 고객이 어떤 사람들인지 분석하고, 그들이 더 많은 결제를 할 수 있도록 도움을 줄 수 있는 콘텐츠가 채워지면 된다. 앞서 말한 대로 스토어는 내 회사와 제품, 브랜드를 자랑하는 공간이 아니다. 타깃 고객이 B2B 바이어든 일반 소매 고객이든, 스토어의 구성은 고객과 소통하고 설득하는 과정을 통해 제품 구매로 연계되어야 한다. 앞서 일반 소매 고객과 바이어에게 제공되기 위해 수집했던 자료들을 스토어에 자연스럽게 녹여내면 더할 나위 없이 좋다.

스토어 콘텐츠의 기본은 상품, 페이지, 블로그 3개의 콘텐츠로 채워진다. 페이지는 회사소개처럼 잘 바뀌지 않는 정적인 구성으로 이루어져 있는 프레임이고, 블로그는 게시판과 같이 자주 업데이트 되는 콘텐츠를 말한다.

쇼피파이는 스토어를 개설하면 상품페이지와 블로그페이지, 정책페이지, contact를 자동으로 만든다. 이 기본 페이지 이외에 고객들에게 어떤 페이지를 만들어서 정보를 제공하고 노출할 것인지 선택하면 된다. 예를 들면, 회사소개 페이지, 브랜드 스토리 페이지, 핵심인력(팀)을 소개하는 페이지, 브랜드 소개 페이지, 국내외 입점 마켓플레이스를 모아 놓은 마케팅 현황 페이지, 해외에 진출해 있는 수출 현황 및 판매 채널 페이지 등 내가 원하는 모든 페이지를 만들 수 있다.

제조 역량이 있다면 보유 기술과 보유 설비 등을 자세히 설명하는 페이지를 만들어도 좋고, R&D 역량이 있다면 연구 개발 페이지를 별도로 만들어도 된다. 다양한 브랜드를 취급하는 전문몰로 운영할 계획이라면 브랜드 리스트 페이지를 추가할 수 있으며, 고객들의 리뷰만 모아 놓은 리뷰 페이지를 별도로 만들어도 좋은 계획이다.

블로그는 어떤 정보나 뉴스를 업데이트하면서 지속적으로 포스팅하는 것이다. 신제품 소식, 브랜드 뉴스, 전시회 참가 소식, 마케팅 소식 등 다양한 블로그를 추가할 수 있다. 회원들끼리 토론하는 커뮤니티 게시판을 추가할 수도 있다.

쇼피파이 스토어에서는 상품등록뿐 아니라 페이지 생성 블로그 포스팅이 무제한이다. 내가 원하는 페이지와 블로그를 수천 개 수만 개 만들어 등록할 수 있다. 타깃팅하고 있는 고객들의 니즈에 맞추어 언제든 콘텐츠의 내용을 채워가면 된다. 사실 스토어의 메뉴 구성과 랜딩페이지, 전체적인 레이아웃, 배너 등은 추후에도 쉽게 바꿀 수 있다. 스토어의 디자인이나 색감, 콘텐츠의 위치 등 디테일한 레이아웃은 언제든 혼자 변경이 가능하니 부담을 가질 필요 없다. 중요한 것은 내가 고객들에게 어떤 콘텐츠와 정보를 제공할 것인지 계획을 잡아 보는 것이다.

눈에 잘 띄는 곳에 항상 존재하라

노출에 기회가 찾아온다. 검색되고 존재해라

SHOPIFY STORE

《타이탄의 도구들》이란 책에서 저자 팀 페리스는 "눈에 잘 띄는 곳에 존재하라"라고 말한다. 책 속에 아놀드 슈워제네거는 "아무도 쳐다보지 않는다고 해서 스스로 사라지지 마라. 그들이 고개를 들어 나를 바라볼 때까지 기다려라. 퇴장만 하지 않으면 반드시 누군가 나를 기어이, 본다"라고 한다. 아놀드가 무명일 때 영화 제작자들의 눈에 잘 띄는 곳에 계속 머물면서 팝콘을 먹으며 기다렸다고 한다.

이 에피소드는 과거 오프라인 시절의 이야기이다. 현시점에서 온라인에서의 영향력과 비교한다면 노출되어서 존재하는 것의 의미와 효과는 몇 곱절 크다. "검색되지 않는 자 존재하지 않는다"라는 말이 있다. 사람이든 제품이든 검색이 되어야 하고 검색이 되지 않으면 기본이 안 되어 있다는 뜻이다. 제품을 팔든 서비스를 팔든 판매자는 항상 온라인에 검색되어 노출되어 있어야 한다. 아놀드가 제작자 옆에서 머물렀듯이 우리도 온라인의 다양한 곳에 노출되어서 검색되어 존재해야 한다. 검색되어야 노출되고 노출되어야 인지될 수 있으며, 인지되어야 판매가 가능하고, 판매를 해봐야 내 브랜드의 충성고객을 확보할 수 있다. 어떤 방식으로 어떻게 노출되는지는 사실 중요하지 않다. 의도적인 노이즈 마케팅도 효과가 있는 것을 보면 노출과 검색은 다양한 곳에서 가능하면 많이 이루어질수록 좋은 것이다.

네이버는 아직도 유료광고를 검색 결과 최상단에 배치한다. 네이버의 주요 수입원이 광고비이기 때문이다. 네이버의 시장 점유율이 점점 구글로 넘어가고 있으며 한국의 고객으로부터 외면받고 있는 것은 네이버가 좋은 검색 결과 대신 광고비를 선택했기 때문이다.

구글이 네이버와 다른 것이 우리에겐 정말 다행이다. 만약 그랬다면 우리는 돈을 내고 구글 노출을 해야 했을 것이다. 아니, 대기업들이 돈으로 구글 검색을 다 휩쓸었을 것이다. 그럼에도 무료로 노출되는 기회보다 정당하게 돈을 주고 광고 노출하겠다고 말하는 대표님들이 있다. 광고를 통해 고객에게 제품이 노출된다고 무조건 매출로 전환되지 않는다. 사실상 맘만 먹으면 하루에 광고비 10억도 집행 가능하다. 단기간 광고비만 많이 집행한다고 내 브랜드의 충성고객이 갑자기 늘어나고 매출이 폭증하며 지속적인 성장이 가능할까? 대부분 그렇지 않다. 왜냐면 기본적인 준비가 되어 있지 않기 때문이다. 네이버 스마트스토어에 제품을 등록하고 아무리 광고비를 많이 쏟아부어도 하나도 안 팔릴 수 있다. 고객들의 피드백과 반응이 없기 때문이다. 광고를 통해 구매가 이루어지더라도 그 고객은 스마트스토어의 충성고객일 가능성이 크다. 이런 경우 셀러는 광고비 투입 대비 수익률을 계속 계산해야 한다. 제품이 아닌, 브랜드 광고도 마찬가지이다. 준비되지 않은 채 키워드 등 유료 광고를 진행해 보았자 클릭당 비용만 지출된다. 유료 광고는 준비된 브랜드와 제품에만 효과가 있다.

유료 광고보다 차라리 스토어를 활성화시키고 SEO를 관리하면서 구글에 자연스럽게 노출되어 있는 것이 훨씬 효율적이다. 검색했을 때 온라인에서 검색되고, 특히 상위에 노출되어 있다면 일반 소매 고객의 유입도 늘릴 수 있고 바이어들의 인콰이어리도 많이 받을 수 있다. 고객들에게 오랜 기간 지속적이고 반복적으로 브랜드가 노출될 때 비로

소 인지도와 내적 친밀감이 상승한다. 무료 노출은 말 그대로 돈 안 들이고 고객들에게 자연스럽게 노출되면서 고객들에게 내 브랜드에 대한 신뢰도를 높이는 과정이다.

노출되어 지속되면 언제든 기회는 찾아온다. 고객이 스스로 찾아온다. 바이어들이 자의로 몰려온다. 언제까지 노출되어 있어라. 최근 구글과 BING 등 포털에서 AI 검색도 유행이다. 무료 노출에 관심이 있다면 AI 검색에도 최우선으로 노출될 수 있도록 관심을 가져보자.

판매가 안 된다는 의미는 노출이 덜 되었기 때문

우리는 투입되는 인풋 대비 결과물인 아웃풋을 계산한다. 그 계산을 기본으로 사업을 정리하거나 변경하거나 확장한다. 대부분 대표님들은 마케팅 비용도 이와 비슷하게 투입된 비용 대비 수익률을 계산해서 전환률, 수익률이 기대에 미치지 못하면 마케팅을 중단한다. 마케팅 비용이 집행되는 기간의 성과로 해당 플랫폼이 좋은지 나쁜지 판단하고 결정한다.

나는 지속적인 성장을 위해서는 발상의 전환이 필요하다고 생각한다. 매출이 나오지 않는 이유는 플랫폼에 존재하는 고객이 문제가 아니라 나의 브랜드와 제품을 찾고 있는 고객에게 아직 우리의 마케팅이 도달되지 못했기 때문이라고 생각해야 한다.

마케팅은 나의 충성고객을 모아 모아서 늘려가는 과정이라고 볼 수 있다. 이런 과정에 지속성이 가장 중요한 요인인 것은 분명하다. 그래서 일부 마케터들은 고객 생애 가치를 계산하기도 한다. 단기적으로 광고비를 얼마 써서 얼마의 수익을 얻었는지 계산하는 것이 아니라 한 명의 고객을 충성고객을 만들어 반복 구매를 통해 얻게 되는 최종 가치를 계산하는 것이다. 바이어는 고객 생애 가치를 계산할 수 있는 충성고객이다. 바이어는 지속적으로 나의 제품을 수입할 가능성이 높기 때문이다. 나의 제품을 찾고 있는 나의 고객과 바이어에게 나의 제품과 브랜드 정보가 도달하고 그들에게 영향을 미치도록 노력해야 한다. 아직 좋은 바이어와 충성고객을 만나지 못한 것은 아직 그들에게 나의 마케팅이 도달하지 못한 것이다.

SEO를 이해하면 내 스토어는 더 많이 노출된다

SEO는 'Search Engine Optimization'의 약자로 검색엔진 최적화를 말한다. 검색엔진은 구글, 네이버 등 포털에서 검색되는 알고리즘을 통틀어 말한다. 검색을 하는 고객들에게 "우리의 제품과 콘텐츠가 여기 있어요"라고 말하는 과정이기도 하다. 우리의 브랜드와 제품, 그리고 회사가 고객들의 검색에 잘 노출되기 위해서는 검색엔진이 어떤 과정으로 노출 순위를 선정하는지 알고 있어야 한다. 앞서 말한 것처럼 키워드 광고 등의 유료가 아닌 자연검색(Organic Search)으로 노출되는 것은 광고비를 줄임은 물론 고객들의 신뢰를 높이는 요소가 되기도 한다. 또한 최상단에 노출되는 등 순위가 높아지면 그에 따라 유입되는 고객의 수도 증가하는 것은 당연하다. 디지털 마케팅과 온라인 사업이 발전함에 따라 SEO도 점점 더 중요하게 되었다. 그리고 디지털 마케팅 중에 SEO 마케팅이 하나의 큰 축으로 자리 잡을 정도로 SEO의 영향력이 증가하게 되었다.

그러면 검색포털의 대명사인 구글은 어떤 웹페이지를 좋아하고 어떤 웹페이지를 싫어할까? 답은 간단하다. 검색하는 사람들에게 도움이 되는 양질의 콘텐츠를 좋아하고 불량한 콘텐츠와 불량한 방법으로 노출되려는 콘텐츠를 싫어한다. 사람들에게 도움이 되는 웹페이지를 사람들에게 일일이 물어볼 수 없으니 구글은 사람들이 웹사이트에 접속해서 오래 체류할수록, 공공기관 등 신뢰 있는 웹사이트에 링크가 많이 등록되고 공유될수록, 콘텐츠의 내용이 좋을수록, 고객들의 재방문률이 높을수록, 리뷰 등록 등 고객들과의 소통이 많을수록 좋은 정보를 담고 있는 웹사이트로 판단하여 최상단에 콘텐츠를 노출시킨다.

한편 우리가 쇼피파이로 홈페이지까지 통합하면 SEO는 어렵지 않으며, 스토어만 있는 것보다 SEO 측면에서 도움이 될 수 있다. 워드프레스는 웹페이지를 만들 때 별도로 SEO를 관리해줘야 하지만, 쇼피파이는 SEO를 이미 최적화시켜 놓았다. 우리가 스토어에서 해야 할 온페이지 SEO 작업은 구글 노출 시 보여지는 '페이지 타이틀', '페이지링크', '페이지 설명(메타디스크립션)'이 전부이다. 홈페이지를 통합해서 쇼피파이 스토어로 단일화하면 블로그 포스팅을 통해서 구글에 추가적으로 검색될 수 있고, 고객 유입을 증가시킬 수 있다.

① **노출되는 주소**(URL) : 쇼피파이에서는 노출되는 주소를 설정할 수 있다.

② **페이지 또는 블로그의 제목 또는 상품명**(TITLE) : 쇼피파이에서는 노출을

위한 제목 또는 상품명을 설정할 수 있다.

③ 상세설명(META DESCRIPTION) : 쇼피파이에서는 노출되는 상세설명을 설정할 수 있다.

쇼피파이 판매 채널은 마케팅에 날개를 달아준다

쇼피파이에서는 기본으로 제공되는 온라인스토어 이외에 다양한 판매 채널을 지원한다. 쇼피파이에 등록된 상품이 구글 쇼핑, 페이스북 쇼핑 등의 판매 채널에 자동 등록되기도 하고, 아마존 등에 등록된 제품과 리뷰를 쇼피파이에서 병합하여 관리할 수도 있다. 쇼피파이와 타 플랫폼과 판매 채널 공유 및 연계는 쇼피파이 본사가 지금까지 지속적인 성장을 했던 성장 동력이기도 하고, 판매자들의 입장에서도 손쉽게 판매처를 확대하여 관리할 수 있는 든든한 자원을 얻은 셈이다.

또한 쇼피파이 POS를 사용해서 오프라인 스토어에서 제품을 팔 수도 있다. 쇼피파이의 마케팅 채널은 본사에서 계속해서 업데이트 되고 있고 최근에는 틱톡과도 연동하는 판매 채널도 서비스하고 있다. 타 이커머스 솔루션들은 대부분 온라인 스토어만 단일 제공되고 타 플랫폼과 연계하거나 등록하기 위해서는 복잡한 과정을 거쳐야 하거나 별도의 비용을 지불해야 한다.이에 반해 쇼피파이의 다양한 판매 채널은 쇼피파이가 제공하는 엄청난 기능이다. 쇼피파이 스토어를 잘 만들었다면 다양한 판매 채널을 활용해서 노출의 기회를 확대해야 함은 당연하다.

충성고객을 만드는 마법의 편지, 이메일 마케팅에 집중해라

SHOPIFY STORE

이메일 마케팅은 최고의 고객 소통 채널이다

이메일 마케팅은 마케팅 방법들 중에서 잠재고객을 찾아내고 관심고객으로 육성하는 최고의 방법이며 충성고객들을 유지하는 핵심 툴이다. 대량주문의 바이어나 스토어의 일반 고객을 막론하고 고객 관계와 소통의 기본 채널이다. 한국의 경우 모바일, 직접 전화, 문자 메시지, APP 메시지 등이 일반화되긴 했지만, 그래도 이메일 마케팅은 기본 중의 기본이다. 이메일은 고객과 상호관계를 유지하는 채널이고, 고객 직접 마케팅의 방법으로 제품 소식 등의 전달 효과가 아직도 크다.

이메일 마케팅의 장점을 살펴보면 다음과 같다.

첫째, 이메일 주소의 수집이 쉽다는 것이다. 20년 전 나는 카자흐스탄 알마티에서 재방문 고객들을 상대로 마케팅을 위해서 고객정보 수집과 설문 조사를 한 경험이 있다. 당시 홍보물 발송 등 마케팅을 위해서 고객들의 휴대폰 번호와 주소까지 수집했었는데, "왜 우리 집 주소를 물어보느냐, 왜 주소까지 알아야 하느냐"라고 항의하는 고객들이 많아서 결국 수집 항목에서 주소를 삭제했었던 경험이 있다. 국가마다 다르겠지만 집 주소의 노출을 꺼리는 고객들이 생각보다 많다. 주소가 노출되어서 나와 가족이 무방비로 편안히 쉬고 있는 집에 낯선 사람이 찾아오거나 범죄에 노출될 수 있기 때문이다. 휴대폰의 경우도 본인과 상관없는 사람이 전화를 걸어 왔을 경우 전화번호를 어떻게 알았는지 걱정하는 고객들도 의외로 많다. 한국은 휴대폰 번호 노출과 집 주소 노출에 크게 신경을 쓰지 않을 만큼 안전한 나라이지만, 해외의 경우는 개인정보에 상당히 민감하다. 그에 대한 대안이 이메일 주소이다. 고객 입장에서도 이름과 휴대폰 번호, 집 주소를 노출할 필요가 없고 이메일 주소로 간단히 소통이 가능하기 때문에 해외에서는 이메일을 통한 소통과 웹사이트 가입이 일반화되어 있다.

쇼피파이도 간단한 이메일 주소로 가입이 가능하다. 이메일 가입을 하지 않고도 스토어와 웹페이지의 모든 것을 확인할 수 있고 제품을 구매할 때야 비로소 이메일 주소를 입력하는 경우도 빈번하다. 한국은 아직도 아이디(ID)로 회원가입을 해야 해서 중복 체크 등을 하지만, 이메일의 경우 대부분 1인 1 이메일 주소를 보유하고 있어 중복체크를 할 필요도 없다.

이메일 마케팅의 최고 장점은 정보의 수집이 쉽다는 것이다. 더불어 글로벌 스토어에서 한국처럼 ID, 모바일 번호, 집 주소까지 처음부터 정보를 입력받으려 하거나 가입된 회원만 콘텐츠를 확인할 수 있게 한다거나, 처음부터 휴대폰 번호까지 받고 회원가입을 하려 한다면 고객들의 이탈률은 높아질 것이다.

둘째, 저렴한 마케팅 비용이다. 알려진 바에 따르면 이메일 1건당 발송 비용은 1원 정도이다. 원가 1만5천 원, 판매가 2만 원인 제품을 판매하기 위해 10만 건의 이메일을 발송하고 최소 전환율인 0.1%만 구매로 전환되었다면 구매 고객은 100명, 수익은 50만 원(5000원×100명)이며 비용은 10만 원(100,000×0.1%)이다. 마케팅 비용을 10만 원 투자해서 50만 원의 수익을 낸 것이다. 이처럼 이메일 마케팅은 가성비 좋은 마케팅 방법이고 최고의 ROI(비용대비 수익률)를 보여준다.

셋째, 이메일 마케팅을 통한 높은 전환률이다. 바로 위에서 예시로 들었던 0.1%는 한국의 기준으로도 최저 전환률이다. 하지만 해외의 경우 국내보다 이메일 마케팅 전환률이 높다. 이유는 앞서 말한 것처럼 대부분 이메일 주소로 웹사이트 가입을 하고 있으며, 이메일을 자주 확인하고 있기 때문이다. 해외의 고객들에게 이메일은 주요 소통 채널이다. 특히 응답률이 높은 고객들을 데이터베이스화 해놓는다면 다음번 이메일에서는 구매로 전환되거나 관심고객으로 승격될 가능성도 있다.

넷째, 고객의 이메일 주소는 기업의 소중한 마케팅 자산이다. 기업이 이메일 주소를 보유하고 있는 고객은 SNS 등의 소셜 팔로워, 입점형 마켓플레이스의 고객들과는 다르다. 타 플랫폼의 고객들은 우리가 직접 마케팅을 진행하기 어렵다. 플랫폼의 고객이기에 우리가 마케팅하는 것을 싫어하고 그렇기에 고객들의 정보를 우리에게 노출하지 않으려 노력한다. 이메일을 비롯한 고객의 정보를 수집한 기업은 고객들에게 마케팅이 가능하다. 이러한 마케팅을 통해서 잠재고객을 관심고객으로, 관심고객을 충성고객으로 만들어 열렬한 팬을 만들어 낼 수 있다. 하지만 고객의 정보가 없으면 마케팅을 할 수가 없다. 마케팅은 결국 고객에게 전달하는 메시지인데, 전달해야 하는 목표(객체)가 없는 것이다. 입점형 마켓플레이스에서 매출이 일어난다고 해도 우리의 고객이 아닌 이유가 여기에 있다. 1년에 1조 원 이상의 마케팅 비용을 지출하고 있는 '테무'는 IT 회사이다. 테무는 적자와 손해를 보면서 공격적으로 영업활동을 하고 있는 이유로 '고객의 DB를 얻기 위해서'라고 공공연하게 말한다. 하루하루 대기업 마켓플레이스에서 매출만 확인하고 있었던 우리로서는 이제야 이해가 되는 부분이기도 하다. 고객의 이메일 주소는 기업의 소중한 마케팅 자원이다.

다섯째, 이메일 마케팅은 고객별로 개인화된 마케팅이 가능하다. 쇼피파이 스토어를 통해서도 장바구니에 담았다가 결제를 안 한 고객, 구매한 지 6개월이 지난 고객 등 고객의 세션 활동을 분석해서 개인별로 타깃화된 이메일 마케팅이 가능하다. 또는 문제고객, VIP 고객, 관심고객 등 고객을 세분화하여 그룹화해서 이메일 마케팅이 가능하다.

여섯째, 자동화 기능이 가능하다. 이메일 마케팅은 꽤 오래된 마케팅 기법 중의 하나다. 그래서 대부분 개인화된 자동화 발송 기능이 가능하다. 자동화가 가능하다는 의미는 사전 설정으로 자동으로 마케팅이 진행된다는 것을 의미한다. 마케팅을 위해 투자되는 시간 대비 가성비 좋은 마케팅 방법이다.

일곱째, 뉴스레터를 발송할 수 있다. 뉴스레터는 고객에게 정기적인 소식을 전하는 방법이다. 물론 쇼피파이도 뉴스레터 수신 동의를 한 고객들에게만 이메일을 발송하도록 추천하고 있긴 하다. 하지만 고객이 주문을 하게 되면 주문확인 메일이 고객에게 자동으로 발송되고, 제품 발송 시에도 고객에게 자동으로 이메일이 전송된다(별도의 세팅 없이 기본 자동발송). 따라서 주문 경험이 있는 고객에게는 이메일 수신 동의를 하지 않았더라도 뉴스레터 발송이 가능하다. 뉴스레터를 포함한 이메일은 세분화된 고객별로 다른 메시지를 전달하도록 만들어져야 한다. 뉴스레터를 통한 마케팅은 잠재고객을 관심고객으로, 관심고객을 브랜드의 충성고객으로 만드는 등의 전략이 반드시 필요하다.

이렇게 장점이 많은 이메일 발송 마케팅도 주의할 점이 있다. 아마도 이메일 마케팅에서 유의할 점은 이 글을 읽고 있는 독자들이라면 주지하고 있을 것이라고 생각한다.

첫째, 스팸메일을 보내지 말아야 한다는 것이다. 설명이 필요 없다. 스팸 처리되지 않도록 이메일을 발송해야 한다는 것을 말한다. 대부분의 국가들은 스팸메일 발송을 금지하고 있다. 따라서 웹사이트에서 수신 동의한 이메일만 발송해야 한다. 하지만 우리나라에도 '광고'라고 제목에 뻔뻔하게 단어를 나열하고 하루에도 수십 통씩 스팸메일이 들어온다. 우리 모두 받은 메일함에 광고로 들어온 이메일을 읽지도 않고 스팸처리한다. 우리가 이메일 마케팅을 진행하려고 할 때는 절대로 스팸처리가 되면 안 된다. 특히 바이어 발굴을 위해서 어쩔 수 없이 '거래제안서'를 보내는 경우에도 제일 유의해야 할 것은 스팸 처리되지 않는 것이다. 그리고 전시회나 상담회에서 만난 바이어에게 소개자료 등을 이메일로 전송했음에도 많은 경우 바이어가 모르는 이메일이라 스팸 처리하는 경우도 많다. 스팸으로 대량으로 메일을 발송하지 말아야 함은 물론이고, 나의 발송메일이 스팸 처리되지 않도록 특별히 조심해야 한다.

고객이 스팸 처리를 하는 경우도 있지만, 구글 또는 네이버가 자체적으로 스팸으로 분류하는 경우도 많다. 그래서 나는 해외 고객관리의 경우에는 개인적으로 구글의 기업 GMAIL(G 슈트)을 추천한다. 전 세계에서 가장 많이 사용되는 것이 구글이고 GMAIL이다. 스팸 처리되는 위험을 감수한다면 구글GMAIL을 쓰는 것이 효과가 있다고 생각하고, 더불어 기업용 이메일을 쓰는 것은 기업의 신뢰를 높인다고 생각한다. 나 또한 구글의 G슈트를 이용해서 기업 이메일을 사용하고 있다.

국내 영업의 경우에는 네이버 기업 이메일을 추천한다. 국내에서 가장 많이 사용되는 이메일이 네이버 메일이고 같은 이유로 네이버 웍스 기업 메일을 추천한다.

둘째, 집단으로 메일을 발송하지 말아야 한다. 스팸 메일을 받아보면 수신자 목록에 몇십 명, 몇백 명씩 등록해서 동시에 발송한 메일을 가끔씩 볼 수 있다. 이런 이메일들은 스팸 처리되는 것이 대부분이다. 이런 메일은 로봇이 발송한 것처럼 느껴진다. 그래서 메일을 열어본 고객들도 기분이 좋지 않다. 만약 사람이 수동으로 발송했다면 이메일 마케팅을 전혀 모르는 초보가 발송한 것이다.

이메일 마케팅으로 고객 육성 시스템을 구축해라

이메일 마케팅이 성공하기 위해서는 3가지 관문을 통과해야 한다. **첫 번째는 스팸처리되지 않아야 하고, 두 번째는 고객이 이메일을 읽도록 유도해야 한다. 세 번째는 고객별로 개인화되고 맞춤화된 정보와 가치를 전달해야 한다.**

이메일에 알지 못하는 링크가 사용되거나 이미지가 많이 있거나 문서를 첨부하는 것은 고객이 스팸처리 할 가능성이 있다. 이미 고객들은 스팸의 링크를 잘못 클릭하거나 첨부 문서를 열었다가 불법 사이트, 피싱 사이트, 불법 프로그램 설치 등의 좋지 않은 경험을 했을 수도 있다. 또 이미지가 많이 첨부되었을 경우 다운로드 하는 데 휴대폰의 데이터를 많이 사용해야 할 수도 있으므로 대용량, 또는 많은 이미지는 이메일에 포함되는 것을 지양해야 한다. 특히 제품을 아직 구매해보지 않은 잠재고객이라면 더욱 조심스럽게 접근해야 한다.

고객이 이메일을 읽게 하기 위해서는 고객 이름을 이메일 제목에 넣는 등의 개인화해야 하며, 고객이 관심을 가질 만한 제품이나 소식, 정보의 콘텐츠를 제목에 넣어 클릭을 유도해야 한다. 잠재고객이지만 응답률이 좋고 제품에 호감을 가진 것으로 판단되는 고객들과 관심고객, 그리고 충성고객에게는 세일 정보, 기간 임박 등 판매와 관련된 정보나 프로모션, 고객별 할인 정보 등의 혜택 정보를 전달해도 좋다. 하지만 고객이 잠재고객일 경우에는 제품을 세일즈하기보다 유용한 정보나 교육 정보 등 가치 있는 정보를 제공하는 것이 더 유용하다. 잠재고객의 입장에서 아직 브랜드와 제품에 대해서 호감이 있는 상태가 아닌데 무조건 제품만 프로모션하게 되면 지나치게 상업적인 접근에 스팸 처리하거나 부담을 느낄 수 있다. 이메일 마케팅의 목적은 단기적인 매출 신장이 아니라 꾸준하게 브랜드 충성도를 키워서 장기적으로 충성고객을 만드는 것이다. 다시 말하지만, 이메일 마케팅은 고객과의 훌륭한 소통 채널이자 고객을 교육하고 육성하는 최고의 수단이다. 스팸 처리가 되어서 충성고객의 가능성이 있는 고객들을 잃는 실수를 하지 말아야 한다.

그러면 이메일을 효과적으로 사용하는 방법은 어떤 것이 있을까?

첫째, 이메일 주소 등 고객정보와 고객의 성향을 분석하고 데이터베이스화해야 하고 지속적으로 업데이트 해야 한다.

둘째, 정기적으로 발송해야 한다. 정기적인 뉴스 레터 발송으로 고객의 관심을 유지해야 한다.

셋째, 스토어 유입을 유도해라. 이메일 본문에 간단한 설문조사(서비스 제공) 등 고객과의 상호작용을 할 수 있는 콘텐츠를 넣거나 쇼피파이 스토어로 유입할 수 있도록 클릭을 유도하는 구성하면 더욱 좋다. 단, 앞서 말한 것처럼 잠재고객들에게 클릭 등의 스토어 유입 시도는 스팸처리의 위험성을 동반할 수 있다.

넷째, 이메일 자동화 발송 시스템을 구축해야 한다. 이메일 마케팅 전문 APP을 사용하면 발송 가이드 제공, 고객 세분화, 스팸 처리 되지 않는 발송 방법 등 생각보다 도움을 받을 수 있는 부분이 많다.

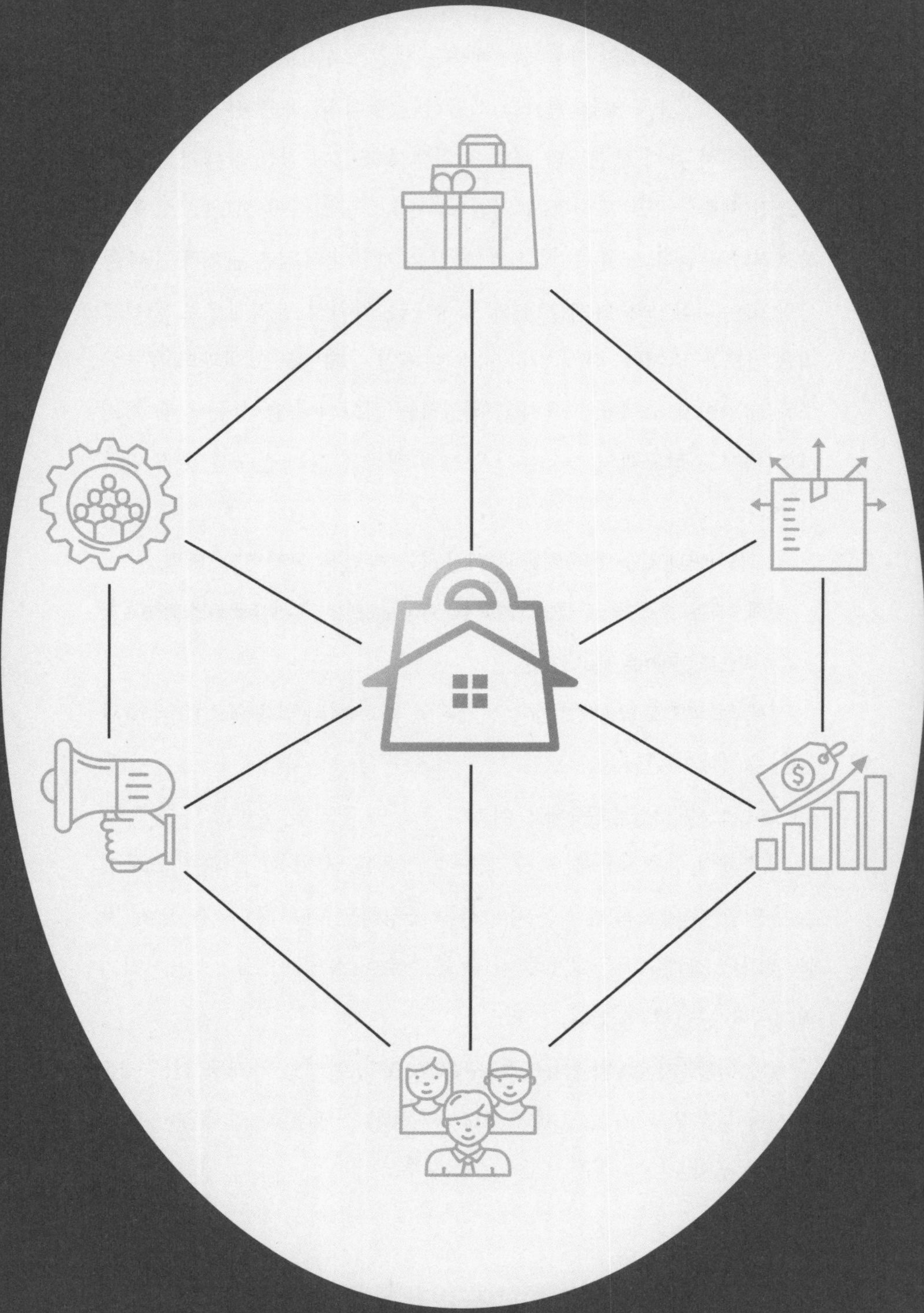

Chapter.5

생초보 B2B 수출로 매출 극대화하기 (고급)

쇼피파이 스토어를 활용하여 스케일업 하기 위해서는 B2B 수출이 필수이다. 쇼피파이 스토어를 운영함과 동시에 왜 바이어를 통한 수출이 필요한지, 그리고 수출을 위한 준비는 어떻게 해야 하는지, 바이어와의 상담과 협상 방법, 바이어 발굴 방법 등에 대해서 알아본다. 쇼피파이 글로벌 스토어를 활용해서 바이어를 만나고 B2B 대량 수출을 성공할 수 있는 방법들에 대해서도 하나씩 살펴보자.

B2B 수출을 위한 기본 마인드셋부터 장착해라

B2B 수출은 무조건 해야 한다

우리는 쇼피파이로 글로벌 스토어를 만들었다. 그리고 적극적인 마케팅으로 웹뿐만 아니라 SNS에 나의 브랜드가 노출되어 있다. 이렇게 조금씩 주문을 받고 해외로 발송을 하다 보면 바이어들의 문의를 받게 된다. 사실 제품 구매 문의를 받았을 때 일반 소매 고객인지 큰 바이어인지 구분하기 힘들다. 문의를 하는 바이어들은 대부분 친절하게 회사소개를 하지 않는 편이다. 그럼에도 불구하고 우리와 같은 소상공인 셀러들은 대량수출을 시도해야 한다. 앞서 짧게 언급한 대로 언제까지 소매 고객들에게만 판매할 수 없다. 해외 대량수출의 장점은 정말 많다. 국내 판매와 비교하여 장점을 간단히 말하자면 다음과 같다.

첫째, 중소기업 브랜드가 성장하기 쉽다. 해외 고객들과 바이어는 한국의 브랜드를 우리보다 잘 알지 못한다. 그래서 우리 같은 중소기업에 수출이라는 기회가 존재한다. 그리고 현지의 바이어들은 우리보다 현지 시장에서 판매 역량이 대부분 뛰어나다.

둘째, 수출이 되기 시작하면 꾸준한 재주문이 많다. 소매판매에서는 고객 생애 가치라고 표현하기도 한다. 정기적인 수출이 이루어지기 시작하면 지속적인 수출로 이어질 가능성이 크다. 그리고 내수 시장의 변화에 크게 영향을 받지 않고 안정적이고 꾸준한 매출을 유지할 수 있다.

셋째, 정부의 수출기업 지원이 많다. 한국 정부는 수출에 진심이다. 수출 활성화를 위한 지원정책이 많다.

넷째, 시장 규모가 크다. 브랜드가 해외에서 성공하면 전 세계가 타깃 국가가 되고 글로벌 브랜드로 성장 가능성이 있다.

다섯째, 수출을 시작하면 국내 판매에도 힘을 받게 된다. 국내 판매를 위한 마케팅 요소로 수출 실적은 꽤 쓸만한 포인트이다.

B2B 수출을 원하면 바이어에 대한 개념부터 바꿔라

수출 현장에서 대표님들을 만나보면 수출과 바이어에 대해서 잘못된 생각을 가지고 계신 경우가 생각보다 많이 있다는 것을 알 수 있다. 쇼피파이 글로벌 스토어를 통하여 대량 B2B 수출을 하는 때도 공급가격의 노출과 대량수출, 그리고 바이어에 대한 기존 개념과 선입견부터 바꾸는 것이 중요하다. 왜냐면 수출에 대한 개념과 바이어에 대한 인식이 향후 기업의 수출 정책을 수립하는 기본 뼈대가 되기 때문이고, 이러한 마인드셋은 장기적인 수출 마케팅에서 큰 차이를 가져오기 때문이다. 수출은 장기적인 마케팅 플랜과 전략, 그리고 전술을 통한 끈기와 의지로 완성된다. 수출을 원하는 대표님들이 바꿔야 할 생각은 다음과 같다.

빨리 수입해 주는 바이어만 만나겠다

바이어에게 바로 수출을 할 수 있을 것 같은 기대감이 있었다가 바이어가 수출 검토 등을 이유로 일정을 지연하면 실망을 하면서 업체의 대표님들은 괜히 가격만 오픈했다는 생각을 하게 된다. 바이어와 소통할 때 바이어의 반응이 좋아서 희망을 가졌었기에 어찌 보면 대표님들의 실망은 이해가 가는 부분이기도 하다. 이러한 생각을 하고 계신 대표님들은 대부분은 수출을 잘 모르거나, 수출 초보 기업이거나, 수출을 해본 경험이 없을 가능성이 크다. 앞으로 바이어 발굴과 바이어 성향에 대해서도 설명하겠지만. 이런 생각들은 바이어의 상황과 입장을 잘 몰라서 생긴 오해이다. 바이어들의 성향과 상황은 원래 그러한 것을 대표님들이 알지 못해서 오해한 것이라고 보는 것이 합리적이다.

사실 바이어를 만난 뒤 바로 수출로 이어지는 경우가 오히려 비정상적인 상황이다. 보통은 수입 준비를 끝내고 열심히 찾고 있던 제품을 우연한 기회에 만나게 되었을 때 수출로 이어진다. 이를테면 소개팅에서 내가 원하는 이상형을 만났는데 상대도 나를 맘에 들어 해서 다음달에 바로 결혼하는 경우에 비유할 수 있다.

앞서 4장에서 말한 것처럼 팔리고 써보고 경험해야 브랜드가 구축되고 인지되고 완성된다. 새로운 브랜드의 경우 브랜드 인지도가 있어야 팔리는 것이 아니고, 팔려야 브랜드가 인지된다. 해외에 판매하기 위해서는 많은 잠재바이어를 확보하고 꾸준한 수출 마케팅이 필요하다. 바이어의 상황이 개선되어서 마침내 수입할 수 있을 만한 컨디션이 되면 그제야 수출이 이루어지는 것이다. 수출에서 가장 중요한 것은 대표님들의 수출 의지와 끈기이다. 바이어들이 수입하지 않는다고 바이어를 의심하지 말고 그 바이어에게 끈질기게 마케팅을 해보자. 결국, 수입할 때까지 말이다.

아무 바이어에게나 수출하지 않겠다

모든 대표님들에게 제품과 브랜드는 정말 소중하다. 특히 특허가 있는 제품이거나 유니크한 특징이 있는 제품과 브랜드를 보유한 기업이라면 대표님들의 브랜드 사랑은 정말 대단하다.

하지만 간혹 이 사랑이 지나친 나머지 아무 바이어에게 수출하지 않겠다고 하거나, 바이어 자격이 없다고 하거나, 바이어를 가려가며 만나겠다고 생각하는 대표님들이 있다. 수출이 잘 나가고 있거나 현지에 이미 파트너가 있는 경우, 기존 바이어들과의 관계 등을 고려해서 신규 바이어와 거래를 고민하는 것은 기업의 수출 정책을 고려했을 때 당연한 생각이다. 또는 제품의 가격 경쟁력과 품질 경쟁력이 워낙 뛰어나서 현지의 대형 바이어들로부터 수많은 수입의뢰를 받고 있는 경우나, 선수금이나 데파짓 금액을 넣고 서로 수입하겠다는 바이어들이 줄을 서서 기다리고 있을 때 바이어를 선별하기 위해서 검토되어야 하는 수출 정책이다.

하지만 수출을 이제 시작했거나 해외에서 아직 브랜드 인지도가 없을 경우 나의 제품을 해외 바이어와 고객들은 알지 못한다. 수출 초기에는 내가 바이어를 검증하는 것이 아니라 바이어가 현지 판매 가능성을 두고 나의 제품과 브랜드를 검증하는 시간이다. 오히려 바이어들에게 현지에서 많이 팔아달라고 부탁을 해도 지나치지 않다. 사업 초기 바이어 발굴은 나의 제품과 브랜드에 관심 있는 여러 바이어를 컨택하고 테스트해보아야 하는 것은 당연하며, 나의 브랜드를 현지에서 세일즈 해보겠다고 하는 다양한 바이어에게 기회를 제공해야 한다. 어떤 바이어가 세일즈를 잘할지는 아무도 모른다. 선수금을 지급하고 수입을 해 간 바이어는 손해를 보지 않기 위해서 최선을 다해 판매하려고 노력할 것이다. 하지만 판매의 성공과 실패는 현지 최종고객들의 구매 결정에 달려 있다.

그런데 공급자 입장에서 바이어를 한 번 보고 현지 판매의 성공 여부를 결정짓고 바이어를 판단하는 것은 너무 섣부르다. 그리고 바이어의 현지 유통 채널과 판매 채널이 크고 넓다고 무조건 좋은 것도 아니다. 바이어가 힘이 있으면 내 브랜드 이외에 취급하는 브랜드가 수백 수천 개이며, 가격조건과 결제조건이 수출자에게 불리한 경우가 많다. 오히려 판매 채널이 크지는 않지만, 나의 제품을 주력으로 판매하는 바이어가 시장진입 초기에 더 많이 팔 수도 있다. 실제로 제품을 수입해서 판매계획을 짜고 판매를 시작하게 되면 그제야 우리 제품의 진가를 알게 되거나 생각지도 못하게 고객들의 반응이 좋아서 수출이 크게 증가하는 사례도 있다.

실제로 수출에 대한 경험이 많고 마인드셋이 정리된 대표님들은 한 박스라도 새로운 바이어에게 수출하려고 노력한다. 신규 바이어는 손해를 보면서 제품을 공급하는 전략을 쓰기도 한다. 어차피 브랜드와 제품은 우리의 것이고 제품공급 권한과 가격 결정 권한은 우리 대표님들에게 있기 때문에 본사 차원에서 언제든 바꿀 수 있다. 브랜드의 성장 속도에 맞추어 바이어 정책을 진행하면 된다. 사업 초기에는 많은 바이어들에게 나의 제품을 많이 판매해라. 그리고 시장진입 초기에는 나라마다 고객들의 피드백을 바이어로부터 수렴해서 제품을 어떻게 보완하고 업데이트해야 할지 개선하고 고민해야 할 시기이다.

내 브랜드만 사랑해주는 의리 있는 바이어만 만나겠다

해외 수출 상담회와 전시회에서 만나는 바이어들에게 수출을 기대하는 중소기업들이 많다. 좋은 바이어를 만나서 한 방에 수출하기를 기대하고 출장을 간다. 하지만 현지 출장에서 수출 계약이나 선수금 입금 등의 실제 수출 이벤트는 일어나기 어렵다. 미팅 전 수출에 대한 기대감이 컸으나 미팅 후 별다른 소득이 없는 경험을 몇 번 반복하다 보면 기업의 수출 마케팅 능력이 부족했다거나 해외 브랜드 인지도를 높여야겠다는 생각을 하는 것이 아니라 '내 제품은 훌륭한데 제품의 가치를 알아주는 바이어를 아직 만나지 못했다'고 생각하는 대표님들이 의외로 많다. 현지에서 내 제품을 알아주고 내 제품만 판매하는 의리 있는 바이어를 만나서 독점권을 주고 현지 판매를 알아서 맡기겠다고 말하는 대표님들도 있다. 과연 이런 바이어를 만나면 수출이 성공할 수 있을까? 그리고 그 바이어가 정말 나의 브랜드를 사랑하고 의리 있는 바이어가 맞을까? 나의 경험상 결과가 좋지 못하다. 우선 바이어는 대부분 의리가 아니라 비즈니스의 관점에서 수입 의사결정을 한다. 만약 진정 의리로 수입을 결정한다면 프로페셔널하지 못한 바이어이기에 현지 판매가 어려울 것이고, 현지에서 판매능력이 검증되었다면 그것은 의리가 아니라 수입 타당성 분석은 물론 합리적인 판단으로 수입을 이미 결정한 이후에 의리를 명목으로 추가적인 할인과 좋은 조건을 이끌어내는 전략이었을 가능성이 크다. 그리고 현지에서 내 브랜드만 판매하는 바이어를 만나기는 쉽지 않다.

결론적으로 이런 바이어를 만나기 어렵고 만나더라도 수출로 성공할 가능성이 희박하다는 것이다. 따라서 나의 브랜드와 제품을 사랑해서 현지판매와 전략에 열정적으로 임함과 동시에 판매 성과를 도출하는 진성 바이어를 여러 명 만들어야 한다. 그런 과정에서 바이어도 수익을 창출하고 돈을 벌어서 점점 수입 물량을 늘려가면서 제품이 널리 유통되고 브랜드 인지도가 향상되는 플랜을 기획하는 것이 수출의 정석이다. 판매 채널도 넓고 판매능력도 있으며, 의리 있고 나의 제품만 수입해서 열정적으로 판매해 주는 백마 탄 왕자님 같은 바이어는 동화 속에나 존재한다.

또한 다양한 바이어를 많이 만나서 미팅을 해야 하는 것과 더불어서, 제품의 노출도 가급적이면 오프라인이든 온라인이든 나의 브랜드와 제품이 최대한 많이 노출되면 노출될수록 좋다. 그 노출이 유료일 경우는 기대효과와 가성비를 고려해봐야 하고, 무료 노출일 경우는 무조건 노출돼야 하는 것이 분명한 사실이다. 수출 초기 해외에서 인지도가 별로 없고 바이어가 별로 없다면 나라와 언어를 따지지 말고 가급적이면 브랜드를 많이 노출시킬 수 있도록 노력해야 한다. 많이 노출되어야 바이어든 소매 고객이든 많이 만날 수 있다.

내 제품 카테고리를 취급하는 전문 바이어를 만나라

'현지에 아는 지인이 있고 아는 바이어가 있으니 그 바이어에게 수출을 진행해서 성공하겠다'라고 생각하는 대표님들이 많다. 나의 제품과 브랜드가 그들의 전문 분야가 아니고 현지 판매 채널이 없는 지인(특히 현지 한국인)과 바이어가 과연 현지에서 돈과 시간을 투자하며 나의 제품을 잘 팔 수 있을 가능성이 몇 프로나 될까?

현지에서 새로운 제품과 브랜드를 판매하는 것은 기존의 전문 바이어에게도 쉽지 않은 일이다. 나의 제품에 관심 있는 바이어들조차 바로 수입하지 않고 시간을 두고 조사하고 검증하며 때를 기다려 수입을 결정한다. 수출 상담 후 1년 후에 수입 결정을 하는 바이어도 있다. 이렇듯 수입을 하는 것은 현지의 판매 타당성 검토는 물론 여러 담당자의 합리적인 수입 결정에 따라 신중하게 이루어진다. 지인과 아는 바이어가 내 제품에 대해서 관심이 있다고 하더라도 유사 제품을 취급해본 이력이 있고 현지에 판매 채널을 보유하고 있는지 반드시 확인해보아야 한다. 지인이 아무런 준비 없이 수입을 해 가게 되면 우리와 지인 양쪽에 문제가 발생할 수 있다. 지인도 가격을 지불하고 수입했으나 제품이 팔리지 않아서 손해를 감수하고 헐값에 판매하는 등의 손실을 볼 것이고, 우리의 입장에서도 지인이라 마진 없이 제품을 공급했으나 현지에서 우리 브랜드의 소매가격이 무너져 다른 바이어들에게도 좋지 않은 영향을 주기 때문이다. 가능하면 국가별로 수출 정책을 수립하고 합리적인 계획에 따라 바이어를 만나고 수출을 진행하는 것을 추천한다.

바이어는 나의 해외 시장 영업사원이다

수출에 대한 고정관념을 바꾸면 수출의 기회가 확장된다

한국 중소기업의 대표님들이 생각하고 있는 수출에 대한 개념을 정리해 보고자 한다. 어디로부터 교육을 받았는지, 누구로부터 조언을 듣고 수출에 대한 개념을 정립했는지 몰라도, 나의 경험상 수출을 생각하고 계시는 대부분 대표님들의 생각은 비슷한 것 같다. 수출을 시작하는 기업이나 현재 수출을 하고 있는 기업들 모두의 생각은 비슷하다. 내용은 다음과 같다(OEM, ODM 수출은 제외).

- 결제 : 선수금 100% 받고 오더를 진행하고, 늦어도 창고 출고 전까지는 100% 받아야 한다.
- MOQ : 컨테이너 베이스 또는 적어도 몇 팔레트 정도는 되어야 하며, 이 정도 물량을 소화해야 진성 바이어다.
- 현지판매 : 국내의 총판이나 도매상에게 판매하는 것처럼 수출하고 나면 우리는 끝이다. 나머지는 현지에서 바이어가 알아서 팔아야 한다.
- 공급가 : 국내 도매가 기준으로 FOB 가격을 책정하고 현지에서 바이어가 얼마에 팔든지 상관 안 한다.
- 클레임 : 우리는 분명 파손과 수량 부족 없이 부산 포트까지 보냈으므로 FOB 조건상 우리는 책임이 없다. 또 현지 통관 등의 문제는 바이어가 알아서 처리해야 할 문제다.

- 인증 : 정부 기관의 지원을 받아 한국기업이 준비해야 한다.
- 독점 : 바이어가 정기적으로 수입을 하고 있는 상황에서 현지 국가의 독점 권한을 달라고 요청하면 1년마다 계약을 체결하고 수출액을 충족하지 못하면 다음 해에 다른 바이어에게 독점을 준다.

위의 내용을 간략하게 정리하면 '나는 이런 조건에만 수출할 수 있으니 나의 조건에 맞는 바이어에게만 수출하겠다'는 나름대로의 명확한 수출 정책처럼 느껴진다.

사실 무역의 조건에서 정답은 없다. 각각의 기업마다 수출 정책이 다르고 바이어와의 협상에 따라 조건이 다른 것이 일반적이다. 한국의 경우 아이템별로 수출 조건이 다르기도 하다. 단, 다양한 바이어들의 니즈와 요청을 고려해 보지 않고 위의 내용처럼 공급자 기준의 일방적인 조건만 고집하면 수출 성공 가능성이 줄어들 수밖에 없는 것은 필연적이다. 분명한 사실은 수출을 잘하고 있는 기업들은 위의 항목대로 수출 조건을 고집하고 있지 않다는 것이다. 명확한 사실은 다양한 나라에 수출을 확대하고 브랜드 인지도를 높이기 위해서 해외 판매가 반드시 필요하다는 점이다. 하지만 이런 유연하지 못한 정책의 고집은 상담시 바이어로부터 바로 외면을 받을 가능성이 크다.

바이어가 우리 제품을 수입해서 현지에서 많이 팔아서 함께 성장할 수 있도록 바이어를 파트너로 생각하고 함께 협업해야 한다. 바이어는 전 세계의 다양한 브랜드와 제품을 언제든 수입할 수 있다. 수출이 필요한 쪽은 우리이고 아쉬운 쪽도 수출자인 우리 기업이다. 우리의 목적이 최종적으로 현지에서 판매가 잘되는 것이라면 기업이 허용할 만한 바이어의 조건을 수용하고 다른 측면에서 이득을 취하는 등의 협상 능력과 유연한 조건의 운용이 필요하다.

수입자가 되어 보면 바이어를 이해할 수 있다

바이어들이 우리 기업들의 고정된 수출 조건을 어떻게 인식하는지 궁금하다면, 입장을 바꾸어서 우리가 한국의 수입자라고 가정하고 생각해보면 쉽게 알 수 있다. 한국 시장에서 제품과 브랜드 인지도가 없는 해외 제품이며, 수입시 본사의 지원 없이 내가 별도의 마케팅과 홍보 활동을 통해서 판매해야 하는 아이템이라 가정하자. 결제하고, 수입통관을 하고, 실제 판매를 하기까지 3~5개월이 시간이 소요되어서 돈이 묶여 있다. 혹시 수입통관에 문제가 발생하면 우리 스스로 해결을 해야 한다. 첫 거래라 수출자를 신뢰할 수 없는데 수량 부족, 샘플과 다른 제품의 선적, 파손 등의 위험을 모조리 내가 부담해야 한다. 한번 수입하면 반품이 불가하다. 공급받는 가격이 비싸서 수입 비용과 나의 마진을 붙여서 판매가를 책정하면 가격이 너무 높아진다. 한국의 고객들이 현지에서 직구하는 것이 더 싸다. 독점을 받은 뒤 매출액을 유지하지 못하면 독점 권한을 빼앗기게 되어서 해당 브랜드 제품을 더 이상 판매할 수 없고 그동안 쌓아온 마케팅 자산들이 한순간에 사라진다.

자, 어떠한가? 이 제품의 수입을 고려할 것인가? 나의 경우는 수입을 고려하지 않는다. 동일한 조건인데 전 세계에서 인지도가 있는 제품이라면 한 번쯤 고민해 볼 문제이고 현재 내 회사의 영업 상황, 자금, 시장조사 및 타당성 검토, 판매 계획 등이 적정하다면 적절한 수입 시기를 고민해 볼 것 같다.

이번에는 우리가 현지에 직접 지사를 설립해서 회사를 운영하면서 우리 제품을 직접 판매하는 경우를 살펴보자. 해외 법인 설립신고부터 현지 규제 및 법률 분석 등 현지 법인을 설립하고 사무실을 임차하며 직원을 구인하기까지 수개월의 시간과 많은 자금이 소요된다. 사무실 임차비용, 직원 급여 등 고정적인 지출 비용도 고려해야 한다. 만약 직영 오프라인 매장을 운영한다면 더 큰 비용이 투자되어야 하며, 판매가 저조할 때는 막대한 자금의 손실도 감수해야 한다. 나라마다 차이가 있겠지만 현지 법인을 1년간 운영한다면 자금은 최소 2억~3억 원이 소요된다. 현지 법인의 설립은 한국기업의 입장에서 정말 중요한 핵심 경영 의사결정 중의 하나이다. 수백억 원의 매출이 발생하는 기업도 해외지사 설립을 시도했다가 철수하는 경우가 비일비재하다. 이렇게 현지 지사 설립을 통해 얻는 결과는 우리 제품을 홍보하고 판매를 시도하는 것이 전부이고, 그와 비교하여 비용의 지출과 리스크는 너무 크다.

이렇게 생각해보면 나의 제품을 수입해서 현지에서 판매하고 있는 나의 바이어는 내 브랜드 제품을 마케팅하고 판매 노력을 하고 있는 우리 회사의 현지 영업사원과 다를 바가 없다. 판매량에 따라 인센티브를 가져갈 목적으로 더욱 판매에 매진하는 것과 비슷하며, 제품도 선결제로 가져간다. 그리고 제품을 가져간 순간 판매는 영업사원의 몫이며 판매 저조로 인한 손실을 우리가 감수해야 할 걱정도 없다. 현지에서 관련 분야의 전문가이기 때문에 우리가 직접 파는 것보다 판매능력이 훨씬 출중하다. 무엇보다 현지 영업사원의 판매가 늘어날 때마다 나의 브랜드와 제품은 점점 유명해지고 인지도가 높아진다.

유연한 수출 정책은 차별화 전략 중의 하나이다

자, 어떠한가? 수입의 경우와 현지 법인 설립의 사례를 보니 바이어들의 상황이 이해가 되고 바이어를 통한 수출이 우리에게 훨씬 훌륭한 선택인 것을 알 수 있겠는가? 그렇다. 더불어 수출을 잘하고 있는 기업들은 위의 내용을 고집하지 않는다는 것을 꼭 알려주고 싶다. 모두가 고정된 생각으로 바이어를 만나지만 일부의 유연한 수출업체들은 바이어에게 다른 제안을 하고 수출을 성공시킨다. 모두가 고집을 부리고 있기에 조금만 유연한 수출 정책을 추진한다면 이점이 차별화 요소가 될 수 있다는 말이다.

또 바이어 입장에서는 모두가 비슷한 브랜드고 비슷한 제품이며 특징이 없다고 느낄 수 있다. 품질과 가격 경쟁력은 필수이다. 이외에 바이어들이 거부할 수 없는 독특한 제안을 구상해 보는 것도 차별화 전략 중의 하나라고 생각한다.

수출 기본 문서는 전쟁터에서 사용될 나의 무기이다

회사소개서는 바이어의 신뢰를 높인다

쇼피파이 스토어 강의를 하다 보면 수강생들로부터 질문을 받는다. “정말 바이어로부터 견적 문의가 오나요?” 스토어가 활성화되면 이메일을 통해서든 SNS를 통해서든 아니면 쇼피파이 메신저를 통해서든 바이어로부터 대부분 문의를 받는 것이 일반적이다. 여기서 우리가 반드시 알아야 하는 것은, 바이어는 우리 제품을 구매하기로 결정한 후에 문의하는 것이 아니라는 점이다. 그냥 괜찮은 제품으로 판단되어 바이어 역시 추가 정보를 요청하는 것이고 판매자의 대응과 공급자와 제품을 검증하고 해당 제품을 현지에 팔 수 있는 가능성을 타진하고 계산한다.

우리가 바이어로부터 견적문의를 요청받았을 때 응대할 수 있는 자료는 3가지이다. 회사소개서, 제품 브로슈어, 프라이스 리스트(Price List)이다. 그동안 우리는 시장조사, 경쟁사 분석, 아이템 선정까지 많은 정보를 수집해 왔다. 그중에서 이 3가지 자료와 문서는 별도의 관심을 두고 영문으로 정리해서 준비하고 꾸준히 업데이트를 해놓아야 한다. 앞으로 이 문서들은 전쟁터에서 사용될 총이나 칼처럼 수출에서 정말 중요한 무기이다.

일반 소매 고객들은 회사를 별로 궁금해하지 않는다. 브랜드와 제품에만 관심이 있다. 하지만 바이어는 다르다. 해당 판매자 회사와 자금 거래를 해야 하고 판매자가 약속된 퀄리티의 제품을 정확한 기일에 공급 및 선적을 해야 하며, 무엇보다 판매자와 계속 소통을 해야 하는 일종의 파트너가 되는 것이기에 회사의 신뢰가 가장 중요하다. 바이어 입장에서 공급자(수출자)의 신뢰를 판단하는 기준이 되는 문서가 바로 회사소개서이다.

일반적인 회사소개서는 설립일, 직원 수, 자본금, 인증현황, 사업 현황, 영업 현황, 제품 현황, 기술 현황 등 회사의 개괄적인 내용만 소개한다. 물론 이런 내용들은 바이어에게 어느 정도 신뢰를 줄 수 있지만, 바이어가 보기에 특징이 없는 것도 사실이다. 대기업이거나 브랜드가 해외에서 인지도가 있어서 수출이 잘되는 경우는 굳이 회사소개서를 제공하지 않기도 한다. 바이어들이 이미 제품까지 잘 알고 있으며 가격만 궁금해하기 때문이다. 이런 경우 회사소개서가 필요 없거나 중요하지 않다.

하지만 우리는 대기업이 아니다. 중소기업이기 때문에 바이어를 설득하는 과정부터 거쳐야 한다. 우리 회사의 강점과 장점을 최대한 노출시켜서 신뢰를 높이고 수입을 하도록 설득하는 과정에서 활용되도록 회사소개서가 작성되어야 한다. 잘 작성된 회사소개서는 바이어에게 수출자의 믿음과 신뢰를 끌어 올린다. 이것이 회사소개서가 작성되는 목적이다. 또 우리가 소통하고 있는 바이어가 수입 결정 권한이 없는 담당 직원이라면, 상사에게 상황을 보고하고 회사소개서를 전달하는 등의 과정이 필요하다. 이렇듯 회사소개는 회사를 대표하는 문서임과 동시에 수출 과정에서 다양하게 사용된다. 그리고 회사소개서가 바이어에게도 중요한 이유는 수출자가 나의 공급을 책임지고 있기 때문이다. 안정적이고 서포트를 잘해주는 신뢰성 높은 공급자야말로 성공적인 판매에 필수 불가결한 핵심 요소이다. 바이어 입장에서 가장 먼저 수출자의 정보를 확인할 수 있는 자료가 바로 회사소개서이다.

회사소개서는 바이어를 설득하기 위해 만들어진다면, 어떤 내용이 담겨야 바이어를 설득할 수 있을까? 바이어들이 입장과 상황을 이해하고 니즈를 알고 있다면 방법은 어렵지 않다. 바이어들의 목적은 현지에서 잘 팔리는 제품을 수입해서 수익을 창출하는 것이다. 따라서 다음의 조건들을 선호한다.

- 바이어의 마진까지 배려한 가격 정책
- 안정적인 수익을 지속적으로 낼 것이라는 믿음을 주는 공급자의 재정적 튼튼함과 신뢰도, 독점권 등
- 현지 고객들의 선택을 받기에 유리한, 해외에서 인지도가 있는 브랜드
- 제조 및 생산, R&D 능력이 있어서 OEM, ODM 등이 가능하며 신제품도 정기적으로 출시하는 기업
- 현지 판매시 제품과 브랜드를 홍보하기 위해 온·오프라인에서 프로모션을 진행할 때 본사 차원의 지원이 가능한 기업
- 품질과 가격 경쟁력이 있는 제품
- 낮은 MOQ와 좋은 결제조건
- 대량발주시, 장기 거래시 가격 할인
- 해외 시장에서 브랜드 인지도 성장을 통해 수익의 기회가 확대될 수 있도록 적극적으로 해외시장을 개척해 진출하는 본사 정책

그런데 이와 같은 니즈는 한국 대표님들의 고정관념과 상충하는 부분들이 많아서 바이어들의 모든 조건을 수용해서 회사소개서에 다 담

을 수는 없다. 이때는 디테일한 사항들은 수출조건 협상 등을 통해 조율하면 된다. 우선 바이어를 설득하기 위해 회사소개서에 작성되어야 하는 핵심내용은 다음과 같다.

- 회사의 일반적인 정보 (설립일, 직원, 매출, 소재지, 기업 연혁, 회사뉴스 등)
- 회사의 특징 및 강점 (제조, 생산, R&D, 회사뉴스, 수상 내역, 사업선정 등)
- 브랜드 정보 (스토리, 콘셉트, 철학, 미션 등)
- 제품 정보(핵심 특징, 상세 스펙, 인증 현황 등)
- 국내 마케팅 현황 (마케팅 추진 이력 및 현황, 향후 계획, 마케팅 뉴스 등)
- 해외 마케팅 현황 (마케팅 추진 이력 및 현황, 향후 계획, 마케팅 뉴스 등)
- 해외 수출 정보(국가별 수출 현황, 수출액, 수출계획 등)
- 해외 수출 정책(수출 조건, 가격 조건, 해외 인증 등)
- 바이어 정책(가격 할인, 샘플 제공, 독점계약 등)
- 현지 마케팅 지원(프로모션 제품 지원, 온라인 광고 지원, 전시회 지원 등)
- 바이어 제안 내용(선택사항. 현지 시장 분석 후 바이어 마진 관련 제안 등)

바이어들이 궁금해하는 내용들을 회사소개서에 자연스럽게 설명하면 된다. 우리 회사와 거래를 하게 되면 바이어들이 얻게 되는 장점과 이득을 어필하면 된다. 바이어 친화적인 정책 추진으로 바이어를 서포트 하는 파트너십을 어필하면 더욱 효과적이다. 바이어가 내 회사의 충성고객이 될 수 있도록 자세하고 디테일한 정보를 토대로 설득해야 한다. 해외 바이어를 위해 잘 만들어진 회사소개서 자체가 해외 마케팅을 잘하고 있음을 증명한다.

참고로, 회사소개서는 영문 기준으로 만들어져야 하며 정부 지원 등의 기회가 있을 때마다 타깃 국가들의 언어로 번역을 해서 준비를 해놓아야 한다. 회사소개서 작성은 일러스트레이터나 포토샵을 사용해서 예쁘게 만들려 하지 말고 정보제공 위주로 작성해라. 전문 디자이너에게 외주를 주기보다 간단하게 파워포인트로 작성해서 자주 추가 내용을 업데이트 해라. 현지 시장을 분석해서 바이어에게 제안사항까지 추가하면 금상첨화다.

제품 브로슈어는 구구절절 설명해라

대표님들에게 제품 브로슈어를 요청하면 상세페이지 이미지를 주거나 예상 가능한 브로슈어가 나에게 전달된다. 두 가지 모두 디자인이 예쁘고 깔끔하게 제작되었다는 공통점이 있다.

우리가 알고 있는 제품 브로슈어(또는 카탈로그)는 대부분 리플릿 등으로 인쇄된 3~10장 정도의 간단한 정보들을 생각하게 된다. 그리고 이렇게 제작된 브로슈어를 PDF로 형식으로 바이어에게 전달하는 것이 현실이다. 이러한 브로슈어는 전문 사진 작가가 찍은 A컷 사진에 간단한 특징만 적혀있는 형태로서, '우리 제품은 이런 것들이 있다' 정도의 간단한 정보만 나열하고 있다. 이렇게 제작된 브로슈어는 바이어보다 소매고객에게 제공되는 것이 더 적합하다. 바이어가 현지에서 온·오프라인 소매판매를 할 때 사용해서 업셀 판매, 크로스셀 판매 등을 유도하는데 활용할 수 있다.

바이어에게 제공되는 제품 브로슈어는 기존의 것과 달라야 한다. 바로 앞에서 회사소개서가 바이어를 설득하기 위해 만들어져야 한다고 말한 것처럼 제품 브로슈어도 바이어의 궁금증을 해소하고 수입을 독려하기 위한 목적으로 구성되어야 한다. 회사소개서가 수입을 위한 전반적인 조건들을 바이어에게 자세히 설명했다면, 제품 브로슈어는 제품별로 상세하고 디테일한 정보는 물론 수입해야 하는 당위성을 설명하는 역할이 포함되어야 한다. 바이어는 최종 고객들처럼 직접 사용하고 소비하기 위한 목적으로 브로슈어를 확인하는 것이 아니라, 수입 후 현지판매를 고려해 제품 브로슈어를 꼼꼼하게 검토하는 것이다.

제품 브로슈어는 아래의 특징을 감안해서 작성되어야 한다.

- **목적** : 제품의 궁금증을 해소하고 수입하도록 설득하기 위해서 작성한다.
- **구성 레이아웃** : 예쁜 이미지보다는 정보제공 위주의 텍스트 중심으로 구성되어야 한다.
- **제작 툴** : 파워포인트를 사용하여 제작하여 콘텐츠를 자주 업데이트해야 한다.
- **작성 콘셉트** : 구체적이고 자세한 정보로 구구절절하게 설명해야 한다.
- **콘텐츠 구성항목** : 제품과 관련하여 바이어가 궁금할 것으로 예측되는 모든 정보를 담아야 한다.

나는 중소기업의 제품 브로슈어도 회사소개서처럼 구체적이고 디테일하게 바이어에게 제공되는 목적으로 작성되어야 한다고 생각한다. 하지만 일부 대표님들은 자료보다 실물과 가격이 중요하다고 믿고 자료 작성에 관심 없는 경우가 있다. 보다 많은 바이어를 만나고 보다 많은 바이어와 협상을 하기 위해서, 일반 바이어를 잠재바이어 또는 관심바이어로 전환하는 데 가장 효과적인 방법이 바로 잘 만들어진 회사소개서와 제품 브로슈어다. 영문 홈페이지도 중요성하지만 수출에 있어서는 회사소개서와 제품 브로슈어가 더 중요하다. 홈페이지는 추가 정보를 위해 바이어가 접속해서 확인하는 용도로 사용되지만, 회사소개서와 제품 브로슈어는 바이어가 수출자와의 다음 미팅이나 접촉을 할지 의사결정을 하게 하는 핵심 자료이다.

바이어를 위해 디테일하게 작성된 제품 자료는 수입을 검토 중인 바이어에게 실제적으로 도움이 되는 정보이다. 이런 정보가 없다면 바이어는 수출자에게 여러 번 질의하고 소통하는 데 시간을 소모해야 한다.

이렇듯 잘 만들어진 제품소개서는 바이어와의 수입 의사결정 기간을 단축하는 역할을 하기도 한다. 또한 바이어가 궁금해 할 만한 내용들을 종합해서 제공하면 그 자체로 수출 경험이 많고 수출에 전문적이라는 인식을 바이어에게 줄 수 있다.

자료를 잘 만들어서 바이어에게 배포하는 것도 차별화된 수출전략이라고 볼 수 있다. 바이어는 궁금한 내용들을 미리 생각하고 제품 브로슈어 파일을 열게 된다. 현지에서 어떻게 팔아야 할지를 고민하고 어떤 포인트를 강점으로 팔아야 하며 수입시 필요한 인증과 절차 등을 머릿속으로 미리 그려보고 있을 것이다. 따라서 바이어 제공용 제품 브로슈어에 포함되어야 하는 내용들은 간략하게 아래와 같다.

- 첫째 : 제품 정보 - 제품명(영문 국문), 디테일한 제품 사진들(좌우위아래), FOB가격, 소비자 가격, MOQ, HSCODE, 인증내역, 주요기능 및 핵심 특징, 고객 판매 핵심 셀링 포인트, 타깃 소매고객 종류, 성분의 특징, 부피 및 무게, 구체적인 디자인, 용기 및 포장재 구성, 전 성분, 제품사용 기대효과, 제품사용 방법, 국가별 구매 고객들

의 리뷰 및 피드백, 국내 해외 온라인 판매 링크, 국내외 간략한 판매 현황, 수출 국가, 원산지증명서 발행 가능 여부 등 (경쟁사 제품 분석)

- 둘째 : 현지 직원 교육과 마케팅에 도움이 되는 콘텐츠의 항목 - 제품별 교육자료, 판매를 위한 제품 설명 영상(교육용), 제품의 차별화 및 강점(타 제품과 차별화), 효과적인 사용방법, 제품들의 사용 순서 및 방법, 제품 영상 및 이미지 소스(영문 및 다국어 변환 가능한), 홍보를 위한 블로그 포스팅 등
- 셋째 : 브랜드 정보 - 브랜드 스토리(콘셉트, 미션, 철학), SNS 등 마케팅 콘텐츠 정보, 신제품 출시, AWARD, 수상 내역 등

※ 브랜드 정보는 제품과 관련이 높기에 회사소개서에 작성이 되었더라도 제품 브로슈어에 중복이 되어도 상관없다.

프라이스 리스트는 바이어 오더를 받는 문서이며 계약서이다

수출에 사용되는 문서들은 L/C(신용장)를 제외하고 특별하게 정의된 양식이 없다. 수출계약서도 조건 협의가 되면 서로 계약서를 작성하고 교환하기도 하지만, 바이어로부터 확정 오더를 받고 선수금 입금을 확인한 뒤 계약서 없이 그냥 진행하는 경우가 더 많다.

회사소개서와 제품 브로슈어가 수입 의사결정을 높이는 역할을 했다면, 프라이스 리스트는 바이어의 오더를 쉽게 받기 위한 역할을 한다. 바이어가 회사소개서와 제품 브로슈어를 확인했다면 최종적으로 주문을 위해 프라이스 리스트를 확인한다. 가격과 거래조건, 무역조건

등의 확인까지 마치면 거래를 위해서 발주를 할 가능성이 있다. 즉 프라이스 리스트는 바이어가 검토하는 마지막 문서이다.

프라이스 리스트(Price List)는 말 그대로 제품의 가격표이고 대부분 엑셀로 만든다. 프라이스 리스트의 주요 기능은 "이 제품의 가격은 얼마이다"라고 제품의 가격을 바이어에게 전달하는 역할이다. 하지만 이외에 프라이스 리스트는 오더장과 수출계약서의 역할도 동시에 한다. 그래서 파일을 작성할 때 제품의 가격 옆에 바이어가 주문 수량을 입력할 수 있도록 별도의 열을 준비해 놓아야 한다. 또 수량 입력시 도움을 줄 수 있는 참조 데이터(영문제품명, 제품 이미지, 부피 및 무게, MOQ, 박스 단위 등)의 정보를 함께 제공하면 바이어가 제품을 확인하면서 더 쉽게 주문할 수 있다. 만약 바이어가 수량을 입력하고 엑셀 파일을 수출자에게 회신한다면 그 파일이 바로 확정 오더(Purchase Order)가 되고 수출 계약서(Sales Contract)가 된다.

프라이스 리스트 엑셀 파일에 별도의 시트를 만들어서 견적서(Offer Sheet/ Provoma Invoice)를 작성해 무역조건, 결제조건, 견적가격의 유효기간, 은행 정보, 참조환율 등의 정보가 포함된 문서를 동시에 발송하면 좋다. 바이어가 확정 오더를 회신해 왔다면 다음 단계는 견적서에 표시된 은행 계좌로 달러가 입금되기를 기다리고 있으면 된다.

바이어들에게 메시지를 전달하고 홍보해라

쇼피파이 스토어에 바이어들이 넘쳐 흐르게 하라

나는 쇼피파이 스토어를 활용해서 바이어 발굴 전용 B2B 스토어를 구축하는 것도 나쁘지 않다고 생각한다. B2B용 쇼피파이 플러스(월 2,300달러)를 구독할 필요 없이 쇼피파이 베이직 플랜으로도 충분히 가능하다. 일반적인 스토어 대신 B2B 전용 스토어를 구축한다면 주요 고객이 수입을 원하는 바이어들이니 그들이 원하는 정보를 주요 콘텐츠로 제공하면 된다. 앞서 말한 것처럼 일반 고객용 쇼피파이 스토어를 운영하더라도 대량구매를 원하는 바이어들의 문의를 많이 받게 된다. 그래서 잠재바이어 발굴을 더 많이 하기 위해서 쇼피파이 스토어 내에 바이어를 위한 콘텐츠를 함께 배치하는 것이 필요하다. 일반적으로 쇼피파이 스토어에서 바이어 발굴을 위해 사용되는 방법은 다음과 같다.

- **대량 구매 가이드 페이지 & FAQ** : 가장 많이 사용되는 방법이다. 수출 및 대량구매와 관련된 정보를 제공하는 페이지를 만들고 스토어 메뉴에 B2B, Wholesale 등의 메뉴를 등록해서 대량구매를 원하는 바이어들에게 기본 가이드를 제공하는 방법이다.
- **고객 분류 APP 및 고객별 제품가격 차등화** : 별도의 APP을 사용해서 일반 고객과 바이어를 구분하고 바이어들에게는 할인된 제품가격이 노출되게 하는 방법이다.
- **대량구매 문의 페이지** : 대량구매 문의 페이지를 만들고 버튼을 스토

어 여러 곳에 배치하는 방법이다.

- 블로그 페이지 : 수출과 B2B 대량구매 관련 콘텐츠를 만들어 포스팅
- B2B 스토어 별도 구축 : B2B 스토어를 별도로 구축해서 운영하는 방법이다. B2C 스토어에서 대량구매에 관심 있는 고객들이 접속할 수 있도록 유도한다.

어떤 방법을 선택하든 그것은 본인의 선택이다. 하지만 최소한 바이어들에게 대량구매(수출)가이드 페이지와 별도의 문의 페이지는 만들어서 운영하는 것을 추천한다.

아마존의 고객들이 소량으로 구매하면 일반구매, 대량으로 제품을 구매하면 아마존 비즈니스이다. 즉, 온라인에서는 소매고객이 언제든 대량구매고객으로 전환해 바이어가 될 수 있다. 앞서 말한 것처럼 쇼피파이 스토어에서 제품을 직접 구매하고 배송되는 과정을 지켜보고 제품을 사용하게 되면 고객들은 공급자의 서비스를 경험하게 된다. 그 서비스가 마음에 들고 괜찮은 기회가 주어진다면 수입을 해서 현지에서 판매를 시도할 가능성은 언제나 존재한다.

쇼피파이 스토어의 고객피드백은 바이어의 수입 의사결정을 돕는다

해외시장 분석을 통해서도 어떤 국가를 타깃팅해야 할지 모르겠다면 쇼피파이 글로벌 스토어를 운영하면서 타깃 국가를 찾으면 된다. 분석 결과보고서를 확인하면 어떤 국가에서 어떤 검색어로 스토어에 유

입되는지, 어떤 국가와 도시에서 주문이 많이 들어오는지 확인할 수 있다. 나의 경우는 재주문 횟수가 많거나 주문 금액이 큰 고객에게 대량 구매를 의사를 묻는 메일을 보내서 대량 수출을 하기도 한다. 이런 고객들은 직접 나의 제품과 서비스를 경험해 보았기 때문에 나의 브랜드에 대한 신뢰와 충성도가 높다.

아울러 스토어에 등록되어 있는 고객들의 긍적적인 피드백은 바이어로 하여금 수입 의사결정을 돕는 역할을 한다. 최종 소비 고객들의 반응은 바이어들이 직접 수입을 하기 전에 가장 궁금해하는 부분이다. 바이어가 수입을 고려할 때 가장 심사숙고하는 부분이 바로 현지에서의 고객들의 반응, 그리고 잘 팔릴 수 있을까 하는 부분이다. 이런 부분을 고려해 볼 때 쇼피파이 스토어에 소매고객들이 제품과 브랜드에 대한 충성도를 보여주거나, 높은 관여도가 있는 피드백을 보여준다면 바이어도 수입 가능성을 긍정적으로 검토하게 되는 것은 당연하다. 왜냐면 바이어 국가에서 세일즈를 했을 경우에도 비슷한 고객 반응이 나올 것이라 예상하기 때문이다.

제품을 구매하는 결정 권한은 최종 소비자에게 있고 바이어는 그 결정을 예측할 뿐이다. 하지만 최종 구매 고객들의 이러한 긍정 피드백은 바이어들의 수입 의사결정을 돕는다. 실제로 아마존 등에서 바이어 발굴이 많이 되고 있는 데에는 등록된 고객들의 리뷰가 가장 큰 영향을 주고 있다.

또한 쇼피파이 스토어를 활용하면 구매 고객들의 긍정 피드백 구축이 가능하다. 다양한 언어로 다양한 긍정 피드백을 많이 만드는 노력을 해보자. 가능하다면 여러 군데 흩어져 있는 대기업 마켓플레이스의 피드백을 개별적으로 관리하는 것보다 쇼피파이 스토어로 피드백을 통합해서 관리하고 고객들의 긍정 피드백을 성장시켜 보자. 앞서 말한 것과 같이 고객들 피드백과 반응이 좋다면 바이어들은 수입을 긍정적으로 검토한다.

무료 온라인 바이어 연계 플랫폼을 활용해라

바이어 연계 플랫폼은 바이어와 수출자를 연계해주는 B2B 플랫폼을 말한다. 연회비를 내고 유료로 서비스를 하고 있는 곳도 있고, 무료로 등록해 주는 곳도 있다. 유료등록 업체는 알리바바, 글로벌소시스, 트레이드키, 이월드트레이드 등이 있다. 이런 플랫폼은 전 세계의 다양한 바이어들을 모아 놓은 입점형 마켓플레이스이다. 입점비를 낸 판매자가 제품을 등록하면 바이어들이 제품을 검색 후 판매자에게 컨택하는 형태이다. 비용은 업체마다 다르며, 대략적으로 연간 3,000~5,000달러 선이다. 무료 플랫폼은 바이코리아, 트레이드코리아, 고비즈코리아 등에 제품을 등록하는 경우이다. 무료로 등록하는 플랫폼도 바이어들에게 제품과 회사정보가 함께 노출된다.

바이어들이 특정 제품을 찾을 때 RFQ 게시글이 올라오기도 한다. 물론 유료 플랫폼과 비교하여 바이어의 숫자가 적고 셀러들의 경쟁이 심하기 때문에 무료 플랫폼에서 수출 성공으로 연계되는 가능성은 그리 높지 않다. 하지만 앞서 말한 대로 노출은 많으면 많을수록 좋다. 그리고 대부분 무료 등록 플랫폼은 정부 또는 공신력 있는 기관에서 운영되는 경우가 많기 때문에 메인페이지에 노출되거나 정부 지원사업에 선정된다면 제품과 회사는 바이어에게 신뢰를 줄 수 있다.

많은 바이어를 만나고 싶다는 욕심에 준비 없이 유료 플랫폼에 비싼 연회비를 지불하고 시작하는 것보다는 무료 플랫폼에 등록하고 바이어들의 RFQ도 체크해 가면서 B2B 플랫폼과 바이어 미팅에 익숙해지는 경험을 쌓는 것도 나쁘지 않다고 생각한다.

국내의 무료 플랫폼은 가격을 입력하지 않는다. 그 점을 이용해서 상세페이지 등에 FOB 가격을 그대로 노출해 보자. 분명 다른 경쟁 업체보다 바이어 문의가 많아질 것이다. 전 세계적으로 FOB 가격을 모두 오픈하고 마케팅을 하고 있는데, 한국의 B2B플랫폼에서만 가격이 가려져 있다. 따라서 가격을 노출하고 많은 바이어를 접하는 것도 차별화 전략 중에 하나다.

또 무료 플랫폼에 등록하는 한국의 판매자들은 대부분 성의가 부족하다. 기관의 요청으로 어쩔 수 없이 제품을 등록한 것이든, 담당 직원이 잘 몰라서 그렇든 간에 제품등록과 회사정보가 대부분 부실하다. 그러니 무료 등록 플랫폼에도 콘텐츠를 알차게 채워 넣고 바이어를 배려해 제품등록을 해서 타 수출자와 차별화되어 보자. 분명 바이어들로부터 문의를 받을 것이다.

알리바바, 글로벌소시스와 함께 활용하면 쇼피파이 스토어의 효과는 더블업 된다

알리바바와 글로벌소시스는 유료 플랫폼이다. 전 세계 바이어들이 가장 많이 모여 있는 플랫폼이고 제품 등록하면 바이어들로부터 인콰이어리를 가장 쉽게 받을 수 있다. 국내에서 알리바바와 글로벌소시스를 활용하는 기업도 별로 없기 때문에 경쟁력이 있다고 생각한다. 알리바바 등을 통해서 바이어에게 문의를 받게 되면 플랫폼 내에 있는 메신

저로 소통하거나 왓츠앱, 이메일 등으로 추가적인 소통을 이어가게 된다. 바이어와 소통을 하다 보면 샘플을 어떻게 발송할 것인지 자연스럽게 논의하게 된다. 이 경우 쇼피파이 스토어로 자연스럽게 유도하면 좋다. 제품가격을 다 받든지 아니면 할인 코드를 주어서 절반만 받든지, 그것은 우리의 해당 바이어에 대한 잠재적 가치 평가에 달려 있다. 중요한 것은 우리가 만들어 놓은 쇼피파이 스토어로 자연스럽게 접속을 시켜서 우리 회사, 브랜드, 제품과 피드백을 고객에게 노출시키는 것이다.

우리의 글로벌 스토어로 유입된 바이어들이 스토어를 확인한 후에 수입에 긍정적인 신호를 보낼 가능성이 많은 것은 정말 당연하다. 스토어를 확인하면 자세한 회사소개는 물론 회사의 역량 및 구성원 소개, 브랜드 소개 및 해외 진출 현황, 제품별 고객들의 피드백, 마케팅 정책, 바이어 수출 정책 등 바이어가 원하는 정보들이 모두 모여 있을 것이고, 알리바바에 등록된 미니홈페이지의 정보보다 훨씬 구체적일 것이다. 또 유사 제품, 관련 제품까지 모두 취급하고 있는 전문몰로 구성된 스토어는 바이어로 하여금 제품과 브랜드의 선택 폭을 넓혀주는 장점으로 작용한다.

사실 나는 일반소매고객과 바이어 모두 쇼피파이 스토어로 두 마리 토끼를 다 잡을 수 있다는 입장이지만, 처음 구축 때부터 바이어 발굴만을 위한 목적으로 활용해도 무방하다고 생각한다. 단, 바이어를 위한 쇼피파이 스토어를 구축하려는 목적이라면 제공되는 정보의 종류와 제공방식이 일반소매고객의 목적과 달라야 한다. 이처럼 쇼피파이 글로벌 스토어를 활용하면 바이어 발굴 측면에서도 괄목할 만한 성과를 만들어 낼 기회를 가질 수 있다.

해외 바이어 직접 미팅 기회를 만들자

직접 미팅 기회는 많을수록 좋다

쇼피파이 스토어를 구축하고 바이어 플랫폼에 제품과 브랜드, 그리고 회사까지 노출했다면, 이제는 바이어를 직접 만나보는 기회를 만들자. 온·오프라인에서 바이어를 만날 수 있는 기회를 많이 가지면 가질수록 수출을 할 기회도 많아진다. 국내 업체들 중 내수에만 집중하고 수출에는 관심조차 없는 기업들이 많다. 그래서 수출액이 0달러인 기업들이 수두룩하다. 수출이란 것이 어렵게만 느껴지고 언어의 장벽 때문에 엄두도 못 내서 시도조차 못 하는 업체들이 대부분이고, 회사가 작을수록 그 두려움은 더 크다. 하지만 겁먹을 필요 없다. 한국에서는 관심만 가지면 쉬운 노력으로 바이어를 만날 기회가 많이 있는 것을 알고 있는가? 정부가 지원하는 수출상담회 등을 통해 바이어를 만날 수 있고, 통역사가 전담으로 통역을 해주면서 언어의 문제도 해결해 준다.

쇼피파이 스토어를 통해서 제품을 해외로 발송한 것도 수출이다. 쇼피파이 스토어를 운영해서 제품을 해외로 발송한 이력이 있다면 이미 수출을 하고 있는 것이니 수출에 대해서 겁먹을 필요 없다. 해외시장에 나가서 싸울 수 있는 쇼피파이라는 핵심 무기를 이미 가지고 있는 것이다.

나는 효과적인 바이어 소통 방법으로 대면 미팅, 전화 미팅, 메시지 미팅, 이메일 미팅 순서로 효과가 크다고 생각한다. 이 중 아직까지 바이어와 직접 만나서 제품을 들고 설명하고 시연하는 것만큼 효과적인 방법은 없다고 생각한다. 바이어를 직접 미팅할 수 있는 방법은 여러 가지가 있지만, 가장 손쉬운 것은 수출상담회에 참여하는 것이다. 한국으로 해외 바이어를 불러들여서 국내에서 상담회를 할 수도 있고, 한국 업체들이 현지로 나가서 해외에서 바이어 초청 상담회를 할 수도 있다. 저렴한 비용으로 나의 제품과 관련 있는 해외의 바이어들을 만나 볼 수 있다. 수출상담회는 코트라, 무역협회, 고비즈코리아 등 정부 기관을 비롯해서 산업진흥원, 경제진흥원, 기업진흥원 등 지역별 유관 기관에서도 자주 개최되며, 각종 협회 등에서도 협회원들의 수출 활성화를 위해서 상담회를 개최하기도 한다. 중소벤처기업부, 보건복지부, 농림수산부 등 정부 부처별로 진행되는 수출상담회도 많이 개최된다. 시장개척단 등으로 해외에 나가서 수출상담회를 할 경우는 기존에 거래하던 바이어나 자체적으로 발굴한 바이어가 있다면 겸사겸사 함께 미팅을 하고 오면 더욱 좋다.

현지 바이어와 미팅 기회가 많아지면 나의 제품에 대한 현지의 반응과 시장 분석, 진입 전략이 보다 구체화되고 성공적인 시장 진출을 위한 실전 팁들을 많이 얻을 수 있다. 내 제품과 유사한 제품을 취급하는 현지 바이어를 만나서 수출 상담도 하고 시장조사도 하며 성공적인 시장 진입을 위한 구체적인 논의를 해보자.

성공률 높은 최고의 수출 마케팅은 해외박람회 부스 개설

쇼피파이 스토어에 문의를 남긴 바이어들은 나를 찾아온 바이어들이다. 즉, 나의 제품과 브랜드에 관심이 있어서 문의를 남긴 것이다. 이것은 나를 찾아오는 바이어 마케팅이라고 볼 수 있다. 하지만 우리는 스토어를 통해 문의를 남긴 바이어나 이메일을 통해 회신하는 경우 서로 소통의 힘이 약한 것을 알고 있다. 이런 측면으로 생각해볼 때, 직접 미팅이면서 찾아오는 바이어를 만날 수 있는 최고의 방법은 바로 해외 전시회, 박람회에서 부스를 개설하는 것이다.

온라인이든 오프라인이든 팔릴 만한 좋은 제품을 찾고 있는 것은 바이어들의 공통된 특성이다. 전시회에 와서 제품들을 둘러보다가 팔릴 만한 제품이라고 생각되면 담당자와 현장에서 즉석 상담이 이루어진다. 직접 미팅이고 실제 전시된 제품을 확인했으며 바이어가 자발적인 관심이 있어 찾아와 이루어진 상담이기에 바이어도 적극적이고 계약이 이루어질 확률도 높다. 바이어와의 만남의 과정으로 보면 정말 완벽한 케이스라고 볼 수 있다.

또, 부스를 개설하는 것은 기존에 있던 현지 바이어와 미팅을 하는 등 관계를 증진시키기에도 좋은 기회이며 본사 차원에서 글로벌 마케팅을 가열차게 추진하고 있다는 적극적인 인식을 남길 수도 있다. 적극적인 브랜드 마케팅 의지와 활동은 바이어로부터 신뢰를 얻는 방법 중에 하나다. '당신이 우리 브랜드를 수입해서 세일즈 하는 파트너가 되면 우리가 본사 차원에서 브랜드 활성화를 위해서 노력하겠다'라는 의미이다. 참여한 전시회가 해당 카테고리의 유명한 전시회라면 브랜드 마케팅 측면으로서도 좋은 기회이다. 가능하다면 해외 전시회에 적극적으로 참여해서 많은 바이어를 만나고 브랜드를 활성화 할 수 있는 기회를 잡아보자.

하지만 해외 전시회 참가에는 큰 비용이 있어야 한다. 코트라 등에서 해외 전시회의 비용을 지원하는 지원사업이 있으니 전시회 참가를 결정한다면 지원사업을 꼼꼼히 살펴보자.

온라인 상담회에서도 기회가 있다

코로나 이후 수출상담회도 많은 변화가 있었다. 코로나 전까지는 온라인 수출상담회는 거의 없다시피 했었다. 하지만 코로나 기간 내내 바이어 직접 미팅 기회가 사라졌기 때문에 대부분의 상담회는 온라인 상담으로 대체되었다. 사실 바이어가 화상으로 미팅을 하면 직접 미팅보다 영향력이 덜하다. 하지만 온라인 상담회라고 무시하지 말자. 코로나 기간에 내가 참석하거나 관련 있던 온라인 상담회에서 괄목할 만한 성과가 나온 경우가 많았다. 어쩌면 대면 상담회는 바이어를 엄선해서 한국으로 불러들이거나 현지 상담회장에 바이어를 불러야 하는데, 온라인은 쉽고 편하게 상담이 가능해서 대면 상담회보다 더 많은 바이어를 유치하고 개최되어서 수출 성과가 나왔던 것이라고 분석되기도 한다. 또한 바이어 입장에서 온라인이기에 부담감 없이 편한 상태로 제품을 접했으므로 성과들이 나왔을 것으로 생각되기도 한다. 아무튼, 바이어 미팅 기회는 많으면 많을수록 좋다. 온라인 상담회라고 가볍게 넘기지 말고 상담회에 진지하게 임해보자. 여러 번 하다 보면 분명 도움 되는 시장 정보와 바이어 정보를 얻을 것이 분명하다.

미팅 전 바이어 발굴과 분석, 상담 전략은 필수이다

추가 미팅 바이어를 준비하고 출장을 가라

해외 전시회와 박람회에 참가해서 부스를 개설하면 관람을 하던 바이어가 부스 안으로 들어와 즉석 상담을 하는 경우가 대부분이다. 전시회에서 바이어는 본인들이 원하는 제품을 찾기 위해 여기저기 돌아다니다가 찾는 제품, 관심 제품과 유사한 제품을 발견하면 부스로 들어오는 것이다. 이때 바이어가 직접 찾아 들어와 상담을 요청했기 때문에 보다 적극적인 수출 상담이 될 가능성이 있지만, 수입 검토 이외에 다양한 이유로 부스에 들어온 바이어도 많다. 수출자들은 수출자의 제품에 관심이 있어서 수입을 검토하는 바이어를 만나서 바로 수출 계약을 하고 싶어하지만, 현실적으로 수출상담회에서 그런 기적이 발생할 확률은 거의 제로에 가깝다. 수출 상담회에서 만나는 바이어는 관련 카테고리의 바이어이거나 아이템에 관심이 있는 바이어들이다. 수출상담회에 참석하는 바이어들은 좋은 제품을 찾고 있는 적극적인 바이어들이고, 가능하면 다양한 수출자들과 상담해 다양한 제품에 대한 수입 타당성을 검토해 보고 싶어 한다. 이런 바이어들은 전시회 참가는 물론 수출상담회 참가 경험도 많다고 생각해야 한다.

이들은 우리와 처음 만났고 우리 회사와 브랜드, 제품에 대해서 사전 정보 없이 미팅을 한다. 그래서 어떤 바이어를 만날지, 바이어와 상담결과가 어떨지 우리는 예상할 수가 없다. 따라서 이런 행사에서 처음 보는 바이어를 만나서 빠른 시일 내에 수출의 성공을 기대하면 안 된다. 행사에서 만난 바이어와 지속적인 소통으로 수출 조건을 협의하고 수출로 연계되는 것만으로도 운이 좋은 것으로 생각해야 한다. 행사에서 만나게 될 바이어에 대해서 큰 기대를 가지고 있으면 행사 종료 후 바이어들에 대해 실망을 하게 되고 행사 참여에 대해서 회의적으로 변하게 된다. 이런 행사 참여의 목적은 잠재바이어를 발굴하고 모집하며 수출 마케팅을 위한 것으로 설정하는 것이 적합하다. 그래서 큰 비용을 지출하며 출장을 가는 기업 입장에서 행사의 바이어에게만 의지해서는 안 된다. 행사 출장을 가기 전에 사전에 발굴되어 논의 중인 바이어와의 추가 미팅을 확정해야 한다. 추가 바이어는 최소 3~4개 기업이 되어야 하며, 수출 조건의 협의가 완료 단계인 바이어일수록 더욱 좋다. 이런 방식은 일반적으로도 해외 영업직원들이 하고 있는 영업방법이다. 이를 베이스로 삼아 전시회 또는 상담회에서 만나는 바이어들에 대해서는 잠재바이어를 새롭게 만나는 기회로 생각을 하는 것이 합당하다.

이때 새롭게 발굴된 바이어의 경우 실제 수출이 진행되기 전에 대면 미팅을 하는 것은 서로 간의 신뢰를 높인다. 전시회의 경우는 부스로 바이어를 초대하고 수출상담회의 경우에는 별도의 미팅 스케줄을 만들어서 추가 미팅을 진행해야 한다.

바이어의 예상질문은 물론 경쟁사 분석까지 완료한 후 미팅해라

앞서 바이어를 위해 필수적으로 만들어야 하는 문서들을 설명한 바 있지만, 그외에도 바이어와 수출 상담을 효율적으로 하기 위해 추가적으로 준비해야 할 것들이 있다. 바로 현지의 경쟁사 분석과 바이어의 질문을 예상한 답변이다.

나는 나의 제품에 대해서만 전문가이지만, 바이어는 나의 제품과 유사한 다양한 제품을 취급해 본 경험이 있을 수 있어서 나보다 한 단계 높은 품목의 전문가일 수도 있다. 그리고 수입과정과 절차는 물론 현지 시장에 대해서도 나보다 훨씬 많은 정보를 가지고 있을 가능성이 있다.

상담회에서 바이어는 우리의 제품을 접하고 '현지에서 팔릴 만한 제품인가, 경쟁 제품과 비교는 어떠한가, 가격과 퀄리티의 비교는 어떠한가?' 등과 같이 다양한 질문들을 준비하게 된다. 이런 바이어의 속마음을 예상질문으로 만들어 상담 전에 미리 자료로 준비할 수 있다면 좋은 상담 결과를 예측해 볼 수 있다.

바이어가 자주 궁금해하는 질문은 바이어와 아이템의 종류에 따라 다르지만, 공통적인 질문 내용을 들자면, OEM 가능 여부, MOQ(최소주문수량), 리딩타임(발주 후 선적까지 기간), 결제조건, 가격, 프로모션, 현지 수출 및 바이어 현황 등이다.

이때 수입을 긍정적으로 검토할 수 있도록 현지 시장과 트렌드 조사, 고객들을 나름대로 분석하고 경쟁 제품까지 조사해서 바이어와 논의를 한다면 꼼꼼한 조사와 마케팅 능력으로 바이어에게 강한 인상을 줄 수 있다. 사실 현지의 시장 분석과 경쟁사 분석은 바이어가 수입을 검토할 때 직접 해야 하는 과정이다. 하지만 시장조사는 물론 경쟁 제품의 분석까지 완료한 뒤, 현지에서 판매하면 성공 가능성이 있다고 제안할 때 바이어는 더 깊은 관심을 가질 것이다. 바이어는 알고 있다. 이렇게 준비된 기업은 굳이 나를 통하지 않아도 다른 바이어를 통해서도 충분히 현지 시장에 수출할 것이라는 사실을…. 이렇듯 상담 전에 현지의 분석을 준비하면 상담 시 바이어와 유리한 포지션에서 상담할 수 있다.

또한 핵심 셀링포인트, 가격 및 퀄리티와 제품 포지셔닝, 전 세계 수출 현황, 본사 마케팅 현황, 최종 소비자 반응 및 피드백, 세일즈와 관련된 내용으로 판매에서 반드시 고려해야 할 요소 등 현지 시장 진입을 위한 다양한 자료를 잘 준비하면 바이어 입장에서는 괜찮은 사업계획서를 만난 기분일 수도 있다.

바이어는 현지에서 잘 팔리는 제품을 수입해서 돈을 벌고 싶어 한다. 이것이 핵심이다. 그 과정을 이해하고 함께 준비하는 파트너의 모습을 바이어에게 어필해라. 그러기 위해서는 우리 회사와 제품, 브랜드뿐만 아니라 현지 시장과 바이어의 판매 전략까지 함께 고민하는 자세가 필요하다.

바이어가 얻는 이득을 설명하고 성과를 예측해라

우리는 제품의 우수성과 특징보다 이 제품의 수입이 바이어에게 어떤 이득을 줄 것인지 설명해야 한다. 우리가 제품을 설명하고 가격을 알려주면 바이어는 이미 수입 총비용을 계산하고, 현지에서 판매가를 책정하며 수익을 계산하고 있을 것이다. 더불어 현지의 유사한 제품들의 소비자 가격과 비교해서 퀄리티도 분석하고 있을 것이며, 최종적으로 판매 가능성을 타진하고 있을 가능성이 있다.

우리는 현지에서 판매될 최종 소비자 가격도 책정해야 하고 바이어가 취할 수 있는 마진도 계산해서 바이어에게 제공하는 것이 좋다. 바이어 입장에서 여러 가지 리스크를 감수하고 우리의 제품을 수입하는 것인데, 마진이 없어서 돈을 벌 수 없다면 수입을 고려할 리 만무하다.

《나는 알리바바로 40억 번다》의 저자 서이랑 님은 전 세계로 다양한 제품을 수출하고 계신다. 그동안 단일 채널을 통한 자동차 부품의 수출에만 몰입해 있던 나에게 '다양한 아이템을 여러 판매 채널을 통해서도 수출할 수 있다'라며 수출 세계관을 확장시켜 주신 고마운 분이다. 이분이야말로 바이어의 이해는 물론 마진까지 계산해서 열심히 수출하고 계시는 무역 고수 중의 고수이다. 이분의 전략은 현지에서 판매되는 제품의 소매가격을 확정(Fixed)하고 바이어 마진까지 보장해 주는 방식이다. 이 전략을 응용해 우리 제품 수입시 바이어의 마진까지 고려한 자료를 토대로 상담을 준비하면 상담시 훨씬 효율적이다. 바이어의 핵심을 찌르는 내용이기 때문이다. 그리고 대부분의 한국 기업은 바이어에게 이런 자료를 준비하지 않기 때문에 효과는 더 클 것으로 생각한다.

하지만 주의할 점이 있다. 바이어와 미팅을 할 경우 시작부터 마진과 수익을 화두로 삼으면 안 된다. 공급회사의 신뢰성, 브랜드의 성장성, 제품의 경쟁력 등은 물론, 앞서 말한 것처럼 예상질문과 경쟁사 분석이 마진과 함께 설명되어야 한다. 즉, 바이어의 마진과 수익성의 제안은 제품이 잘 팔릴 경우로 예상되는 상황에서 설득력이 있기 때문에, 상담 후반에 경쟁사 분석 등의 자료와 함께 제시되어야 한다. 현지 시장조사와 경쟁사 분석, 제품 마진 및 수익성 자료까지 함께 제시하면 바이어의 심도 있는 수입 검토는 물론 긍정적인 피드백을 기대할 수 있을 것이라 생각한다.

바이어가 거부할 수 없는 차별화된 제안을 준비해라

앞에서 말한 정보들을 수집했고 바이어는 물론 현지 시장과 경쟁사 분석, 바이어 마진까지 계산되었다면 이제는 바이어에게 제공할 제안서를 만들어 보자. 바이어 상담에서 한국의 업체들이 바이어에게 제공될 제안서를 만들거나 제안을 하는 경우를 나는 많이 보지 못했다. 바이어에 대한 마인드셋이 훌륭한 소수의 기업들만 활용하고 있을 뿐이다. 그렇기에 이것은 수출을 원하는 기업에 타 경쟁자들과의 차별화 전략이 될 수 있다. 알려진 바에 따르면 기업이 수입 결정을 하기 위해서는 보통 기업 내에 11명의 관계자들과 협의를 해야 한다고 한다. 잘 만들어진 회사소개서와 제품 브로슈어, 프라이스 리스트, 그리고 수입 제안서는 바이어 기업 내의 구매 담당 결정권자와 임원들에게 회람될 수 있을 것이며, 수입가능성을 높여줄 것은 분명하다. 바이어가 거부할 수 없는 차별화된 제안이란 특별한 게 아니다. 우리 기업의 현재 상황을 고려해서 우리가 수용할 수 있는 바이어의 니즈와 원츠를 반영하는 제안서를 만들면 된다. 제안할 수 있는 항목들의 예를 들면 아래와 같다.

- 신규 바이어 할인 : 첫 오더에 대해서 % 가격 할인
- 결제조건 : 수용할 수 있을 만큼의 작은 선수금 비율 %, 잔금 지급 시기 조율(한국수출무역보험공사 활용 등)
- 결제방법 : T/T, Paypal, L/C 등 수용 가능한 결제 수단
- MOQ/MOA : 수용할 수 있을 만큼의 작은 MOQ, MOA
- 보너스 제품 : 첫 주문 시 %의 샘플 제품 추가 제공
- 현지 프로모션 : 현지 프로모션 진행시 사업비의 % 제품 제공 등
- 본사 마케팅 지원 : 현지 마케팅 지원(온 오프라인 브랜드 마케팅 소스 지원)
- 바이어 정책 : 현지 바이어에 대한 추가 프로핏 등

이 외에 한국의 다른 수출자들이 따라올 수 없는 희소성 있는 내용이 있으면 더욱 좋다. 우리 브랜드가 해외에 아직 인지도가 없기 때문에 수입 제안서를 준비하면 된다. 우리 브랜드가 해외에서 인지도가 있으면 바이어들이 스스로 우리에게 찾아오며, 그들에게 보증금(데파짓)을 받고, 연간 수입금액을 보증받으며, 현지 판매계획서의 제출을 요청할 수 있다.

인상적인 경험과 강렬한 기억으로 나를 각인시켜라

상담한 바이어들은 왜 모두 회신을 안할까?

일반적으로 행사가 끝나면 바이어는 많은 판매자들을 만났기 때문에 특별한 경우를 제외하고 잘 기억하지 못한다. 바이어가 판매자에게 먼저 연락해 오는 경우는 정말 드물다. 알려진 바에 따르면 일반 고객들의 경우 어떠한 정보에 노출되었을 때 즉시 결제해서 구매할 비율이 3%라고 한다. 나는 바이어 상담의 경우와 비교하면 상담 자리에서 즉시 결제할 확률은 0.3% 정도라고 생각한다. 일반 소매고객들보다 바이어의 지출 금액은 몇백 배, 몇천 배 크기도 하고, 본인이 소비하면 되는 일반소매 고객들과 비교하여 바이어는 고려해야 될 사항들이 많이 있기 때문이다. 이렇듯 현장에서 만난 바이어들은 99%는 즉시 계약할 의사가 없다.

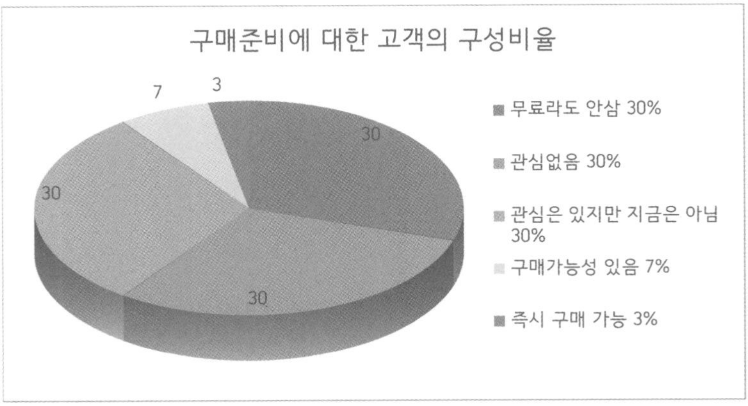

표에서도 보듯이 현장에서 즉시 계약(3%)을 위해 노력하는 것보다 구매가능성 7%, 관심 있지만 지금은 아님 30%에(도합37%) 집중해서 마케팅을 하는 것이 더 효율적으로 보인다.

바이어 회신이 없는 것은 바이어가 나와의 미팅을 부정하거나 거짓 반응을 보였거나 관심이 부족해서 그런 것이 아니다. 수출 상담을 할 당시에는 바이어는 나의 제품과 브랜드에 관심이 있었던 상태였다. 하지만 행사 이후 일상으로 돌아와 회사 업무 등이 바빠서 회신을 못 했을 수도 있고, 다시 검토해 보니 수익성이 부족해서 내부적으로 수입을 보류하기로 결정했을 수도 있고, 내가 보낸 이메일이 스팸메일로 처리되어 바이어가 확인조차 못 했을 가능성도 있다. 다양한 이유 중에서 바이어가 우리 제품에 대한 생각이 바뀌어서 회신이 안 되는 경우라면 우리도 더 이상 어쩔 수 없다. 그러나 그런 경우라도 최소한 바이어와 소통을 원하는 것이 우리의 목적이라면 그 방법에 대해서 알아보려고 한다.

수출상담회, 해외 전시회와 같이 바이어가 다수의 판매자를 함께 접할 수 있는 상황이라면 행사 이후 바이어가 나와 회사를 기억할 가능성이 높지 않다고 인식하고 있는 게 합리적이다. 그래서 우리는 행사 이후에도 바이어가 나와 나의 브랜드를 기억할 수 있도록 다른 판매자와 다르게, 나의 제품과 회사와 브랜드를 차별화하고, 바이어에게 인상적으로 어필해서 기억에 남게 만들어야 한다. 나를 기억하게 만들어야 소통이 가능하고, 지속적인 관계를 유지하면서 잠재바이어를 관심바이어로 변화시킬 수 있는 기회를 얻게 된다.

행사를 통해 강한 인상을 남기는 방법은 여러 가지가 있고, 기업마다 달라질 수 있다. 만약 수출상담회라면 POP나 X배너 등을 준비할 수 있고, 시그니처 제품을 바이어들에게 제공할 수도 있다. 제품 디스플레이도 타사 제품들보다 눈에 띌 수 있도록 준비해도 좋다. 그리고 체류 기간을 연장해서 상담 다음날 바이어 회사를 직접 방문해 회사의 다른 담당자들과 함께 추가 미팅을 하는 것도 좋은 방법이다.

전시회라면 전략이 필요하다. 짧은 전시 기간 동안 많은 바이어들과 짧은 미팅을 하는 것이 전부이다. 바이어들에게 제품과 브랜드를 설명할 시간이 절대적으로 부족하다. 상담하면서 괜찮은 바이어라고 판단되면 그냥 흘려보내지 말고 식사 약속을 잡거나 카페에서 추가 미팅을 하는 등 회사와 제품을 어필할 기회를 무조건 가져야 한다. 3명이 전시회 출장을 갔다면 3명이 각각 다른 바이어와 점심과 저녁 식사를 하면서 바이어 미팅을 해야 한다. 체류 기간을 늘려서 전시회 다음날부터 핵심 바이어들 회사를 방문하는 것도 좋은 방법이다.

연락처와 이메일 주소를 받았으면 즉시 등록하고 소통해라

행사 이후 바이어가 나를 기억 못 할 수도 있지만, 소통을 지속할 수 있는 방법은 있다. 그것은 이메일과 SNS 소통이다. 미팅 초반에 연락처를 교환할 때 어떤 SNS(왓츠앱, 라인, 인스타그램, 페이스북 등)를 쓰는지 물어보고 바로 메시지를 보내서 확인하는 것이 좋다. SNS로 소통을 하는 것은 정말 주요한 포인트이다. 이메일 소통이 업무적인 느낌이라면, SNS 소통은 개인적인 소통을 위한 채널의 느낌이다. 실제로 최근에는 거래하고 있는 바이어들도 SNS를 통해서 주로 소통한다. 나는 바이어 명함을 받자마자 SNS부터 등록하고 메시지를 교환하고 상담을 시작하는 것을 강력 추천한다. SNS

소통 전략도 한국의 다른 기업들이 하고 있지 않는 전략이다.

바이어와 SNS 소통을 했다면 상담을 위해 회사소개서와 제품소개서, 프라이스 리스트를 전송하고 받았는지 자리에서 확인해 보자. 그리고 바이어의 이메일로 함께 찍은 사진과 회사소개서와 제품소개서, 프라이스 리스트를 발송하고 정상적으로 수신되었는지 반드시 확인해 보자. 상담회 이후에 내가 이메일을 보냈을 때 바이어에게 스팸처리 되어서 전달이 안 되는 경우가 생각보다 많다. 그래서 미팅하고 있을 때 내가 보낸 메일이 스팸함에 들어가지 않았는지 현장에서 수신을 확인하는 과정이 반드시 필요하다.

상담 중간중간 바이어가 필요한 자료가 있다면 바로바로 이메일로 전송하고, 수신했는지 확인하는 것도 좋은 전략이다. 그리고 앞으로도 부담주지 않고 개인적인 관계로도 이메일을 발송할 테니 나의 이메일을 스팸처리 하면 안 된다고 미리 바이어에게 말해두자. 이렇게 바이어에게 언급하는 것만으로도 바이어로부터 회신을 받을 수는 있다. 그 내용이 부정적인 내용이라도 말이다. 일반적으로 현지의 국가까지 출장 와서 30~40분 동안 얼굴 보며 미팅을 했고, 최소한 친구로 소통하고 지내자는 한국의 공급자 앞에서 이메일을 스팸처리 하겠다고 말할 수 있는 부정적인 바이어는 없다.

또 가능하다면 페이스북은 서로 친구추가를 승인하고 인스타그램도 맞팔하는 것을 추천한다. 페이스북 친구가 되거나 팔로우를 하게 되면 나의 개인적인 생활까지 알고 있는 사이가 되는 것이다. 경험상 함께 찍은 사진을 SNS로 바로 전송하면 대부분 바이어들은 좋아한다. 이렇게 나를 우선 바이어에게 친구로서 각인시키고 바이어와 앞으로 계속 채팅하고 소통할 것이라는 전제하에 상담을 시작하면, 바이어는 상담에서 솔직한 의견을 개진할 가능성이 높다. 온라인 상담을 하는 경우에도 함께 미팅하고 있는 PC 화면을 캡처해서 보내주면 된다. 바이어를 만나면 나를 인상적으로 기억시키는 것이 반드시 필요하며, 향후 소통채널을 만들어 놓고 상담을 시작하기 바란다.

자료는 사전에 발송하고 현장 자료는 별도로 준비해라

수출 상담회의 경우, 출장을 가서 미팅하게 될 바이어의 회사정보와 홈페이지, 이메일 주소 등을 사전에 확인할 수 있다. 상담 전에 바이어가 우리 회사와 제품에 대해서 사전 탐색을 하고 온다면 시간을 절약하고 효율적인 상담을 할 수 있다. 하지만 이럴 가능성을 보장할 수는 없다. 그럼에도 우리는 효율적인 상담은 물론 바이어에게 우리 제품과 브랜드를 보다 많이 노출하고 설득하기 위해서 우리의 정보가 바이어에게 전달되도록 노력해야 한다.

우리가 사전에 바이어들에게 자료를 발송했다 하더라도 미팅 시 사용할 자료는 별도로 준비해야 한다. 여기서 말하는 자료는 회사소개서, 제품 브로슈어, 프라이스 리스트이다. 자료들은 상담하면서 SNS와 이메일로 바로 전송할 수 있도록 휴대폰에 준비하고 있어야 한다. 그리고 현장에서 바이어에게 설명할 자료들도 인쇄해서 준비해야 하며, 미팅이 끝난 뒤 바이어에게 자료를 주는 것이 당연하다. 특히 프라이스 리스트는 핵심 제품의 가격과 수출 조건들을 폰트를 크게 인쇄해서 상담 시 바이어와 함께 보면서 설명하는 것이 좋다. 나는 회사소개서, 제품 브로슈어, 프라이스 리스트와 함께 바이어에게 제공될 최소한의 샘플 또는 시그니처 상품도 현장 자료라고 생각한다.

설명하지 말고 바이어에게 질문해라

수출 상담을 하고 있는 대표님들은 다른 업체들이 바이어와 상담을 어떻게 하고 있는지 잘 알지 못한다. 하지만 나의 경우 바이어로 상담을 해 본 경험도 많고, 상담을 지켜본 경험도 많다. 수출 상담에 임하는 대표님들의 상담내용과 상담방법은 대부분 비슷하다.

간단하게 명함교환으로 자기소개를 한 뒤에 회사소개서 파일을 열고 회사소개 설명을 시작한다. 회사소개가 끝나면 제품 브로슈어 파일을 열어서 제품 설명을 다시 시작한다. 그리고 마지막으로 "우리 제품은 이런 특징들이 있어서 아주 좋다"라고 어필하고 가격표를 이메일로 보내주겠다고 하면서 상담을 마무리한다. 바이어와 미팅시간이 40~50분이라면 대부분의 시간은 대표님이 설명하고 통역사가 통역하다가 끝난다. 간혹 중간에 바이어가 질문을 하는 경우도 있지만, 상담시간 내내 바이어는 듣기만 하는 것이 대부분이다. 대다수 기업들이 이런 방법으로 수출상담회를 진행한다.

하지만 이런 수출 상담방법은 상담이 아니라 설명이다. 어떻게 상담해야 하는지 누가 가르쳐 주지 않았기 때문이기도 하고, 낯선 외국인이 앞에 있어서 긴장해서일 수도 있다. 그리고 수출을 빨리해야 한다는 압박감, 바이어에게 많은 정보를 알려야 한다는 강박감, '훌륭한 나의 제품을 바이어가 아직 모른다는' 제품에 대한 애착 때문에 이렇게 일방적인 설명을 하는 것일 수도 있다. 이유야 어쨌든, 이런 방법이 잠재바이어를 발굴하고 제품과 브랜드에 대한 호감도를 높이며 우리 제품을 수입하도록 독려하는 데 도움이 될까? 바이어들에게 설명만 열심히 하면 그들이 우리 제품을 수입할까?

수출상담회에서 바이어 미팅은 남녀가 소개팅을 하는 것과 유사하다. 그리고 실제 수출이 성공하는 것을 결혼에 비유하기도 한다. 이렇게 바이어와의 관계를 남녀가 사귀는 과정 또는 결혼하는 과정과 비유하면 우리가 바이어와의 단계별 과정에서 어떻게 해야 할지 대략적인 방법을 알 수 있다. 소개팅은 처음 만나는 자리이고 서로를 탐색하는 과정이다. 소개팅 시간 내내 주야장천 내 이야기만 하면 상대방은 얘기를 듣다가 지쳐버린다. 그리고 자랑이 지나치면 이기적인 사람으로 비칠 수 있고, 소통 없이 꽉 막혀있는 배려심 부족한 사람으로 인식될 수 있다.

소개팅에서 성공하기 위한 가장 핵심은 바로 소통이다. 소통을 이어나가기 위해 공통된 관심사와 좋아하는 것들을 찾기 위해 노력하기도 한다. 수출상담회의 바이어 상담도 이와 유사하게 진행되어야 한다. 지나치게 나의 이야기만 하는 것이 아니라, 바이어에게 질문하면서, 바이어의 이야기를 들으면서 정보를 수집하고, 그 정보를 기반으로 지속해서 관계를 이어갈 준비를 해야 한다.

효과적인 상담방법은 다음과 같다

처음에 간단하게 우리 회사와 제품소개를 하고 바이어에게 회사 소개를 요청해 보자. 업종, 제품, 취급 브랜드, 판매채널, 가능하다면 회사 매출과 직원 수도 물어보자. 이렇게 정보를 얻고 나면 나와 상관없는 바이어와 상담하고 있다고 박차고 일어나시는 대표님들도 있다.

하지만 내 얘기만 하느라 상담 종료 1분을 남기고 이 정보를 얻는 것보다는, 상담을 시작하자마자 이 정보를 얻었다면 훨씬 효율적인 것이다. 나의 제품과 별로 연계가 없다고 판단되거나, 나의 제품을 수입할 가능성이 적다고 판단되면, 이 바이어로부터 현지 시장 진입을 위한 정보를 얻는 데 상담을 집중해 보자. '나의 제품을 현지에 세일즈한다면 어떤 유통 경로가 가장 좋을지', '우리 제품과 유사한 제품 중 가장 잘 팔리는 제품은 어떤 브랜드인지', '나의 제품을 현지에 판매하기 위해서 알고 있는 괜찮은 업체가 있으면 소개해달라'와 같이 상담의 방향을 잡을 수 있다. 내 앞에 앉아 있는 바이어가 나의 제품을 직접적으로 수입할 가능성은 적더라도 이 사람에게 도움을 받거나 활용할 수 있는 방법들은 많이 있다.

만약 바이어가 나의 제품을 수입할 가능성이 있다고 판단된다면 제품 설명으로 넘어간다. 바이어가 가장 관심 있는 제품이 어떤 제품인지 확인하고 바이어의 의견을 들어보자. 첫 미팅에서는 잠재바이어와 관심바이어를 확보하는 것만으로도 성공적이다. 따라서 잠재바이어를 파악하는 데 중점을 두는 것도 좋은 전략이다. 현지 전문가인 바이어로부터 우리 제품과 관련된 정보와 어드바이스를 듣는 것도 시장정보는 물론 잠재바이어를 파악하는 데 도움이 된다. 현지의 트렌드는 어떠하며 잠재바이어가 어떤 제품을 선호하는지, 어떻게 하면 잠재바이어 회사에 수출을 할 수 있을지 질문하면서 이야기를 천천히 들어보자.

만약 바이어가 우리 회사와 브랜드, 제품에 적극적인 관심을 보이면 앞서 우리가 준비한 자료들을 바이어에게 설명하고 제안하면 된다. 이 경우에도 바이어에게 일방적으로 설명하기보다 바이어의 반응을 살피면서 설명하는 것이 효과적이다.

소개팅에서 다음번 애프터를 위해서 연락처를 교환하듯이, 상담회의 목적은 다음번 소통을 위한 것이 첫 번째 목적임을 잊지 말아야 한다. 더불어 나와 상담하고 있는 바이어가 앞으로 수십 년간 나의 해외 파트너가 될 수도 있다. 급하게 마음먹지 말고 바이어와의 관계에 최선을 다하자.

우리 회사를 만난 건 바이어에게도 기회임을 알려줘라

나는 한국의 수출자들이 타 국가의 수출자들과 비교해서 양심적이라고 생각한다. 이 점을 고려하면 바이어들도 한국에서 신뢰할 만한 공급자를 찾는 니즈를 가지고 있다고 생각해도 무방하다. 회사소개와 역량을 자세히 소개하고 수출정책 및 바이어 친화적인 정책을 하고 있다고 바이어에게 구구절절 설명하는 것은 바로 이런 이유이기도 하다.

그리고 상담회에서 제품을 설명하고 제안할 때 우리의 제품을 수입하는 것이 바이어에게도 기회임을 명확히 주장하는 것도 좋다. 바이어와의 미팅에서 대부분 대표님들은 '을'의 자세를 취한다. '나의 제품이 좋으니 돈 주고 사 가줘. 제발'이라는 느낌이다. 오히려 '나의 제품과 브랜드는 전 세계에 수출이 잘되고 있고 소매고객들에게 선택받고 있다. 우리 브랜드의 인지도는 점점 높아지고 있고 바이어 마진도 좋으니 현지에서 판매해서 당신도 돈을 벌어라'라고 당당히 말하는 편이 더 자신감 있어 보이고 바이어에게 설득력이 있다.

아직 수출을 많이 하고 있지 못하다면 수출 마케팅 현황과 수출계획을 설명하고 쇼피파이 스토어에 잘 모아 놓은 최종 고객들의 긍정적인 피드백을 어필하면서 기회를 잡으라고 설득해 보는 것도 나쁘지 않다. 바이어들이 당당하고 자신감 있는 수출자에게 관심을 가지는 것은 당연하다.

첫 거래 성사를 위해서 혼신을 다하라

수출 성공은 바이어 관리에서 비롯된다

바이어 관리는 상담회 등에서 만난 바이어뿐만 아니라 우리가 발굴한 모든 바이어에게도 중요하다. 잠재바이어를 발굴하거나 상담회 등에서 미팅을 하는 것보다 바이어를 어떻게 관리하느냐가 수출의 과정에서 더 중요하다.

대부분의 중소기업이 수출로 연계해서 성공하지 못하는 주된 이유는 바로 바이어 관리가 되지 않기 때문이다. 바로 앞 챕터에서 바이어 미팅은 소개팅과 같다고 언급했다. 소개팅에서의 만남은 상대방을 탐색하고 나와 코드가 맞는지 성향을 살펴보는 것에 불과하다. 나와 맞는 사람을 찾는 목적보다 나와 맞지 않는 사람을 걸러내는 목적이 강하다고 볼 수도 있다.

정작 중요한 것은 소개팅 후 다음의 과정들이다. 다시 만나고 연락하면서 상대방의 성향을 파악하고 나의 매력도 어필하는 등 충분한 탐색의 시간이 필요하다.

나는 상대방의 성향을 파악하는 것을 바이어 정보 수집 및 분석으로 이해하고 나의 매력을 어필하고 썸을 타는 것을 거래 제안, 또는 거래 검토 요청이라고 표현한다. 그리고 수출 성공 전까지의 모든 과정을 바이어 관리라고 표현한다. 상담회 후에 전반적인 바이어 관리 과정을 도식화하면 다음과 같다.

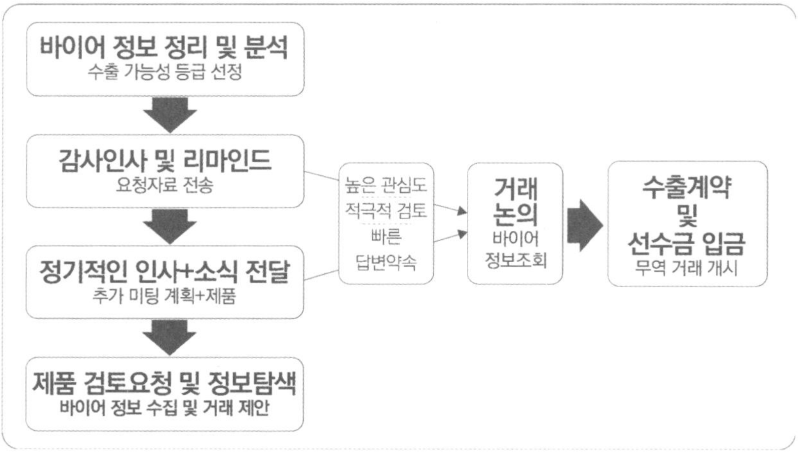

상담 후 바이어 관리

앞서 말한 것처럼 상담회 이후에 바이어의 회신이 안 올 수도 있다. 바이어의 회신이 어떻게 오느냐에 따라서 향후의 바이어 관리 추진 방향이 달라진다.

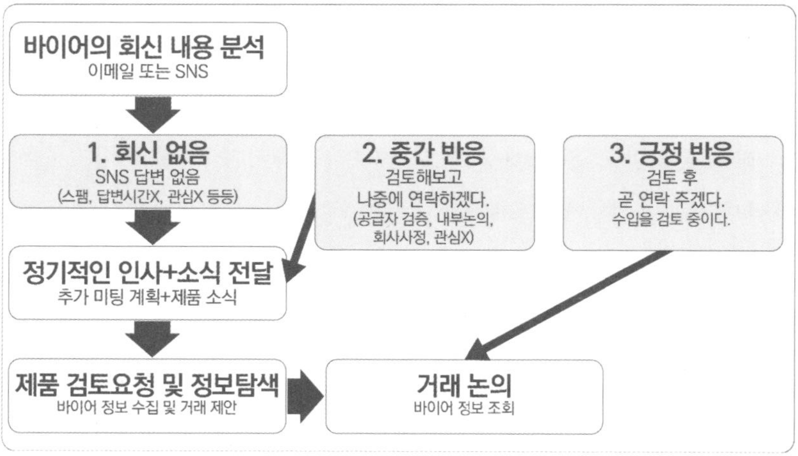

회신의 내용에 따른 대처

바이어 관리의 입장에서 바이어의 회신이 어떻게 오든 간에 바이어의 정보를 데이터베이스에 넣고 지속적으로 관리하는 계획과 실행이 필요하다. 위의 그림에서 보듯이 준비된 바이어가 수입과 관련된 논의를 본격적으로 하기 전까지는 정기적인 인사와 소식 전달 등으로 바이어를 꾸준히 관리해야 한다.

바이어는 급하지 않다. 기다리고 기다려라

바이어에게 견적서를 보내거나 샘플을 발송하면 우리 대표님들은 긍정적인 소식을 듣기 위해 애가 타기도 하고 조바심을 내기도 한다. 바이어로부터 답변이 늦어지거나 없으면 심지어 화를 내기도 한다. 하지만 바이어의 응답이 늦는 것은 당연하다. 우리와 현재 거래를 하고 있지 않은데 응답이 빠른 것이 이상한 것이다. 수출 거래를 하기 전에 바이어의 답변이 느린 것은 당연하고, 우리의 응대가 빨라야 하는 것도 당연하다. 나의 경험상 바이어가 선수금을 입금한 이후 제품과 오더를 논의하거나, 선적과 관련된 논의를 할 때는 응답과 반응이 엄청 빠르다. 당연히 바이어에게도 잠재 공급자에 대한 응대보다 당면한 업무와 거래하고 있는 공급자와의 업무가 훨씬 우선한다. 거래를 제안한 우리 입장에서 바이어에게 우선순위가 밀리는 것은 당연하다.

사실 바이어는 현지에서 잘 팔릴 제품들을 많이 발굴해 놓고 싶어 한다. 바이어와 소통을 하고 있다면 '바이어가 우리 제품에 관심이 있고 현지에서 잘 팔릴 가능성을 검토하고 있다'는 사실만 인지하고 있어야 한다. 현재까지의 진행 상황이 이렇다는 것을 알고 있다면 우리가 조급하거나 급할 필요가 없다. 헛된 기대는 버리는 것이 좋다. 우리는 바이어를 꾸준히 관리할 뿐이다. 계속 소통하면서 바이어가 우리 제품과 비슷한 제품을 떠올릴 때 우리에게 연락할 수 있도록 계속 노출되어 있어야 하고, 수입 준비가 될 때까지 기다리는 게 우리가 '바이어 관리'라고 일컫는 일들이다. 조바심을 내거나 서두르면 판매자 스스로가 바이어와의 관계에서 점점 더 불리한 '을'의 자리로 옮겨가는 것임을 주의해야 한다.

바이어 관련 정보를 많이 수집하면 수입 결정을 도울 수는 있다. 현재 취급하고 있는 브랜드는 무엇인지, 어떤 제품이 잘 팔리고 있는지, 현지의 우리와 비슷한 경쟁사 제품은 무엇인지, 어떤 제품을 수입해본 경험이 있는지, 수입 결정을 하는 사람은 누구인지 등등의 정보를 바이어로부터 얻는다면 현재 거래하고 있는 경쟁사 제품의 문제점을 제시하고 우리 제품으로의 대체를 제안할 수도 있고, 수입결정권자의 의사결정을 돕기 위해 전략을 짤 수도 있다. 또 바이어가 원하는 타깃 가격을 받을 수 있다면 우리가 제안한 수출가격 등을 변경해서 다시 제안할 수도 있다. 그리고 바이어가 원하는 제품이 있다면 어떤 제품인지 확인해서 우리가 소싱할 수 있는지 가능성을 타진해 볼 수도 있다. 사실 바이어가 원하는 제품을 소싱해서 수출하는 것이 제일 빠르고 쉽다. 일반적으로 급한 쪽이 항상 손해를 보고 거래를 하게 되어있다. 바이어의 반응에 조바심을 내지 말고 많은 잠재바이어를 발굴해서 어장관리를 하면서 때를 기다리자.

NO로 관계를 끝내지 말고 계속 이어 나가라

수출 초보 대표님들은 선입견을 가지고 있다. 바이어와의 상담 과정에서 바이어가 마음에 들지 않거나 바이어들의 요청이 조건에 부합

되지 않으면 대표님들은 무조건 'NO'라고 답하고 다른 바이어들을 찾는다. 그렇게 대표님들은 많은 진성 바이어들을 떠나보내고 다시 새로운 바이어를 찾고 있다.

해외 바이어들로부터 많은 러브콜을 받는다면 회사가 정해놓은 수출 정책에 의거해서 바이어를 선별하는 것이 맞다. 하지만 수출 초기에는 바이어가 무리한 요구를 해올 때 한 번 더 고민해 보고 조율하고 수정하는 것을 추천한다. 그리고 대부분 우리가 바이어에게 수출 조건들과 가격 등의 정보를 제공하고 바이어들이 검토하게 되어 있다. 바이어가 관심이 없거나 수입을 포기할 정도로 조건이 맞지 않으면 우리에게 조건의 협의를 요청하지도 않는다. 협의를 요청하는 것은 더 관심이 있다는 것이고 수출 협상이 진척되어 가고 있는 청신호로 생각해도 무방하다.

수출의 조건은 항목들은 정말 다양하다. 결제조건, 무역조건, 가격조건, 샘플 제공, 프로모션 지원, 클레임 등 나라마다, 바이어마다 다 다르다. 회사 입장에서는 이런 요청들이 무리하게 느껴질 수도 있다. 하지만 우리가 알고 있어야 하는 사실은 이 바이어들이 나뿐만 아니라 한국의 모든 판매자들에게 이와 같은 조건을 제시한다는 것이다. 어쩌면 바이어 입장에서 공급자를 테스트하는 것일 수도 있다. 우리가 떠나 보낸 이런 바이어들을 수출 고수들이 다 흡수해서 수출하고 있을 수도 있다. 그래서 무조건 'NO'라고 말해서 관계를 정리하지 말고 '대표님에게 문의를 해보겠다' 등과 같이 시간을 번 다음 답변을 한다든가, 바이어의 제안을 수용하는 대신 다른 조건을 추가 요청하는 형태로 소통을 지속해 나가는 것을 추천한다. 다시 말하지만 수출을 하기 위해서는 다양한 조건들이 협의되어야 한다. 바이어의 요청을 수용하고 우리는 다른 조건을 요청하면 된다.

바이어와의 대화를 통해 정보를 많이 수집했다면 바이어와 협상할 때 우리가 활용할 수 있는 카드가 많아진다. 바이어가 한국에서 수입한 경험이 전혀 없다면 "한국의 다른 공급자를 찾아보라"라며 한 발 물러서는 것도 전략 중의 하나이다. 바이어 입장에서 우리처럼 쓸 만한 공급자를 찾는 것은 쉽지 않다. 중국제품을 수입한 경험이 있다면 "그 가격에는 도저히 공급이 불가하니 중국제품을 수입해라"라고 대응하는 것도 방법이다. 중국제품에 아직도 관심이 있었다면 굳이 우리와 협의하고 있을 이유가 없기 때문이다.

나와 소통하고 있는 바이어는 나와 현재 줄다리기하면서 나를 검증 중이다. 수출을 시작하기 전까지 바이어는 우리의 회사와 제품, 브랜드뿐만 아니라 당신이 바이어와 잘 소통하고 있는지도 검토하고 있다. 관계를 소중하게 여기고, 약속을 지키려고 노력하며, 바이어의 수익까지 함께 고려하는 파트너로 성장할 가능성이 있는지도 검증하고 있는 것이다. 그러니 당장 수입 진행을 안 하고 이번에 수출 협의가 취소되더라도 소통을 지속적으로 이어 나가는 것이 필수이다. 바이어에게도 한국에 신뢰할 만한 업체와 담당자가 있는 것이 큰 힘이 된다.

모든 바이어와의 관계는 거래를 한 바이어와 아닌 바이어로 나뉜다

나의 바이어는 딱 두 종류다. 나와 거래를 해본 바이어, 거래를 안 해본 바이어. 특히 쇼피파이 고객의 경우 장바구니에 담기만 하고 결제를 하지 않은 고객은 몇 개월이 지나도 장바구니에 다시 담기만 하고 결제까지 가지 못하는 경우가 많다. 하지만 한 번 결제를 하고 해외 배송을 받아본 고객들은 몇천 달러 단위로 주문 금액을 늘리기도 한다.

무역도 마찬가지이다. 가능하다면 소액이라도 첫 거래를 해보는 경험이 중요하다. MOQ를 낮춰서 소액수출 또는 샘플수출을 통해서 수입 경험을 바이어에게 제공하면, 현지의 고객 반응을 실제로 체크할 수 있고, 현지 판매 활성화를 위해서 바이어와 적극적으로 논의할 수 있다. 이처럼 수입을 해본 바이어와 안 해본 바이어는 엄청난 차이가 있다.

사실 수출을 잘하고 있는 기업들의 경우에도 새로운 바이어에 대한 견적과 첫 거래는 매우 신중하게 대응한다. 첫 거래를 성사시키기 위해서 바이어 응대에 적극적임은 물론 첫 거래에만 특별 가격 할인을 진행하는 업체도 있다.

수출의 장점 중 하나는 현지 국가에서 세일즈가 시작되면 한국 시장과 상관없이 지속적인 수출이 가능하다는 것이다. 첫 거래는 바이어에게만 아니라 우리에게도 중요하다. 실제로 수출이 진행된 후 계약부터 현지 도착 및 현지 판매까지 함께 수출 상황을 모니터하다 보면 바이어 업체와 현지 시장에 대한 더 자세한 정보들을 얻을 수 있고, 담당자에 대한 성향도 보다 구체적으로 파악할 수 있다.

가끔은 도저히 납득할 수 없는 클레임을 제기하거나 공급자의 신뢰를 저버리는 이기적인 바이어를 만날 수도 있다. 하지만 좋은 바이어, 나쁜 바이어의 구분도 우리가 수출을 해 본 후에야 알 수 있다. 우리도 바이어와 회사를 하나씩, 천천히 검증해 나가는 과정이 필요하고, 그렇기에 바이어와의 첫 거래는 분명히 중요하다.

수출 지원사업에 열정적으로 참여해라

아직도 수출지원을 안 받는 업체가 있나요?

우리나라는 수출에 관심이 많다. 많은 사람들이 경제발전의 원동력을 수출에서 찾을 만큼 기여도가 크다고 판단한다. 그래서 정부는 물론 지자체와 유관 기관에서도 수출지원사업을 많이 진행하고 있다. 하지만 많은 중소기업들이 지원사업을 전혀 활용하지 않고 있다. 나의 경험상, 수출지원사업은 대부분 중소기업의 수출 활동과 수출 마케팅에 도움을 준다. 말 그대로 지원사업은 우리 중소기업을 돕고 지원하기 위한 사업이다. 중소기업의 수출이 작은 배로 바다를 항해하는 것이라면, 수출지원사업은 작은 배들의 항해를 돕기 위해 배를 끌어주는 견인선과 같은 역할을 한다. 활용하지 않아도 되지만 활용하면 더 큰 성과를 이룰 수 있을 확률이 크며, 잘 활용한다면 기존 경쟁자들과도 차별화할 수 있는 기회가 많다. 수출지원사업을 활용하는 방법과 유의사항에 대해서 알아보자.

수출지원사업은 종류와 분야가 다양하다. 정부 부처별로도 이루어지고 지역의 작은 협회에서도 진행되기도 한다. 종류는 지원금, 대출금, 교육, 컨설팅, 바이어 미팅, 물류비 지원, 해외지사, 시장개척, 해외인증, 시장조사 등등 다양하다. 예컨대, 해외 시장조사 및 수출 실무 상담도 수출지원사업 중에 하나다. 그 밖에도 무역보험공사 등에서 수출을 위한 원재료 구매자금을 지원받을 수도 있고, 무역협회 등에서 무역과 수출 교육을 무료로 받을 수도 있다. 앞서 언급한 수출 기본 문서(회사소개서, 제품 브로슈어 등)도

전문가의 도움을 받아 제작할 수 있다. 해외 전시회 참가 비용도 50% 정도를 지원받을 수 있고 해외 무역사절단, 시장개척단 등에 참가하면 바이어 발굴과 상담회장 사용, 항공비 등을 지원받을 수 있다.

중소벤처기업부에서 진행하고 있는 수출지원사업의 종류만 80가지가 넘고 지역별, 기관별, 협회, 진흥원, 상공회의소 등에서 진행하는 지원사업까지 합산하면 수백 가지가 넘는다. 특히 해외인증과 해외 전시회 참가의 경우 지원금을 받지 않고 진행했다면 오히려 이상할 정도이다. 지금까지 수출준비를 잘해왔다면 수출지원사업을 조회해 보고 내가 받을 수 있는 사업들이 있는지 주기적으로 확인하고 참여하자. 경쟁률이 높은 지원사업의 경우 선정된 사실만으로 바이어에게 마케팅 요소로 활용할 수도 있다. 그리고 쇼피파이 글로벌 스토어를 구축하고 수출을 계획하고 있는 기업이라면 수출지원사업을 활용하는 것은 '무조건'이라고 할 수 있다.

한국보다 중소기업 수출지원이 많은 나라는 없다

아마도 우리나라의 중소기업 수출지원 정책은 전 세계 1등이 아닐까 싶다. 앞서 말한 정부 및 기관의 수출지원제도도 그러하고, 인터넷 환경과 인프라도 그러하며, 전 세계 GDP 10위권의 국가적 위상도 그러하고, 전 세계에 인정받고 있는 한국산 제품의 퀄리티와 인지도 또한 나쁘지 않다. 그리고 일본, 중국 등 주요 국가와 인접하고 있어서 제품의 소싱과 수출 측면에서도 지정학적으로 나쁘지 않다고 생각한다. 수출하기 좋은 환경의 국가에서 수출을 장려하기 위해서 다양한 제도로 지원하고 있으니 우리는 해외에 잘 팔기 위한 노력만 하면 된다.

하지만 수출지원사업에 지원하고 참가하는 업체는 정말 한정적이다.

지원을 받는 업체만 매번 받고 있고, 활용을 하고 있는 업체만 더 활용을 하고 있는 것이다. 그래서 수출을 잘하는 업체만 점점 더 잘하게 된다.

물론 수출이 쉽다고 하는 이야기가 결코 아니다. 우리는 잘 모르고 있지만 타 국가들과 비교해서 수출하기에 좋은 조건이라는 것을 인지하고, 수출지원사업을 적극적으로 활용해야 한다는 의미이다.

지원사업만 몰두하면 본업이 흔들린다

그런데 지원사업의 도움 없이 수출을 잘하는 업체들이 많은 반면, 수출지원사업에만 지원하는 업체들이 있다. 수출지원사업은 주도적으로 수출 마케팅을 추진하고 있는 업체가 추가적인 지원을 통해 도움을 받는 것이다. 수출지원사업의 참여만으로 수출 성과를 내려고 노력하면 그 결과는 만족스럽지 않을 것이 분명하다. 수출과 바이어에 대한 기본 마인드 없이 수출지원사업에 참가하면 쉽고 빠르게 수출을 할 수 있을 것이라 기대하고 있는 업체들도 생각보다 많이 있다.

하지만 바이어는 급하지 않고, 수출에는 시간이 필요하다. 그리고 수출지원사업은 기업들에게 바이어 미팅 등 수출기회를 제공하는 것뿐이다. 수출지원사업에 참가했다고 해서 업체가 직접 돈을 벌 수 있는 경우는 거의 없다. 그러니 아무리 수출지원사업에 몰두한다고 해도 실제 수출로 연계되지 않으면 돈을 거의 벌기 힘들다. 기업 경영활동에서 수출지원사업에만 몰입하는 것은 삼가야 한다. 다양한 해외 수출 노력 중의 하나로서 지원사업을 활용해야 한다.

수출의 성공은 바이어와 관계의 설정이다

수출의 전체 과정과 목적을 분명히 이해해라

앞서 수출을 성공하기 위해서 바이어를 발굴하고 컨택하는 과정은 마치 소개팅을 통해 결혼을 하는 과정과 유사하다 했다. 이를 좀 더 단계별로 구분해 비유해보면 다음과 같다.

소개팅/ 결혼 단계	상담회/ 수출 단계
소개팅 후 상대방 분석	바이어 정보 정리 및 수출 가능성 등급 산정
소개팅 사후 관리/에프터	자료 전송, 감사 인사, 리마인드, 거래제안서 발송
중간탐색	정기적인 인사+소식 전달+소통
프로포즈/연애	우리 제품 수입 검토 요청 및 바이어 정보 탐색
결혼 논의	제품, 가격, 결제 조건, 무역 조건 논의
신원조회	바이어 조회(재무제표, 회사 규모, 판매 채널, 평판, 수입 이력 등)
결혼	수출 계약 및 선수금 입금

얼핏 보면 소박한 비유로 생각되겠지만, 상담회를 통한 바이어 미팅과 온・오프라인을 통해 발굴된 바이어를 수출로 연계하는 과정을 실무로 진행하다 보면 정말 소개팅을 통해 결혼을 하는 과정과 흡사하다고 공감할 것이다. 과거 결혼을 '통혼(通婚)'이라 일컬었던 데서 집안과 집안의 소통이 개입된 인생의 대사(大事)임을 알 수 있듯이, 수출자와 바이어 사이에도 소통과 관계가 너무나도 중요함을 말하고자 함이다. 그리고 이 부분이 수출을 원하는 대표님들이 가장 오해하고 있는 지점이

SHOPIFY STORE

기 때문에 다시 한번 강조하고 싶다.

대표님들은 바이어와의 관계를 통한 수출 성공보다는, 수출기업에서 원하는 바이어를 찾기에만 열심이다. 그리고 탐색, 연애의 과정 없이 바이어가 바로 수입해 가주기만 기대하고 있다. 수출기업의 경쟁력을 높이고, 관리를 통해 바이어를 육성하고, 브랜드의 해외 인지도를 확대하고, 차별화된 아이템과 마케팅 전략을 구축하는 등의 수출을 위한 자구적인 노력보다는, 해외의 빅바이어, 좋은 바이어를 만나기만 기다리고 있다.

그런 점에서 대부분의 경우 수출이 실패하는 문제는 바이어보다 한국 기업에 있다고 생각한다. 한국 기업이 스스로 노력하고 바이어와 세계 시장을 이해하며 스스로 변화된 인식과 각오로 수출에 임해야 한다.

여기에 더해 또 하나의 문제가 있다. 나는 한국 기업들이 해외시장에서 싸워서 이길 만큼의 품질 경쟁력을 가지고 있다고 생각한다. 하지만 고지식한 선입견의 수출정책들과 부족한 수출 마케팅 능력이 중소기업들의 수출에 발목을 잡고 있다고 생각한다. 전 세계는 수출 전쟁 중이다. 알리바바에 접속해서 셀러들이 어떻게 수출 마케팅을 하고 있으며, 어떤 조건에 수출하고 있는지 살펴보라. 연회비 500만원씩 주고 알리바바에 입점해서 바이어들에게 노출이 잘 되기 위해 추가 광고비를 지출한다. 심지어 내 이름이 새겨진 볼펜 한 자루의 MOQ가 1개인 경우도 많다. FOB 가격의 노출은 기본이다. 제품 문의를 하면 10분 이내에, 1시간 이내에 이메일 답변이 들어온다. 알리바바의 셀러들은 전투적으로, 전문적으로 수출 마케팅을 진행 중이다. 그와 비교하면 한국의 수출기업들은 제품이 너무 소중한 나머지 품에 끌어안고만 있으며, 의 가치를 알아주는 바이어를 만나기만을 기다리고 있는 모습이다.

우리의 목적은 수출을 통해 돈을 버는 것이다. 그러기 위해서는 해외 판매를 많이 하고 해외 브랜드 인지도를 높여야 한다. 수출액과 인지도를 높이기 위해서는 많은 충성 바이어로부터 주문을 받아야 한다. 많이 팔아야 브랜드 인지도도 함께 올라간다. 많은 충성 바이어로부터 주문을 많이 받기 위해서는 그들이 주문을 많이 할 수 있도록 만들어야 하며, 그 과정에서의 핵심은 바이어와 관계를 발전시켜가는 관리(CRM)이다. 많은 바이어를 발굴하고 관리하는 것이 수출액 신장과 브랜드 인지도 상승을 높이는 핵심요인이다.

우리의 목적은 좋은 바이어 발굴도, 유료광고를 통한 브랜드 인지도 확대도 아니다. 목적을 명확히 하고 목적에 도달하기 위해 어떤 과정이 필요한지 다시 한번 고민해 보자.

바이어를 레벨업 시켜라
: 잠재바이어 → 관심바이어 → 충성바이어

일반적으로 바이어를 구분하면 아래와 같다.

- **잠재바이어** : 시장조사 등을 통해 우리 제품을 수입할 가능성이 있는 바이어
- **관심바이어**(LEAD) : 잠재바이어 중 우리 제품에 관심이 있거나 한 번 수입을 경험해 본 바이어
- **충성바이어** : 우리 회사와 브랜드에 높은 신뢰를 가진 바이어. 전체 수출액의 높은 % 차지

우리의 목적은 많은 충성바이어를 확보하는 것이다. 충성바이어 확

보는 곧 매출이고 돈이다. 수출액의 대부분이 충성바이어로부터 발생되며, 우리 브랜드 인지도를 높여주는 핵심 그룹이다. 충성바이어는 한 번에 찾거나 만들어지는 것보다 관심고객을 충성고객으로 변화시켜서 만들어진다. 우리 회사와 브랜드에 대한 신뢰성을 높이기 위해서는 그들에게도 우리 제품과 브랜드를 탐색하고 조사할 시간이 필요하며, 수입 후 판매하는 등 여러 번의 실전 경험이 필요하다. 그 과정을 통해서 우리의 수출 서비스를 경험하게 되고 우리 제품을 현지에서 판매함으로써 장기적으로 수익을 낼 수 있다는 확신이 들었을 때 비로소 충성바이어로 전환된다. 충성바이어가 되면 비로소 파트너십이 형성되며, 현지 판매를 촉진시킬 수 있는 다양한 공동 마케팅 전략을 함께 진행하기도 한다.

어떻게 하면 충성바이어를 많이 키워낼 수 있을까?

첫째, 잠재바이어를 많이 발굴해야 한다. 일반 B2C 스토어를 운영해도 동일하다. 신규 고객의 유입이 꾸준하게 증가해야 충성고객으로 전환되는 수량도 늘릴 수 있다. 인터넷을 통한 바이어 정보 획득과 컨택, 상담회에서 만나는 바이어들 모두 잠재바이어들이다.

둘째, 관심고객에게 거부할 수 없는 차별화된 제안을 해서 충성고객으로 유도해야 한다. 관심바이어를 꼼꼼하게 관리해야 한다. 이 바이어들은 우리를 어느 정도 알고 있거나 우리에게서 수입을 한 경험이 있는 바이어들이다. 다음의 〈바이어 발굴 퍼널〉에서 확인할 수 있듯이 관심바이어들 중 일부는 향후 현지에 우리 바이어의 경쟁바이어가 될 수도 있다. 앞서 말한 '거부할 수 없는 차별화된 제안'은 가격 할인을 말하는 것이 아니다.

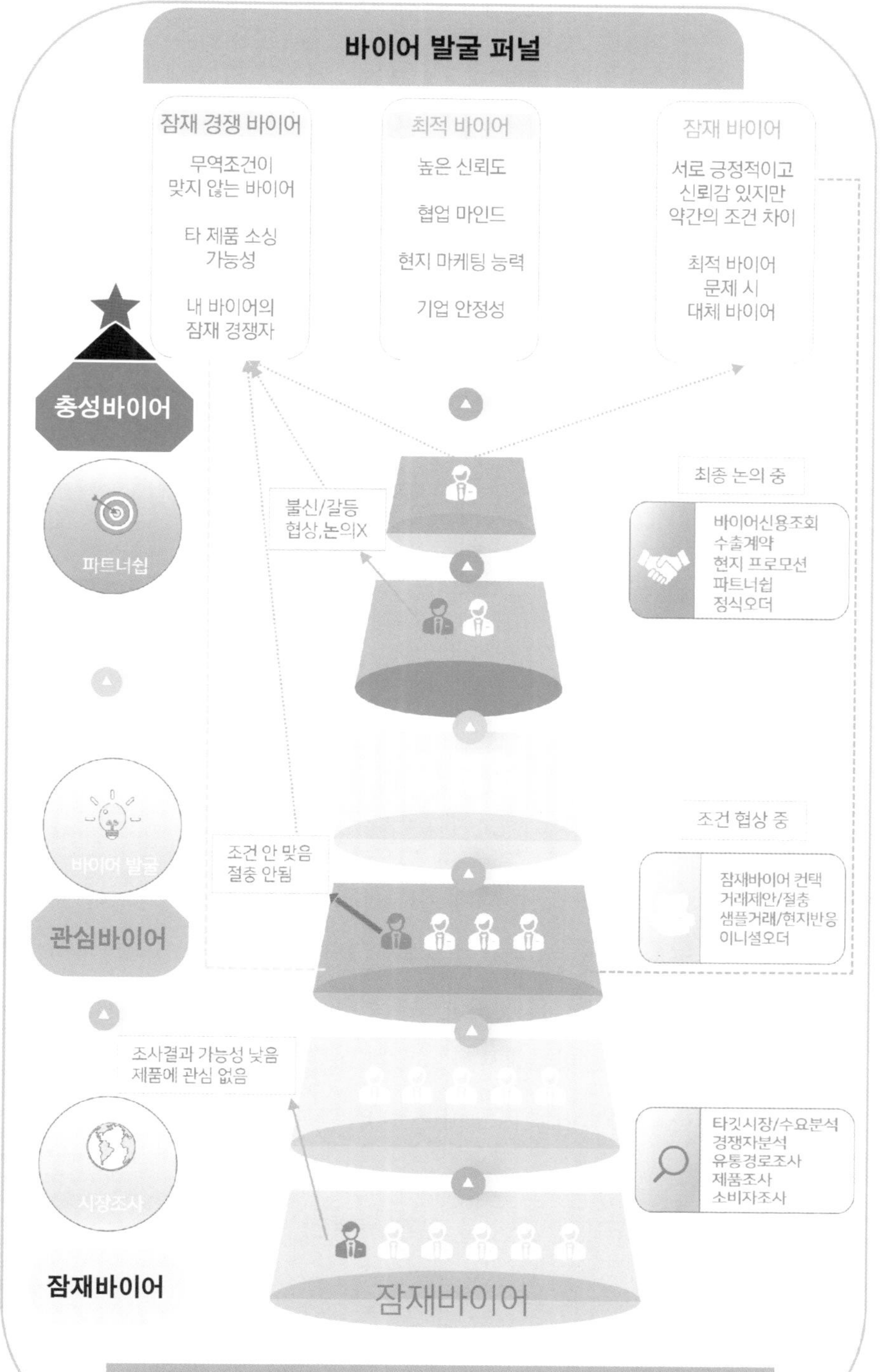

위 모형은 일반적으로 알려진 바이어 발굴 퍼널이다. 하단부터 상단으로 올라갈수록 잠재바이어 ⇨ 관심바이어 ⇨ 충성바이어로 변화한다.

타 공급자들과의 차별성, 즉 한국 수출자들이 가지고 있는 선입견 중에서 수용 가능한 유연한 수출정책을 말하는 것이다. 이 내용은 결제조건 변경, 샘플 지원, 현지어 마케팅 콘텐츠 지원, 현지 프로모션 지원, 공동 마케팅, 물류비 지원 등 다양하다.

셋째, 바이어와의 관계를 모니터링하고 관리해야 한다. 바이어 정보를 데이터베이스화 하고 시스템으로 관리해야 한다. 이것이 어렵다면 최소한 엑셀에 바이어 정보를 누적해 매일 열어보면서 정기적으로 이메일을 보내고 SNS 소통을 시도해야 한다. 다시 말하지만 충성바이어가 돈이고 충성바이어는 지금과 같은 바이어 관리에서 비롯된다.

관심바이어가 충성바이어로 전환되는 순간 수출액은 급격하게 상승한다. 바이어의 의심이 확신으로 바뀌는 순간이다. 1년 이상 거래하던 바이어가 수입 물량을 늘리면서 독점권한을 요청하는 시기와 비슷하다. 현지에서 판매가 늘어나는 것일 수도 있겠지만, 공급자와 관계를 증진시키고자 하는 의도도 있다고 볼 수 있다.

시간을 두고 키워진 충성바이어는 관심바이어들과 차이점이 있다. 이들은 우리의 정책에 잘 따라오고 협조하며 서포터가 된다. 단기간에 발굴된 바이어들은 수익성의 관점으로 우리와 거래하지만, 충성바이어들은 우리 기업과 브랜드의 열혈 서포터이다. 충성바이어를 그저 오랜 기간 거래한 바이어로 치부해서는 안 된다. 이들은 우리를 팀을 이끄는 리더로 인식하고, 파트너로 믿고 따라온다.

밭을 갈 듯이 바이어 관계를 성장시켜라

바이어를 관리하는 마케팅은 천천히 계획적으로 이행되어야 한다.

오히려 성급하게 단기적인 수출을 하기 위한 마케팅은 바이어를 멀어지게 한다. 그리고 바이어를 모니터링하면서 바이어 상황에 맞게 마케팅이 진행되고 관리되어야 한다. 충성바이어로 전환된 바이어의 입장에서 생각했을 때도 장기간 공급자와 브랜드를 지켜보고 판단한 경우 더욱 충성도가 높아진다. 유료광고 등 공격적인 마케팅을 통해서 빠른 판매를 하려고 하는 전통적인 마케팅 방식에 고객과 바이어들은 피로감이 누적됨은 물론 거부감도 상당하다. 인스타그램을 보다가 광고가 나오면 그냥 넘겨버리는 것과 동일하다. 바이어들도 본인들에게 직접적으로 제품을 팔기 위해 접근하는 공급자들에게 지쳐 있다. 공급자가 방법을 찾아서 더 가까이 접근할수록 더 멀리 도망갈 수도 있다. 이런 경우는 바이어 스스로 우리 회사와 브랜드의 가치를 알게 만드는 전략이 필요하다. 제품을 구매하라고 하지도 않으면서 바이어에게 가치 있는 정보를 지속적으로 제공하는 것이다.

알려진 통계에 따르면, 영업을 하는 사람들은 관심고객과의 첫 번째 컨택 이후 50%가 포기한다고 한다. 두 번째 컨택 후 65%, 세 번째 컨택 후 79%, 네 번째 컨택 후 89%가 포기한다고 한다. 그리고 열두 번째 컨택 후 열성적인 팬이 된다고 한다. 이 방법은 전설적인 자동차 판매왕으로 기네스북에 오른 조 지라드의 마케팅 비법이다. 그가 한 것이라곤 농사를 짓듯 고객들에게 꾸준히 마케팅한 것이 전부이다.

잠재바이어를 키워나가고 전문가로 포지셔닝 해라

B2C와 B2B 트렌드를 보더라도 가격 할인 등의 프로모션을 통한 즉시 판매의 방법은 더 이상 고객들에게 어필하지 못하고 있다고 생각된

다. 유료광고나 가격 프로모션, 상담회 등을 통한 잠재바이어의 모집으로는 이들을 관심바이어로 전환하기 어렵다. 잠재바이어를 관심바이어로 만드는 노하우는 다음과 같이 정리할 수 있다.

- 첫째, 잠재바이어 리스트를 데이터베이스화 하고
- 둘째, 그들이 원하는 가치와 혜택 등 도움 되는 정보를 제공하고
- 셋째, 그 과정에서 우리는 실력 있는 전문집단으로 포지셔닝하며
- 넷째, 잠재바이어들에게 특별혜택을 제공하여 관심바이어로 전환을 유도하며
- 다섯째, 지속적이고 꾸준한 마케팅을 통해서 바이어 소통과 브랜드 노출을 극대화한다.

이 방법은 전 세계 마케팅 트렌드이기도 하다. 잠재고객을 발견하고 도움 되는 정보와 가치를 제공하는 마케팅을 통해 관심 고객으로 전환시키기 위해서 노력하고 있다. 유튜브에서, 틱톡에서 재밌고 유용한 정보들을 제공하면서 잠재바이어(구독자)를 늘리고, 전문가로 포지셔닝함으로써 신뢰도를 높이며, 고객들로 하여금 멤버십을 가입하게 하거나 별도의 웹사이트로 연계하여 제품을 구매하거나 서비스를 이용하도록 유도하는 마케팅 방법이다. 이들은 고객에게 판매를 추천하거나 강요하지 않는다. 전문가로서 유용한 정보를 제공하고 고객이 부족한 것을 알려주고 해결 방법을 제시할 뿐이다. 고객들은 그동안 도움이 되는 정보들을 많이 받아 왔고 자주 접함으로써 내적 친밀감도 높아졌다. 그리고 마침내 해당 제품과 서비스가 필요한 시점이 되면 구매를 하게 된다. 고객은 가격이 저렴해서 구매한 것이 아니라 도움 되는 정보, 가치,

혜택을 구매한 것이다. 구매 이면에는 전문가에 대한 신뢰가 큰 영향을 주었다.

이러한 마케팅 전략이 효율적인 것은, 한국의 대부분 수출기업들이 하고 있지 않기 때문이다. 그리고 이렇게 유용한 정보를 제공함으로써 온라인에 노출되어 있으면 검색 노출도 잘되고 생각지도 못하게 문의가 많이 오며, 잠재바이어들이 많이 발굴될 수도 있다.

협상은 시간, 정보, 프레임의 밀당이다

시간에 쫓기면 나의 단점을 드러내며 더 불리한 상황에 놓인다

바이어와 협상을 어려워하는 경우가 많다. 협상을 잘하기 위해서는 시간, 정보, 프레임을 이용하면 유리한 위치에서 협상할 수 있다. 협상을 잘하기 위해서는 시간을 활용해야 한다. 절박하고 시급하며 빠른 문제 해결이 필요할 때 우리는 급하게 서두른다. 협상에서 시간에 쫓기는 쪽이 양보해야 하고, 수익은 감소하며, 손해는 증가하는 피해를 감내해야 한다. 우리나라 사람들은 급하다. 뭐든 빨리빨리 진행되기를 원하고 빠른 판단과 빠른 업무처리를 하지 못하면 능력이 떨어진다고 생각한다. 하지만 일본 사람들은 느리고 신중하다. 검토도 느리고 업무처리도 느리다. 당연히 협상 과정도 신중에 신중을 다해서 느리다. 옛날 무역의 협상 과정에서 일본이 시간을 활용해서 항상 좋은 조건에 차지했다는 것은 익히 알려진 사실이다. 협상 과정 중 A 쪽에서 '우리는 급하지 않고 시간이 충분해서 이것 말고도 대안이 있다. 시간을 두고 충분히 다시 검토하겠다'라는 포지션을 취하면 시간이 없고 사정이 급한 B는 협상을 체결시키기 위해서 본인의 조건을 철회하거나 상대의 조건을 수용하거나 하는 등 뒤로 물러서서 협상에 임할 수밖에 없다.

기본적으로 협상은 동등한 입장에서 양자 간의 윈윈을 위해서 이루어진다. 하지만 시간의 문제가 있다면 당연히 불리한 입장에서 협상을 해야 한다. 따라서 우리는 바이어와 수출 조건 등의 협상을 할 때 급한 마음에 저자세로 협상에 임하면 안 된다. 어쩌면 해외 바이어들이 한국 수출자들이 급한 성격인 것을 알고 가격을 후려치는 등의 협상 전략을 구사하는 것일 수도 있겠다. 바이어와 소통을 할 때도 절대로 빨리 수입하기를 원하는 느낌을 주어서는 안 된다. 가격 할인을 요청받았을 때도 즉각적인 답변을 줘서는 안 된다. '우리는 급하지 않고, 당신 말고 다른 바이어도 많이 있다'는 느낌을 주어야 하고, 요청에 대한 답변은 '어떤 내부 검토 과정을 거쳐 언제까지 답변을 주겠다'라고 시간을 끄는 전략이 필요하다. 가격 할인 요청을 즉각 수용하면 바이어는 우리가 엄청 큰 마진을 보고 수출하려 하는 것으로 오해할 수 있다.

반대의 경우로, 바이어가 수입을 서두르는 때가 있다. 수출 조건 협의를 1달을 하고 나서 수입 결정을 내리고, 일주일 또는 2주일 이내에 생산해서 선적해달라고 요청하는 경우이다. 이런 경우 우리는 기쁜 마음에 최대한 노력해 보겠다고 약속만 하면 안 된다. 바이어가 시간의 프레임에서 불리한 상황에 있는 것을 파악했으면 우리도 이 점을 이용해야 한다. 급하게 생산인력을 충원해야 해서, 원가가 상승해서 공급가격을 얼마 정도 올려야 가능하다든지, 납품 기일을 맞추기 위해서 별도 생산가동을 돌리는데 필요한 최소 생산량이 커서 오더를 늘려야 한다든지 하는 요청을 추가적으로 할 수 있다. 바이어는 언제까지 선적이 되어야 하는 문제에 직면해 있다. "신뢰를 기반으로 형성된 바이어를 상대로 이런 상황까지 이용해야 하느냐"라고 나에게 질문을 한다면, 나는 바이어에게 시간 프레임을 이용하지 않을 것이다. 단지, 나는 시간의 프레임을 활용한 협상 방법이 있음을 설명하고 있는 것이다.

바이어 정보는 내가 사용할 수 있는 협상의 옵션을 넓혀준다

우리가 바이어에게 안부를 묻거나 회사의 상황을 묻는 등 바이어로부터 수집된 정보들은 추후 실제 수입 협상에서 나에게 유용한 무기로 사용될 수 있다. 그 정보들이 바이어 회사, 또는 사업과 관련된 정보거나 유사한 경쟁사 제품 등의 정보를 포함한다면 정말 알짜 정보이다. 상대방에 대한 정보가 많고 상대방에 대해 잘 파악하고 있으면 우리는 협상에서 유리한 조건을 얻을 수 있다.

프레임을 나에게 유리한 방향으로 전환해라

프레임을 전환하는 것은 협상의 전략 중에 하나다. 협상을 시작할 때 어떤 주제(아젠다)를 선택하느냐가 중요하다. 주로 상대방의 약점을 이슈화 해서 다른 유리한 조건을 끌어낸다. 예를 들어, 바이어가 가격 할인을 요청하려 할 경우 경쟁 제품과의 가격 열위, 바이어의 적은 마진 등의 이유를 들어 추가적인 가격 할인을 요청할 것이고, 수용되지 않을 경우 샘플 제품을 더 공급해달라고 하는 추가적인 혜택을 가져가려고 할 수 있다. 이때 우리는 바이어의 약점으로 프레임을 전환하여 협상에 다른 국면을 가져올 수 있다. 예를 들어, 바이어와의 결제 조건이 선수금 30%였다면 선수금 비율을 50%로 높이도록 요청하고, 받아들여지지 않을 경우 오더 수량을 ○% 올려달라고 요청하는 것이다. 협상은 양쪽이 서로 조건을 주고받는 게임이다. 서로 가장 필요한 조건을 가져오고 상대방이 필요한 조건은 양보하면서 조율하는 것이다. 그러니 바이어가 무리한 요청을 했다고 걱정하거나 의기소침할 필요 없다. 앞서 말한 것처럼 협상은 시간에 쫓기고 급한 쪽이 지는 불리한 게임이다. 상대방을 파악하고 나에게 유리한 조건에서 협상할 수 있도록 다양한 협상카드를 준비해 놓자.

본품보다 서비스를 크게 포장하라

이 방법은 바이어와의 협상뿐 아니라 잠재바이어를 관심바이어로, 관심바이어를 충성바이어로 변경시키는 마케팅 전략에서도 사용될 수 있다. 고객들이 제품을 구매할 때 제품의 원가를 따져가며 저렴한 제품만 구매하는 것은 아니다. 브랜드의 이미지, 제품의 특성, 사용 후의 만족감, 문제 해결의 정도 등의 기대감으로 제품을 구매한다.

마찬가지로 바이어는 저렴한 제품만 수입하기 위해서 공급자를 찾는 것이 아니다. 제품을 수입해서 현지 고객들에게 판매하는 수입사업을 하고 있는 것이다. 이 사업에는 제품의 가격뿐만이 아니라 제품의 디자인, 크기와 무게, 브랜드 인지도, 제품의 성분, 포장 상태, 현지 마케팅, 배송 방법 등 다양한 항목들이 영향을 미친다. 예를 들어, 우리 브랜드가 전 세계 50군데 이상의 마켓플레이스에 입점이 되어있고, 전 세계 10개국으로 수출 중이며 스토어에 최종 고객들의 긍정 리뷰가 쌓여 있다면 이 내용을 하나의 협상 카드로 쓸 수 있다. 브랜드의 성장 가능성을 수출자의 핵심 서비스로 부각해 해외에서 유명한 브랜드가 될 것이라는 가능성을 바이어에게 어필하는 것이다. 앞으로 성장이 기대되는 유력한 제품을 싫어할 바이어가 어디 있겠는가. 그리고 이러한 브랜드 영향력과 인지도는 돈으로 계산이 안 된다는 특징이 있다. 불리할 때마다 어디든 갖다 붙여서 유리한 카드로 활용할 수 있다.

바이어와의 최종 관계는 신뢰다

이 책에 추천사를 써주신 ㈱더오션의 박태준 대표님은 나의 멘토이시다. 수출, 무역은 물론 사업까지 이분의 조언이 정말 큰 도움이 되고 있다. 박 대표님은 사업 초기에 수출업을 하시면서 꾸준하게 수출액은 성장했지만, 이익은 많이 나지 않았다고 한다. 우스갯소리로 지금도 매출은 크지만 이익은 정말 작다고 말씀하시기도 한다. 박 대표님은 실제로 3~5%의 마진만 설정하고 수출을 하고 계신다. 직접 생산하는 것이 아닌, 타사의 제품을 수출하는 것이고, 나의 큰 마진보다 바이어가 현지에서 잘 팔 수 있도록 경쟁력 있는 가격을 제공하는 것이 장기적으로 더 성공적이라는 확고한 철학을 가지고 계신 분이다. 한때는 1년에 컨테이너 200대 이상 수출을 하면서도 이익이 작다고 하셨던 말씀이 이해가 되기도 한다. 미국과 일본 등 해외 체류 경험도 많으시고 국제 정세도 밝은 분이시기에 이렇게 남는 것 없이 수출하는 것이 이해가 되지 않았었다. 하지만 박 대표님의 수출 정책과 신념은 명확하다. 바로 '바이어가 돈을 벌 수 있도록 경쟁력 있는 제품을 공급하는 것'이다. 수출된 제품은 전 세계의 제품과 경쟁해야 한다. 바이어가 현지에서 경쟁력 있는 가격으로 세일즈에 집중하고 다시 한국에서 재수입해 갈 수 있도록 하기 위해서는 저렴한 가격에 공급하는 것이 필수라는 의미이다.

결국 수입자와 수출자 모두 서로의 신뢰가 기본이고 목적이다. 국가마다 상황이 다르고 서로 다른 경영 판단과 결정을 조율해야 하는 무역 거래 현장에서 서로 간의 신뢰를 지켜나가기는 쉽지 않다. 이를 위해서는 무엇보다 상대방을 이해하는 것이 필요하다. 현지의 든든한 해외 파트너라는 인식과, 한국의 안정적인 공급자라는 서로 간의 이해가 신뢰의 기본이다.

나는 이 책에서 바이어를 이해할 수 있어야 한다고 여러 번 말을 했다. 그것은 우리가 공급자이기 때문이다. 하지만 나는 내가 바이어와 수출자의 중간에서 역할을 할 때는 바이어에게 공급자를 이해시키기 위해 노력한다. 우리는 모두 상대방을 아는 만큼 이해할 수 있기 때문이다. 한국의 대표님들은 나의 제품이 뛰어나고 소중하다고 생각하며 좋은 바이어만 찾기에만 열중한다. 나는 한국의 중소기업 대표님들이 이런 편협한 사고에서 벗어나 박 대표님처럼 '바이어가 돈을 벌게 해 줘야 나도 벌 수 있다'는 생각을 했으면 좋겠다. 눈앞의 마진보다 장기적인 거래를 위해서 바이어에게 현지 판매 경쟁력과 같은 힘을 실어 주어야 롱런할 수 있다는 것을 한국의 대표님들이 이해했으면 좋겠다.

부록

❶ 쇼피파이 회원가입과 쇼핑몰 개설

&

❷ 스토어 관리자 화면 둘러보기

쇼피파이 쇼핑몰을 개설해보자

쇼피파이 회원가입 & 쇼핑몰 개설

SHOPIFY STORE

쇼피파이로 쇼핑몰을 구축하게 되면 우리나라의 카페24처럼 고도몰로 제작한 쇼핑몰과 같이 나만의 독립몰이 생긴다. 그래서 쇼핑몰을 구축하는 데 월 사용료를 지불해야 한다. 쇼피파이는 사업의 규모에 따라서 다양한 요금제를 제공한다. 개인과 중소기업이 사용할 수 있는 월 19달러 요금제와 대기업 B2B 기능을 제공하는 월 2,300달러 요금제도 있다. 쇼피파이는 현재 3일 동안 무료체험을 할 수 있고, 이후 3개월 동안 월 1달러로 사용할 수 있는 이벤트 중이다. 이벤트 이후 쇼피파이 요금제는 아래와 같다.

쇼피파이 요금제

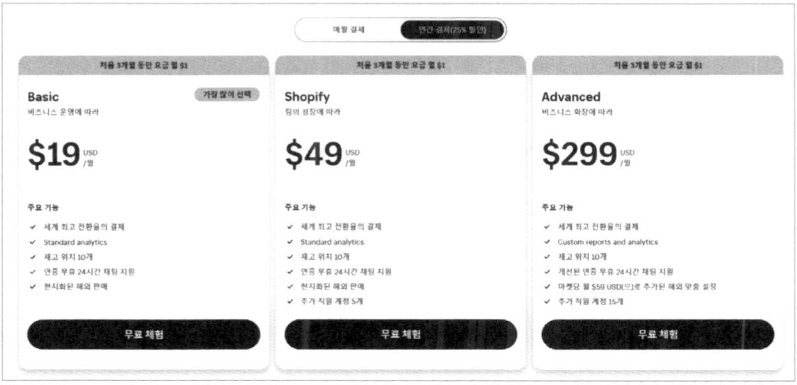

월 2,300달러인 쇼피파이 플러스 요금제를 제외하고, 나머지 세 가

지 요금제는 비슷하다. 분석보고서와 직원 계정의 차이만 있을 뿐이다. 베이직플랜으로도 쇼핑몰을 개설하고 운영하기에 전혀 부족함이 없다. 우선 쇼피파이 베이직 계정으로 시작해 보자.

쇼피파이 회원가입은 국내 쇼핑몰 개설과 같이 복잡하지 않다. 사업자등록증, 휴대폰 인증 등이 필요 없다. 이메일과 비밀번호를 입력하면 끝이다. [쇼피파이 회원가입 페이지: https://shopify.com/ko]

쇼피파이 홈페이지

화면 상단에 이메일 주소를 입력하고 무료체험을 시작하면 간단한 항목을 선택한다. 추후에 변경이 가능하고 중요한 부분이 아니므로 모두 건너뛰기를 누르거나 다음을 누르고 계속 넘어가 보자. 애플이나 페이스북, 지메일로 회원가입이 가능하며, 이메일로 계정을 직접 생성할 수도 있다.

계정생성1

계정생성2

쇼피파이 계정생성을 누르면 몇십 초 안에 쇼피파이 계정이 생성되고 아래와 같은 페이지로 연결된다.

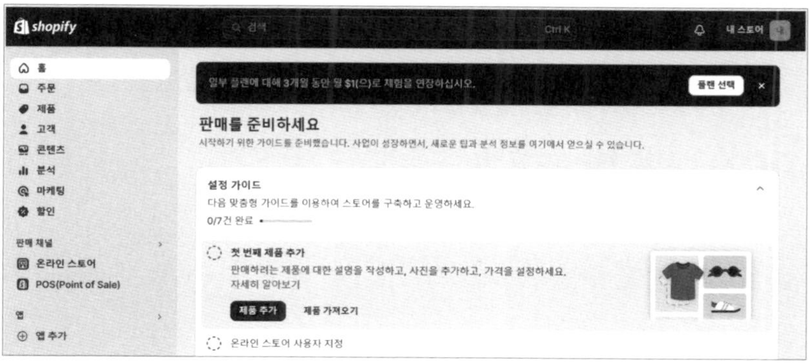

위와 같은 화면이 보인다면 회원가입이 정상적으로 실행된 것이고 이 화면이 쇼피파이 관리자 페이지다. 국내 쇼핑몰 관리자 페이지와 비교하면 메뉴가 복잡하지 않고 상당히 심플하다. 화면 중앙에는 판매 설정을 위한 가이드가 준비되어 있다.

스토어 관리자 화면 둘러보기

쇼피파이 스토어 관리자 화면은 타 플랫폼과 비교하여 심플하게 구성되어 있어서 쇼핑몰을 세팅하고 관리하기에 복잡하지 않다.

관리자 기본 둘러보기

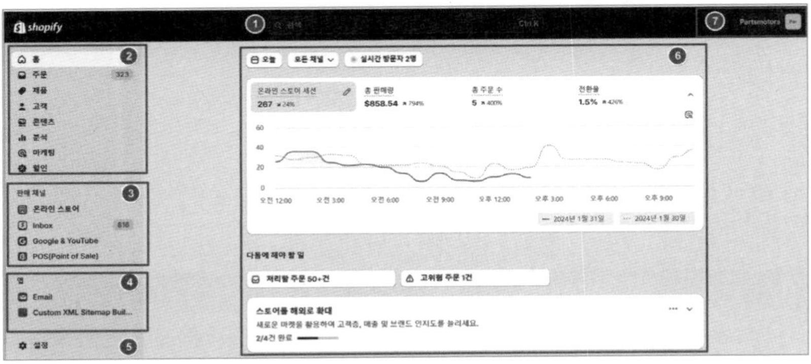

관리자 화면 둘러보기

① **검색창** : 제품, 주문, 콜렉션, 고객 등 내 스토어와 관련된 내용들을 키워드로 검색할 수 있다.

② **메인메뉴** : 제품등록, 주문, 고객, 분석, 마케팅 등 스토어 운영에 필요한 메뉴들이며 스토어 세팅 이후 가장 자주 사용하는 메뉴들로 구성되어 있다.

③ **판매채널** : 스토어 개설 후 판매할 수 있는 다양한 채널에 대한 설정을 할 수 있다. 쇼피파이는 기본적으로 온라인스토어와 오프라인 스토어

에서 사용할 수 있는 POS를 제공한다. 그 외에 구글쇼핑, 유튜브, 페이스북, 아마존과 같은 쇼핑몰과 연동하여 판매채널을 확장할 수 있다.

④ **앱** : 스토어에 추가로 설치된 다양한 어플리케이션을 확인할 수 있다.

⑤ **스토어 세부설정** : 스토어 운영에 관련된 기본적인 설정을 할 수 있는 메뉴이다. 스토어 세부 정보 등록, 스토어 언어, 직원 등록, 배송 등록, 도메인 연결, 결제 등록 등 스토어의 기본적인 설정을 할 수 있다.

⑥ **대시보드** : 스토어의 현황을 알려주고 쇼피파이의 새로운 업데이트 소식이나 스토어 운영 추천 팁, 마케팅 추천 팁 등이 게시된다.

⑦ **사용자 메뉴** : 현재 로그인한 사용자 계정에 대한 설정을 할 수 있다. 계정정보와 관리자 화면의 언어를 변경할 수 있다.

온라인스토어

판매채널 중 온라인스토어를 클릭하면 하위메뉴가 나온다. 여기에서 온라인스토어의 기본 설정, 페이지 설정과 디자인, 블로그, 메뉴 설정 등을 할 수 있다. 쇼피파이 스토어를 개설했는데 판매채널이 있고, 온라인스토어가 있고, POS가 있어서 처음에는 헷갈릴 수도 있다. 사실 우리가 만드는 쇼피파이 스토어는 온라인스토어가 메인이다. 우리는 온라인스토어에 상품을 등록하고 운영하면서 오프라인 판매포스(POS)와 타 판매 플랫폼에도 연동하여 제품을 팔 수 있는 채널도 있는 것으로 생각하면 된다. 여기 온라인스토어에서 사이트의 전체 디자인과 메뉴 구성, 랜딩 페이지, 블로그 페이지 등 스토어의 레이아웃을 설정할 수 있다.

온라인스토어

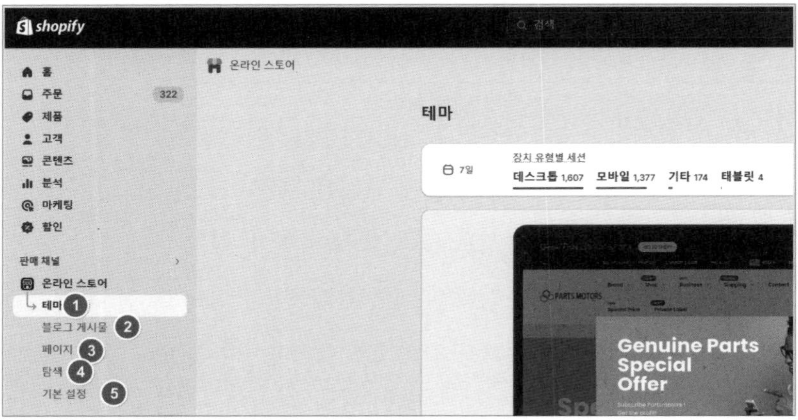

① **테마** : 스토어의 디자인을 선택할 수 있다. 스토어 생성 시 기본으로 제공되는 테마로 적용되어 있으며, 테마를 변경하거나 수정할 수 있다. 어떠한 테마를 선택하느냐에 따라 스토어의 레이아웃이 결정되며 일부 유료테마의 경우는 추가적인 기능을 제공하기도 한다.

② **블로그 게시물** : 블로그를 관리하는 메뉴이다. 블로그 게시물과 댓글도 관리할 수 있다.

③ **페이지** : 스토어에 게시되는 페이지를 관리하는 메뉴이다. 랜딩 페이지, 회사소개 페이지, 연락처, 개인정보 동의, FAQ 등 스토어에 필요한 페이지를 만들고 변경할 수 있다.

④ **탐색** : 스토어에 표시되는 메뉴를 설정할 수 있는 곳이다.

⑤ **기본설정** : 스토어의 이름과 메타 설명, 소셜 이미지 등록, 구글 분석 및 페이스북 픽셀 등록 등 스토어 분석 설정 등을 할 수 있는 메뉴이다.

스토어 세부 설정

관리자 화면 왼쪽 하단의 설정을 클릭하면 스토어 세부 설정 창이 나타난다. 스토어 운영 시 필요한 주요 설정을 이곳에서 하게 된다. 스토어 개설 후 특별한 변동사항이 없으면 수정하지 않아도 되지만, 도메인 연결부터 결제 및 청구, 스토어 삭제까지 이곳에서 하게 되니 하나하나 꼼꼼하게 살펴보고 설정해야 한다.

스토어 세부 설정

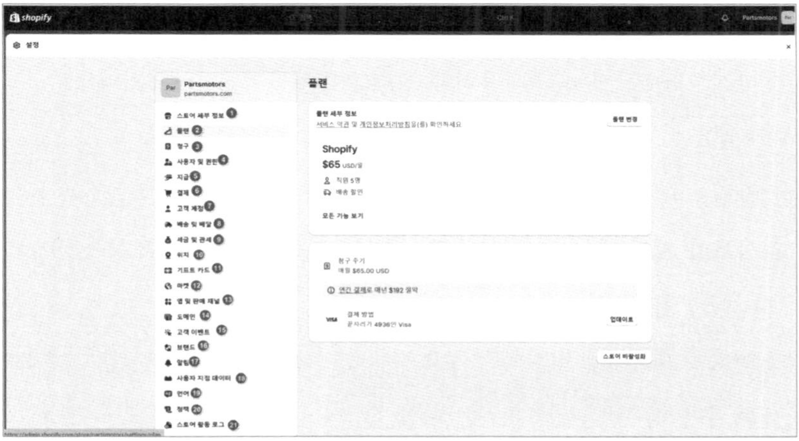

① **스토어 세부 정보** : 스토어 이름과 통화, 시간대 및 부피와 무게 측정단위를 설정할 수 있다.

② **플랜** : 쇼피파이 요금제를 확인하고 변경할 수 있다.

③ **청구** : 쇼피파이 요금제를 결제할 방법을 등록할 수 있다.

④ **사용자 및 권한** : 스토어의 소유자와 직원을 등록할 수 있다.

⑤ **지급** : 고객들로부터 받을 결제방법을 설정할 수 있다.

⑥ **결제** : 고객들의 결제와 관련된 부가적인 설정을 할 수 있다.

⑦ **고객계정** : 고객이 로그인한 계정에 대한 설정을 할 수 있다.

⑧ **배송 및 배달** : 배송과 관련된 설정을 할 수 있다.

⑨ **세금 및 관세** : 고객들에게 세금을 받을지 설정한다.

⑩ **위치** : 제품 창고(출고지)를 등록할 수 있다.

⑪ **기프트카드** : 마케팅 용도로 사용되는 키프트카드를 설정할 수 있다.

⑫ **마켓** : 주요 판매 국가와 지역을 설정할 수 있다.

⑬ **앱 및 판매채널** : 설치된 앱과 판매채널을 설정할 수 있다.

⑭ **도메인** : 스토어에 기본으로 부여된 주소 이외에 추가로 도메인을 설정할 수 있다.

⑮ **고객 이벤트** : 픽셀을 사용하여 고객 이벤트를 설정할 수 있다.

⑯ **브랜드** : 스토어의 브랜드 설정을 할 수 있다.

⑰ **알림** : 주문알림, 고객알림 등을 설정할 수 있다.

⑱ **사용자 지정 데이터** : 메타필드, 메타객체를 이용해서 스토어를 커스터마이징 할 수 있다.

⑲ **언어** : 고객에게 표시되는 주요 언어를 선택하고 다국어 관련 설정을 할 수 있다.

⑳ **정책** : 반품, 환불, 개인정보, 서비스약관, 배송정책 등 정책을 설정할 수 있다.

㉑ **스토어 활동로그** : 스토어가 업데이트 된 내역들을 확인할 수 있다.